UNTERWEGS MIT DIETER KATZ

Was ist der Reiz von Norderney? Kurz gesagt: Norderney, das ist Nordsee pur. Das ist zur offenen See hin ein traumhaft weiter Strand, an dem es fast immer eine ansehnliche Brandung gibt. Das ist aber auch die ruhige Wattseite, an der die Salzwiesen langsam ins Wattenmeer übergehen. Nicht zu vergessen der besondere Klang der Insel: das Rauschen des Meeres, das Kreischen der Möwen und das Pfeifen des allgegenwärtigen Windes.

Zugegeben, all das bieten die benachbarten Inseln auch. Dennoch ist Norderney für mich etwas Besonderes, ist die Insel anders als ihre Schwesterinseln: Mich fasziniert der Kontrast zwischen Trubel und Einsamkeit, der Norderney so einzigartig macht; der dafür sorgt, dass ich – je nach Stimmung – in der betriebsamen Shoppingmeile mit den vielen Straßencafés unterwegs bin, grandiose Sonnenuntergänge an der Westküste erlebe oder auf einer langen Strandwanderung die Einsamkeit genieße.

Gerade der Inselosten hat es mir angetan. Die lange Wanderung vom Ostheller durch die herrliche Dünenlandschaft, vorbei an der aussichtsreichen Möwendüne, bis zum Wrack gehört für mich zum Pflichtprogramm meines Inselaufenthalts. Der Weg zurück, am Flutsaum entlang, ist dann ein unverfälschtes Thalasso-Erlebnis – und für mich letztlich das, wofür Norderney (auch) steht.

Text und Recherche: Dieter Katz **Lektorat:** Nikola Braun, Anja Elser, Ute Fuchs **Redaktion und Layout:** Annette Melber **Karten:** Judit Ladik, Michaela Nitzsche, Gabor Sztrecska **Fotos:** alle Dieter Katz außer S. 29 links Nationalparkhaus Norderney **Covergestaltung:** Karl Serwotka **Covermotive:** oben: Haus am Weststrand unten: Georgshöhe gegenüberliegende Seite: Conversationshaus

1. AUFLAGE 2013

NORDERNEY

DIETER KATZ

Die Insel 8

Die Nordsee 18

Ostfriesische Geschichte 34

Sehenswertes 50

Alles im Kasten

Kartenverzeichnis

Zeichenerklärung für die Karten und Pläne

Landkarten

- Bundesstraße
- Hauptverkehrsstraße
- Nebenstraße
- Piste
- Wanderweg
- Fähre
- Flughafen
- Watt

Stadtpläne

- Hauptstraße
- Nebenstraße
- bebaute Fläche
- Grünanlage
- Gewässerfläche
- Friedhof
- Strand
- Fußgängerzone
- Windmühle
- Anhöhe
- Information
- Kirche
- Museum
- Parkplatz
- Krankenhaus
- Leuchtturm
- Badestrand
- Aussicht
- Fahrradverleih
- Campingplatz

Was haben Sie entdeckt? Haben Sie gut in einem Fischrestaurant gegessen? In welcher Unterkunft haben Sie sich besonders wohlgefühlt?

Wenn Sie Ergänzungen, Verbesserungen, neue Tipps oder auch Kritikpunkte zum Buch haben, lassen Sie es uns bitte wissen!

Schreiben Sie an: Dieter Katz, Stichwort „Norderney“ | c/o Michael Müller Verlag GmbH | Gerberei 19, D – 91054 Erlangen | dieter.katz@michael-mueller-verlag.de

Vielen Dank! Ein herzliches Dankeschön für die Unterstützung an Jürgen Rahmel und sein Team vom Nationalparkhaus Norderney sowie an die Staatsbad Norderney GmbH und nicht zuletzt an meine Frau Susanne für ihre Unterstützung und Geduld.

Mit dem grünen Blatt haben unsere Autoren Betriebe hervorgehoben, die sich bemühen, regionalen und nachhaltig erzeugten Produkten den Vorzug zu geben.

Silhouette eines Staatsbades: Norderney

Die Insel

Norderney ist das älteste deutsche Nordseebad und gilt als „Königin der Nordsee" – nicht nur wegen der prunkvollen Bäderarchitektur und der herrlichen Landschaft. Das hannoversche Königshaus erkor die Insel im 19. Jahrhundert zu seiner Sommerresidenz. Längst hat sich die Insel zu einem beliebten Bad für ein bunt gemischtes Publikum entwickelt, aber ein Hauch von Mondänität haftet ihr noch an. Von allen Ostfriesischen Inseln ist Norderney diejenige mit dem städtischsten Charakter – außergewöhnliche Strände und Abgeschiedenheit in den Dünen findet man hier aber auch. Zudem vermarktet sich Norderney selbstbewusst als die Thalasso-Insel Europas schlechthin – das größte öffentlich zugängliche Thalasso-Haus Deutschlands besitzt Norderney jedenfalls schon. Aber die Erholungsmöglichkeiten sind vielfältig: So ist das 15 km lange und nur gut 2 km breite Eiland von einem Rad- und Wanderwegenetz von immerhin 80 km durchzogen – Bewegungsfreiheit ist damit garantiert. Norderney ist also gerade so groß, oder sagen wir lieber so klein, dass man sich auch als Inselneuling rasch zurechtfinden und dennoch auf Entdeckungstour gehen kann.

Schiff ahoi!

Die Fähren verkehren unabhängig von den Gezeiten stündlich von Norddeich aus. Das sorgt für Betrieb und macht die über 200 Jahre vom Badeleben geprägte Insel nach wie vor zu einem wahren Touristenmagnet. Mit jährlich 450.000 Gästen (inklusive zahlreicher Tagesbesucher) ist Norderney die meistbesuchte Ostfriesische Insel. Die Überfahrt dauert eine knappe Stunde, und schon von Weitem erkennt man die Silhouette Norderneys, die auf den ersten Blick eher an einen urbanen Küstenbadeort erinnert als an eine vergleichsweise einsame Insel. Auf der Fähre befinden sich auch zahlreiche Autos, denn im Gegensatz zu den anderen Ostfriesischen Inseln (mit Ausnahme von Borkum) ist Norderney keineswegs autofrei. Es ist jedoch nicht zu empfehlen, den eigenen fahrbaren Untersatz mitzunehmen, weil der (störende) Autoverkehr auf Norderney stark eingeschränkt ist.

Am Hafen angekommen, ist von Idylle erst einmal wenig zu spüren, denn Norderneys Anleger präsentiert sich auf den ersten Blick als ein moderner Fähr- und Sportboothafen; auch die Ausflugsschiffe fahren hier ab. Mit jährlich rund 2 Mio. Fahrgästen (und 150.000 Pkw-Beförderungen) ist Norderney nach Norddeich der zweitgrößte Personenhafen Niedersachsens. Neben dem Fährgebäude befindet sich das Nationalparkhaus. Schräg gegenüber unterhält das Wasser- und Schifffahrtsamt den nicht zu übersehenden Tonnenhof, in dem die in leuchtenden Farben angestrichenen Seezeichen überholt werden. Dahinter zieht sich die Hafeneinfahrt halbkreisförmig bis zum großen Sportboothafen. In der breiten Einfahrt liegen neben dem Tonnenleger und dem Seenotrettungskreuzer auch der Saugbagger oder die Versorgungsschiffe für die nahen Offshorewindkraftanlagen (→ Kasten S. 25).

Am Anleger stehen Linienbusse und Taxis bereit, um die gepäckbeladenen Gäste ins Zentrum zu bringen. Wer wenig Gepäck hat, kann auch per pedes über den Weststrand die knapp 2 km bis ins Zentrum laufen. Dabei geht es immer auf der langen Strandpromenade um die komplette Westspitze der Insel herum und dann am Westbadestrand in die Stadt hinein. Die Promenade ist ein ansprechend gestaltetes, fast 5 km langes Bauwerk aus Stein und Beton. Seit jeher ist sie die Flaniermeile am Meer – ihr eigentlicher Zweck aber ist, als Bollwerk gegen den Blanken Hans den gefährdeten West- und Nordteil der Insel vor Sturmfluten zu schützen.

Willkommen in der Stadt Norderney

Vom Hafen aus gelangt man zunächst ins elegante Kurviertel und damit gleich ins Herz des Staatsbades, wo das Ambiente weiß getünchter Häuser im Stil der Bäderarchitektur des 19. Jahrhunderts noch allgegenwärtig ist. Vom Glanz vergangener Zeiten zeugen insbesondere das Conversationshaus (Kurhaus) mit gediegenem Lesesaal und Spielbank (Automatenspiel), der adrette Kurpark, das historische Kurtheater und einige andere Gründerzeitgebäude des Viertels. Am Kurplatz liegt auch das Thalasso-Meerwasserbad mit Brandungsbecken und Entspannungsbad. Doch nicht nur rund um den Kurplatz kann man noch – architektonische – Spuren von der feudalen Historie des Seebades entdecken. Im 19. Jahrhundert lockte die Insel überaus viele adelige Persönlichkeiten an, die eine rege Bautätigkeit entwickelten. En vogue war Norderney vor allem deshalb, weil sich das hannoversche Königshaus mit dem (schon als Kind) erblindeten König Georg V. fast 30 Jahre lang hier im Sommer aufhielt. Die königliche Sommerresidenz (heute ein Hotel) hinter dem Conversationshaus sowie die Marienhöhe und die Georgshöhe erinnern daran.

Spuren dörflicher Idylle des alten Fischerdorfs Norderney finden sich hingegen nur noch sehr wenige. Lediglich im Bereich zwischen den beiden Parallelstraßen Oster- und Langestraße, dem ältesten bebauten Gebiet der Insel, hat hier und da ein kleineres Insulanerhaus aus dem frühen 19. Jahrhundert die Zeit überdauert. Fischerhäuser im alten Stil gibt es keine mehr. Stattdessen wurden im ausgehenden 19. Jahrhundert die typischen Logierhäuser mit den vorgebauten Veranden oder Terrassen erbaut. Auf keiner anderen Ostfriesischen Insel sind noch so viele Baudenkmäler alter Seebadtradition erhalten geblieben,

Zwischen Tradition und Moderne

auf keiner anderen wurden aber auch – trotz oder gerade wegen der noch reichlich vorhandenen historischen Bausubstanz – so viele Bausünden begangen. Lange Zeit war die Bäderarchitektur gefährdet, und viele Bauten wurden abgerissen, denn der zunehmende Tourismus verlangte nach immer moderneren Unterkünften.

Die Stadt Norderney ist kompakt bebaut; fast alles lässt sich bequem zu Fuß erreichen. Vom Kurviertel aus zieht sich die Poststraße in die Stadt hinein, sie bildet zusammen mit der hier abzweigenden (zum Weststrand führenden) Strandstraße und einigen Seitengassen die Fußgängerzone Norderneys. Auf diese wenigen Straßen konzentriert sich Norderneys Betriebsamkeit – vor allem in den Sommermonaten ist der Trubel beträchtlich, fast großstädtisch. Dann drängen sich Tausende von Urlaubern und Tagesgästen zum Bummeln und Einkaufen durch den Ort. An zentraler Stelle befindet sich das ehemalige kaiserliche Postamt (von 1892), das mit Schaugiebel und Ziegelverzierung sowie -bemalung eines der markantesten Gebäude der Stadt ist und in dem heute eine Einkaufspassage untergebracht ist.

Aber selbst bei all dem Trubel gibt es inmitten der Innenstadt hier und dort ein ruhiges Sträßchen zu entdecken, in dem Gästehäuser mit verglasten Veranden ein wenig Gründerzeitcharme versprühen. Autoverkehr oder auch parkende Autos gibt es hier so gut wie nicht; die gepflasterten Straßen wirken daher manchmal seltsam leer. Eine Besonderheit auf Norderney ist die teilweise andere Reihung der Hausnummern in den kleinen Straßen. Hier werden nicht wie üblich gerade Ziffern auf der einen und ungerade auf der anderen Seite verortet, sondern einfach durchgezählt: die eine Straßenseite hinauf und die andere wieder hinunter (Hausnummer 1 und die höchste Hausnummer liegen sich dann gegenüber).

Norderneyer Bäderarchitektur

Das, was landläufig als Bäderarchitektur bezeichnet wird, ist kein einheitlicher Baustil, sondern eine Art Sammelbegriff für die oft villenartige und liebevoll verschnörkelte Bauweise von Logierhäusern zur Blütezeit der großen Seebäder in der zweiten Hälfte des 19. Jahrhunderts und im frühen 20. Jahrhundert.

Zunächst in Anlehnung an den klassizistischen Stil, bald ein wenig preußisch pompös, galt es, das gut betuchte städtische Publikum auch architektonisch zufriedenzustellen. So entstanden neben Zweckbauten wie Kur- oder Badehäusern prachtvolle Villen, oft mit großen Freitreppen vor einem säulenartigen Vorbau. Die Logierhäuser sind zwei- bis viergeschossig und vorwiegend hellweiß bzw. gelegentlich auch vornehm gelblich-beige gestrichen, was auf Norderney (z. B. in der Luisenstraße, Moltkestraße oder Heinrichstraße) auch heute noch für eine eigentümlich mondäne Stimmung sorgt. Typische Stilelemente sind die reich verzierten, meist hölzernen hervorspringenden Gebäudeteile und Loggien mit filigranen Holzarbeiten. Um dem vorherrschenden Schönheitsideal der vornehmen Blässe gerecht werden und die Sonne möglichst meiden zu können, wurden ausladende, heute wintergartenähnlich verglaste Veranden oder pergolaartige Terrassen vor die Logierhäuser gebaut. Man bediente sich auch immer mehr gründerzeitlicher Stilelemente wie reich verzierter Balkongitter, großer Jugendstil-Rundbogenfenster, steinerner Ranken oder Reliefe und verzierter Erker oder Dachreiter.

Man kann sich des Eindrucks nicht erwehren, dass jeder vermögende Bauherr die benachbarten Sommerresidenzen durch Schmuckfassaden in den Schatten stellen wollte. Mittlerweile hat man sich auch auf Norderney seiner alten architektonischen Schätze besonnen und versucht viele der alten Bauten zu erhalten bzw. Neubauten dem Stil der Bäderarchitektur anzupassen.

„Logierhaus" in Bäderarchitektur

Strand und Dünen

Um den gesamten Nordwestteil der Insel zieht sich eine lange Strandpromenade. Einen passablen Strand sucht man hier vergeblich; lediglich ein kleiner Rest Sand hat sich zwischen die mächtigen Buhnenbauwerke aus Beton gelegt, welche diesen Inselabschnitt vor der Gewalt der Nordsee schützen. Platz für Strandkörbe gibt's hier nur auf dem Deichrasen (Kaiserwiese). Breiter wird der Sandstreifen erst wieder am zentrumsnahen Westbadestrand, dessen Promenadenabschnitt von Hotels und Cafés flankiert wird. Natürlich stehen auch hier die Strandkörbe dicht an dicht. 2300 gibt es davon auf Norderney, und alle sind – wie die Inselflagge – blau-weiß gestreift.

Gut einen Kilometer vom Kurzentrum entfernt liegt der Nordbadestrand. Von der geschäftigen Poststraße aus flaniert man über die fast ebenso betriebsame Friedrichstraße, an deren Ende seit 1899 das Kaiser-Wilhelm-Denkmal monumental mitten auf der Straßenkreuzung steht. Auf der Knyphausenstraße weiter Richtung Nordosten wird Norderney deutlich ruhiger. Kurz darauf ist man schon in den Dünen. Von der Aussichtsplattform Georgshöhe bietet sich ein Rundblick über Stadt und Insel und den breiten, durch Buhnen gesicherten und mit Strandkörben übersäten Nordbadestrand (→ Foto S. 72).

Wer mehr Ruhe sucht, der findet sie hinter der Siedlung Nordhelm. Dieser Ortsteil im Osten der Stadt war ursprünglich eine Kasernensiedlung und erinnert mit seinen gleichförmigen Häusern an die ehemalige Bedeutung Norderneys als Seefestung. Dahinter beginnt ein herrlich einsames Stück Insellandschaft. Kilometerlang bis zur Ostspitze der Insel zieht sich ein blütenweißer, breiter Strand. Zudem führen wunderschöne, sanft hügelige Dünenwege in den Inselosten, auch zu dem weit vom Ortszentrum entfernten Strandabschnitt Weiße Düne und dem FKK-Strand. Die natürliche Dünenlandschaft weist hier erstaunlich tiefe Täler auf. Von verschiedenen Aussichtspunkten kann man den herrlichen Blick auf diese biotopähnlichen Dünentäler genießen.

Die Inselmitte wird überragt vom weithin sichtbaren Leuchtturm; unweit davon erstreckt sich Norderneys Flugplatz, der in einem eingedeichten Gebiet liegt (dem Grohdepolder). Norderneys Wattenmeerseite wird begrenzt durch feuchte und artenreiche Salzwiesen (Heller genannt), die immer wieder überspült werden.

Norderneys Osten: Dünen und Strand bis zum Horizont

Von der Sandbank zum Eiland

Erdgeschichtlich betrachtet, ist Norderney so wie seine sechs Schwesterinseln außerordentlich jung, deren Entstehung liegt gerade einmal 2000 bis 3000 Jahre zurück. Durch die ständigen Strömungen und die Brandung des Meeres wurden Sandmassen Richtung Küste verfrachtet. So kam es am Rande zwischen dem tieferen Meeresboden und dem flachen Wattboden zu Ablagerungen. Diese Riffe und Platen (Sandbänke) wurden weiterhin mit Sand überlagert und fielen bei Ebbe (zunächst nur kurz) trocken. Doch der Wind transportierte den trockenen Sand beständig weiter und warf ihn zu Dünen auf, die mit der Zeit immer größer wurden. Nach und nach siedelten sich in den Dünen Pflanzen an, später auch Tiere und der Mensch. Die heute als natürlicher Wellenbrecher dienenden ostfriesischen Sandinseln sind also im Gegensatz zu ihren nordfriesischen Pendants Sylt, Föhr oder Amrum kein von Sturmfluten verschonter Rest des Festlands.

Vermutlich ist Norderney sogar noch ein wenig jünger als die anderen Ostfriesischen Inseln, denn Norderney entstand erst zwischen dem 14. und 17. Jahrhundert, als die südlich des heutigen Juist gelegene Insel Buise durch diverse Sturmfluten in zwei Teile zerbrach. Der westliche Teil verschwand nach und nach endgültig in den Fluten, der östliche Teil hingegen verzeichnete durch Sandanlagerungen immer größere Landgewinne und bildete ganz allmählich als *norder neye oog* (nördliche neue Insel) die heutige Insel Norderney.

Hinter den traumhaft weiten Stränden am Nordrand der Insel zieht sich eine hohe Dünenkette entlang. Dieser bewachsene Dünengürtel geht landeinwärts in einen breiten Streifen immer niedriger werdender Dünen und schließlich in Dünenheide über, die eine Art Senke bildet. In früheren Zeiten war auch die Westseite Norderneys (und somit das Dorf) durch einen ähnlich hohen Dünengürtel geschützt. Den Südrand der Insel bilden die artenreiche Salzwiesen.

Weil die Flut zweimal am Tag feinste Tier- und Pflanzenreste an die Südküste Norderneys spült, von denen sich Sedimente ablagern, kann sich im Laufe der Zeit neues Land bilden. Wenn dann Pionierpflanzen die zeitweise trockenfallenden Böden besiedeln, entstehen Salzwiesen, die ganz allmählich verlanden. Schrittweise gesellen sich andere Pflanzen dazu, wobei sich der Boden langsam erhöht. Durch die stark organische Zusammensetzung entsteht und entstand in Jahrtausenden nicht nur an Norderneys Südküste, sondern überall an der Festlandküste und den Flussmarschen fruchtbarer Tonboden.

Von den Pionierpflanzen zum Wald

Der Südrand der Insel ist von Wattwiesen gesäumt. Auf diesen gelegentlich überfluteten Salzwiesen können nur etwa 25 Pflanzenarten gedeihen, die an den salzigen Extremlebensraum angepasst sind (unglaubliche 400 Insektenarten haben sich auf diese Pflanzenarten spezialisiert). Eine der Pionierpflanzen ist der Queller, der so heißt, weil das osmotische Aufnehmen des Salzes die Pflanze aufquellen lässt. Er wächst vor allem in der ufernahen Schlickzone am Rande der Salzwiesen. (Sie können den dickfleischig-knackigen Queller übrigens ohne Probleme probieren, neuerdings wird die salzig schmeckende Pflanze gerne in delikaten Salaten als wohlschmeckende Beilage verwendet.) Schlickgras und lila blühender Strandflieder gehören ebenfalls zu den Pflanzen, die in diesem Grenzbereich zwischen Watt und Land gedeihen können. Mit ihnen beginnt der natürliche Prozess der Landgewinnung. Nach und nach erhöht sich die Salzwiese durch Sedimentablagerungen und wird immer seltener vom Meer überflutet.

Die Randdünenkette Norderneys ist insbesondere von Strandhafer und Strandroggen bewachsen. Beide werden zum Schutz der Insel angepflanzt, weil deren meterlanges Wurzelwerk den Sand bindet und die Erosion der Dünen durch Wind und Sturmfluten verhindert. So werden aus den kaum bewachsenen Vordünen mit der Zeit höher werdende Weißdünen. Allerdings sind die Dünenpflanzen sehr empfindlich und haben keine hohe Trittfestigkeit. Sind sie erst einmal durch Betreten stark beschädigt, sterben sie häufig ab. In der Inselmitte tragen die Dünen schon eine dünne Humusdecke und werden als Graudünen oder Braundünen bezeichnet. Hier können Heidekräuter, Dünenrosen und Kartoffelrosen gedeihen. Insbesondere die hagebuttenartigen Sträucher der Kartoffelrose *(Rosa rugosa)* wachsen gut auf den salzigen und sandigen Dünenböden und sind nach massiven Anpflanzungen in den 1930er-Jahren mittlerweile landschaftsprägend. Damals pflanzte man das anspruchslose Gewächs zur Tarnung der Schanzen und Bunkeranlagen an. Allerdings ist die von Mai bis August leuchtend rosa blühende Pflanze kein einheimisches Gewächs, sondern stammt ursprünglich von der sibirischen Halbinsel Kamtschatka. Sie verdrängt mangels natürlicher Fressfeinde mas-

Typische Pflanzen: Kartoffelrose und Queller

siv andere heimische Pflanzenarten. Dennoch ist auf den Braundünen nach wie vor auch der buschige und sehr Vitamin-C-reiche Sanddorn weit verbreitet (→ Kasten S. 149).

Im Schutz der Dünen konnten sich auch einige kleine Windlooper entwickeln. So nennt man die windschiefen Bäume, denen der jahrelange Kampf gegen die immerwährenden Westwinde durch eine starke Ostkrümmung von Stamm und Krone anzusehen ist.

In der Stadt sind vor allem mit dem Ruppertsburger Wäldchen (südlich der Nordhelmsiedlung), aber auch dem bei der Napoleonschanze und mit dem Argonner Wäldchen (ehemaliger Kurpark) durch mühevolle Anpflanzungen sogar einige – mittlerweile stattliche – Wäldchen entstanden. (Das Argonner Wäldchen hat seinen Namen übrigens von im Ersten Weltkrieg hier stationierten Soldaten, die es nach einem kriegsumkämpften Höhenzug bei Verdun/Frankreich – dem Argonner Wald – nannten.) Selbst westlich des Flugplatzes befindet sich ein solches Wäldchen (Erlenwäldchen), das der Landebahn ein wenig Windschutz gewährt. Der Waldbestand der Insel beträgt insgesamt immerhin 80 ha. Auf dem kargen und sandigen Untergrund gedeihen vor allem Kiefern, in deren Schutz ganz allmählich auch Laubbäume herangewachsen sind – zuerst Birken, später auch Erlen und Pappeln, ja sogar Buchen und Eichen. In der Stadt gibt es zudem vereinzelt an geschützten Stellen einige stattliche Bäume, die als Stilelement schon immer mühevoll gehegt und gepflegt wurden.

Norderney – eine kontrastreiche Insel

Völlig zu Recht wirbt Norderney mit dem beziehungsreichen Slogan „meine Insel“, denn es ist für jeden Geschmack etwas dabei – und das zu jeder Jahreszeit. Einerseits ist Norderney-Stadt ein fortschrittliches Seebad, andererseits versprüht es den Charme der Gründerzeit und pflegt das Image der Mondänität aus einer Zeit, als es besonders schick war, hier zu kuren. Historie und Moderne existieren nebeneinander: Bausünden der 1960er- und 70er-Jahre neben Gründerzeitbauten. Auf der einen Seite finden die Urlauber ein großes Kur- und kulturelles Angebot vor, das seinen traditionellen Ausdruck im mehrmals täglich aufspielenden Kurorchester vor dem Conversationshaus findet, andererseits

Vom Nordseewind geformt: Dünenlandschaft und Windlooper

ist man darum bemüht, eine Partyszene zu etablieren – zumindest ist Norderney mit einigen schönen Bars, Clubs und großen Musikveranstaltungen in Sachen Party eindeutig der Vorreiter unter den Ostfriesischen Inseln. Daneben gibt es Shoppingerlebnis und Strandgetümmel, aber auch herrliche endlose Weite. Und ganz nebenbei mobilisiert das milde Reizklima mit seiner jod- und salzkristallhaltigen Luft die Abwehrkräfte und gilt als gesundheitsfördernd bei Atemwegsbeschwerden, Allergien oder Hautkrankheiten.

Ein Wandel zeichnet sich jedoch ab. Zwar ist Norderney nach wie vor ein typisches Familienbad und auch die Insel der Ferien-, Jugend- bzw. Schullandheime, aber die Verantwortlichen zielen vermehrt auf die gut betuchte Kundschaft ohne Kinder ab. Es heißt, Norderney entwickelt sich nach Sylt zur zweitteuersten deutschen Insel, und da ist durchaus etwas Wahres dran. Wenngleich Otto Normalverbraucher ein gern gesehener Gast auf der Insel ist, so hat doch in den letzten Jahren zweifellos auch die Schickeria Norderney für sich wiederentdeckt. Geschmackvolle, in alte Bausubstanz integrierte 4- bis 5-Sterne-Resorts sind vor allem im Nordwesten der Stadt rund um die Milchbar entstanden, und selbst eine Gucci-Filiale hat 2013 eröffnet. Die Immobilienpreise auf der Insel erreichen ungeahnte Höhen, was zur Folge hat, dass in den letzten Jahren die Mieten exorbitant gestiegen sind. Das wiederum bereitet gerade den zahlreichen Saisonangestellten in der Gastronomie große Probleme, die nicht – wie auf Sylt – noch spätabends mit dem Zug aufs Festland fahren können und zähneknirschend kleine Absteigen zu überhöhten Preisen akzeptieren müssen. Das Reinigungspersonal jedoch und auch viele Handwerker kommen morgens mit der ersten Fähre um 6.15 Uhr und verlassen die Insel spätestens um 20 Uhr mit dem letzten Schiff. Sie kommen damit trotz stolzer Fährpreise günstiger weg, wenn auch wesentlich zeitaufwendiger.

Prächtige Strandkulisse: Westbadestrand

Steckbrief Norderney

Fläche: Die Insel ist knapp 15 km lang und gut 2 km breit und damit Deutschlands neuntgrößte Insel und nach Borkum die zweitgrößte der Ostfriesischen Inseln. Etwa 70 % des 26 km² großen Eilands sind sanft hügeliges und weitgehend unbebautes Dünengelände (im Inselosten), das restliche Drittel ist zur Hälfte bebaut, zu Hälfte Wald, Park oder Gartenland.

Küstenlänge: etwa 34 km, davon über 14 km zusammenhängender Sandstrand an der Nordküste. Im Inselsüden befinden sich die zum Nationalpark gehörenden Wattwiesen, die unmittelbar ins Wattenmeer übergehen. Ein mächtiger Steindamm mit 32 Buhnen schützt den Westen und Nordwesten Norderneys vor Sturmfluten. Im Süden sind der den Flugplatz umschließende Grohdepolder und der Südstrandpolder ebenfalls durch einen Deich geschützt.

Bebauung: Verwaltungstechnisch ist die ganze Insel eine Stadt, auch wenn es im Westen nur eine Ortschaft mit Namen Norderney gibt. Nordöstlich schließt sich als eine Art Stadtteil die Siedlung Nordhelm an, im Süden der Hafen inklusive Gewerbegebiet. Im Zentrum der Insel bei der Mini-Siedlung Grohde gibt es mit dem Leuchtturm, dem Flughafengebäude und drei Domänen (ehemals vom Staat verpachtete Bauernhöfe) ebenfalls noch ein wenig Bebauung. Im menschenleeren Inselosten hingegen steht kein einziges Gebäude.

Höchste Erhebung: Die Walter-Großmann-Düne in der Inselmitte ist immerhin 24,4 m hoch und damit die höchste natürliche Erhebung der Insel. Das höchste Bauwerk ist selbstverständlich der ebenfalls in der Mitte stehende Leuchtturm, der – ohnehin schon auf einer etwa 10 m hohen Düne platziert – eine Höhe von knapp 60 m aufweist und damit auch einer der höchsten Leuchttürme Deutschlands ist.

Gewässer: Einen Bach oder Fluss gibt es nicht auf der Insel; dafür aber den Gondelteich im neuen Kurpark und den Schwanenteich (ein ehemaliger Festungsgraben) nördlich der Napoleonschanze. Besonders für Vögel wichtig sind auch die Gewässerflächen im Südstrandpolder. Das als besonders rein geltende Trinkwasser von Norderney sammelt sich durch versickerndes Regenwasser in einer Süßwasserlinse unter der Insel und wird dort abgepumpt.

Einwohner: Die Insel ist Heimat von 6000 amtlich hier gemeldeten Menschen (zudem haben 3000 Menschen ihren Nebenwohnsitz auf Norderney). Vor allem in der Hochsaison beherbergt Norderney aber wesentlich mehr Personen. Hinzu kommen noch zahlreiche Tagesgäste, die abends die Insel wieder verlassen. Die Inselstatistik verzeichnet jährlich etwa 450.000 Anreisen (inkl. Tagesgäste). Im Durchschnitt bleibt ein Gast gut sieben Tage. Die zum Landkreis Aurich gehörende Stadt Norderney ist jedenfalls das größte niedersächsische Seebad.

Dicht vor der Insel: Abendliche Fangfahrt der Krabbenkutter

Die Nordsee

Die Nordsee ist ein Randmeer des Atlantischen Ozeans und umfasst 570.000 km^2 Fläche. Mit einer durchschnittlichen Tiefe von nur 95 m führt sie ein Wasservolumen von 54.000 km^3 und ist ein vergleichsweise flaches Meer. Durch die breite Verbindung zum Ozean kann sich die Nordsee aber mit einem verhältnismäßig hohen Salzgehalt rühmen – trotz der Einmündung großer Süßwasserflüsse wie Rhein, Elbe oder Weser sind es gut 3 % (zum Vergleich: die Ostsee hat zwischen 0,3 und 1,8 %). Davon profitieren alle, die hier die heilende Wirkung des Salzwassers suchen – und finden werden (→ „Wellness“, S. 94).

Erdgeschichtlich gehört die Nordsee mit einem Alter von über 350 Mio. Jahren zu den betagteren Meeren dieser Erde; ihre heutige Form erhielt sie jedoch erst nach der letzten Eiszeit vor etwa 12.000 Jahren. Die Nordsee war nämlich nicht immer ein Meer: Auf dem Höhepunkt der Eiszeit lag der Meeresspiegel wegen der gewaltigen gefrorenen Wassermassen bis zu 100 m tiefer als heute, der „Meeresboden“ der Nordsee verband zu dieser Zeit die heutige Insel Großbritannien noch mit Kontinentaleuropa – und war vermutlich höchst fruchtbares Siedlungsgebiet für Tausende Siedler: Jäger und Sammler, deren Überreste und Werkzeuge von einer geradezu blühenden Landschaft zeugen. Forschern ist es gelungen, Größe und Umrisse dieser **Doggerland** genannten Landmasse zu bestimmen und 2012 anhand von über 15 Jahre lang gesammelten Daten eine genaue Karte zu erstellen.

Mit dem Abschmelzen der riesigen Eismassen wich die Küstenlinie jedoch um etwa 600 km zurück, Doggerland wurde nach und nach überflutet. Der endgültige Untergang vollzog sich vermutlich durch Tsunamis: Durch das Herabstürzen von Schlammmassen von der norwegischen Küste ins Meer wurden riesige Wellen ausgelöst, die Doggerland überrollten und nur wenig von ihm übrig ließen; vor rund 8000 Jahren wurde dann auch das letzte Stückchen Doggerland vom Meer verschluckt.

Auch heute noch ist das Meer im Umgang mit seiner Küstenlinie alles andere als zimperlich. Bildhaft wird die oft stürmische Nordsee auch als **Blanker Hans** bezeichnet, wobei „blank" so viel wie „weiß" bedeutet und sich vermutlich auf die weiße Gischt bezieht. Der Begriff geht zurück auf einen Ausspruch in der vom Hallig-Pastor Anton Heimreich im Jahr 1666 veröffentlichten „Nordfresischen Chronik". Der Blanke Hans wurde darin gewissermaßen zum Synonym für den bedrohlichen Nachbarn der Inselbewohner, der von Zeit zu Zeit seinen Jähzorn an ihnen auslässt. Tatsächlich hat die Nordsee ihre Küsten im Laufe der Geschichte immer wieder mit gewaltigen Sturmfluten überzogen. Manche davon waren so zerstörerisch, dass das Meer das einmal überflutete Land nicht mehr hergab.

Bernstein – das Gold der Nordseeküste

Wo heute die südliche Ostsee rauscht, standen einst – vor etwa 40 Mio. Jahren – subtropische Wälder. Das herabtropfende Harz gelangte durch die Flüsse in ein vorzeitliches Meer, wo es unter Luftabschluss versteinerte und im Laufe der Zeit zu Bernstein wurde. Mit dem Ansteigen des Meeresspiegels nach der letzten Eiszeit entstanden riesige Schmelzwasserflüsse, welche nicht nur in die heutige Ostsee, sondern auch in die Nordsee mündeten. Diese transportierten Geröll und Gestein, darunter auch große Mengen Bernstein. Die Römer bezeichneten daher als „Bernstein-Land" nicht etwa das (heute als bernsteinreich geltende) Gebiet der Ostseeküste, sondern vielmehr die friesische Nordseeküste.

Etwa 300 verschiedene Bernsteinarten sind bekannt, die Farbpalette reicht von hellen Elfenbein- bis zu dunkel schimmernden Brauntönen. Der Stein selbst kann milchig, trüb oder klar sein, mitunter sind kleine Insekten eingeschlossen, die am Harz kleben geblieben sind. Schon in frühester Zeit wurde Bernstein am Strand gesammelt und zu Schmuck verarbeitet. Im antiken Griechenland und in Rom galt er als so kostbar, dass er dort häufig mit Gold aufgewogen wurde. Unverwechselbares Kennzeichen der Steine ist ihre Brennbarkeit (auch ihr Name ist von dieser Eigenschaft abgeleitet: niederdeutsch *börnen* = brennen). Hinzu kommt: Bernstein ist ganz leicht und schwimmt in Salzwasser.

Wer sich am Flutsaum auf die Suche nach dem „Gold der Nordsee" machen will, sollte einen der Herbst- und Winterstürme abwarten. Dann ist die Chance am größten, dass der dem Meeresgrund entrissene Bernstein zusammen mit Muscheln und Algen an Norderneys Strände gespült wird. Einen riesigen, brikettartigen Bernsteinbrocken (mit den Maßen 20 x 10 x 4 cm) findet man im Fischerhaus-Museum. Er wurde nach einer Strandaufspülung im Jahr 1992 auf Norderney gefunden.

Wer einen Stein kaufen möchte, sollte Folgendes wissen: Bei mit „Echt Bernstein" gekennzeichneten Produkten handelt es sich um Pressbernstein, der bei seiner Herstellung erhitzt, gepresst und gelegentlich mit einem Farbzusatz versehen wurde. Der tatsächlich echte Bernstein firmiert dagegen unter dem Label „Naturbernstein".

Ebbe und Flut

Unter den **Gezeiten** oder den **Tiden** (niederdeutsch *tiet* = Zeit) versteht man den Zyklus von Ebbe und Flut. Dieses Phänomen ist eine Folge der Massenanziehungskraft des Mondes. Denn an der dem Mond zugewandten Seite der Erdkugel wird das Meerwasser zum Mond hingezogen, und es bildet sich ein Flutberg. Gleichzeitig entsteht auch auf der gegenüberliegenden – mondfernen – Seite der Erde aus physikalischen Gründen ein (um 7 % kleinerer) zweiter Flutberg, weil auf jener Seite die Anziehungskraft des Mondes wegen der größeren Entfernung kleiner ist und so dem Wasser gewissermaßen „der Boden unter den Füßen“ weggerissen wird. Weil sich die Erde dreht, laufen somit ständig zwei Flutberge rund um die Erde. Diese Flutberge bzw. Flutwellen nennt man an der jeweiligen Küste **Hochwasser.** Läuft das die Flutberge bildende Wasser wieder ab, herrscht an der Küste **Niedrigwasser.**

Vollmond über der Bismarckstraße

Es dauert 24 Stunden, bis sich die Erde in östlicher Richtung um sich selbst dreht und damit gewissermaßen unter den sich in westlicher Richtung um die Erde bewegenden beiden Flutbergen hindurchbewegt. Somit prägen zweimal täglich die **Ebbe,** also der gesamte Zeitraum des sinkenden Wasserspiegels, und die **Flut,** also das auflaufende Wasser, das Gesicht der Nordseeküste. In dieser Zeit rückt auch der das Wasser anziehende Mond ein Stück weiter auf seiner Umlaufbahn um die Erde, weshalb sich dieses Naturphänomen täglich um etwa 50 Minuten verschiebt. Der Abstand zwischen zwei Hochwasserphasen beträgt demnach immer genau 12 Stunden und 25 Minuten, also genau einen halben Mondtag.

Weil sich nicht nur der Mond um die Erde, sondern auch die Erde um die Sonne dreht, kommt außerdem die (allerdings schwächere) Anziehungskraft der Sonne ins Spiel. Zwei Extreme können dabei auftreten: Die **Springtide** mit hohem Hochwasser und niedrigem Niedrigwasser entsteht bei Vollmond und bei Neumond, wenn Sonne, Mond und Erde auf einer Achse liegen. Allerdings macht die Anziehungskraft des Mondes gut doppelt soviel aus wie die der viel weiter entfernten Sonne. Die **Nipptide** mit niedrigem Hoch- und Niedrigwasser entsteht bei Halbmond, also wenn Mond, Erde und Sonne quasi einen 90-Grad-Winkel bilden, sich die Anziehungskräfte also etwas neutralisieren.

Starke Winde können den Tidenstand an Deutschlands Nordseeküste zusätzlich verstärken oder abschwächen. Starker ablandiger Wind verringert die

Wasserstände. Auflandiger Wind hingegen, vor allem bei Springtide, kann zu verheerenden **Sturmfluten** führen. Kommt ein stunden- oder manchmal tagelang anhaltender Sturm aus West oder Nordwest, dann drückt er viel Wasser an die Deiche. Der Winddruck sorgt dafür, dass sich das Wasser bei Ebbe etwas weniger zurückzieht und bei der nächsten Flut die Wasserstände entsprechend höher sind. Gerade im Spätherbst und im Winter kann es auf den Ostfriesischen Inseln recht ungemütlich werden.

Die **Gezeiten-Vorausberechnung** für Norderney können Sie einsehen unter www.bsh.de/de/Meeresdaten/Vorhersagen/Gezeiten/index.jsp. Der mittlere **Tidenhub**, also der Unterschied zwischen Niedrig- und Hochwasserstand, beträgt auf Norderney etwa 2,3 m.

Leuchttürme und Baken

Auch wenn durch moderne Satellitennavigation viele **Leuchttürme** und andere feste Seezeichen ihre Existenzberechtigung verloren haben, sichern einige Türme nach wie vor als visuelle Zeichen die Schifffahrtswege. Und weil es vor der ostfriesischen Küste viel befahrene und gefährliche Wasserstraßen gibt, stehen hier eine Reihe besonderer Leuchtfeueranlagen. Denn Leuchtturm ist nicht gleich Leuchtturm. Jedes Exemplar auf der Welt ist in dreierlei Hinsicht einzigartig und unverwechselbar: in Form, farblicher Markierung und hinsichtlich des Lichtsignals. Der Leuchtturm auf Norderney ist seit jeher fester Bestandteil der Sicherung des Schiffsverkehrs vor den Ostfriesischen Inseln; er besitzt das einzige linksdrehende Leuchtfeuer der Nordseeküste und ist immerhin das höchste Bauwerk der Insel (→ S. 69).

Weithin sichtbar: Peilbake auf der Möwendüne

Seefeuer wie der Leuchtturm Norderney sind weithin sichtbare Seezeichen. Wenn sie auch als Leitfeuer fungieren, markieren sie durch verschiedenfarbige Kennungen ein Fahrwasser. Ein Untertyp dieses Feuers ist das zur besseren Ansteuerung erforderliche Richtfeuer. Ein solches steht seit 1980 am Norderneyer Hafen (ein rot-weißer Stahlmast mit zwei Mastkörben und einer roten Signallampe). Zudem gibt es noch Quermarkenfeuer (aber nicht auf Norderney), die quer zum Kurs der Schiffe leuchten und den Bereich markieren, in dem die Schiffe eine Kursänderung vornehmen müssen. Leuchtturmwärter gibt es allerdings keine mehr; die Lichtzeichen sind heute alle voll automatisiert und werden von der für Ostfriesland zuständigen Verkehrszentrale Ems (bei Emden) aus ferngesteuert.

Auf Norderney gibt es neben dem markanten Leuchtturm noch **Baken,** meist hölzerne, unbefeuerte feste Seezeichen, die vor dem Bau von Leuchttürmen üblich waren. Besonders große Exemplare (mit gemauertem Untergerüst) werden im ostfriesischen Sprachraum auch als Kap (bzw. Kaap) bezeichnet. In der Regel besteht so eine Bake aus einer hölzernen Unterkonstruktion und einem großen, sozusagen auf den Kopf gestellten Dreieck als Toppzeichen. Am markantesten ist sicherlich das Kap im Osten der Stadt Norderney. Eher unscheinbar macht sich dagegen die (rekonstruierte) Postbake im Inselosten nördlich des Osthellers aus, die für die einstmals über das Watt fahrende Postkutsche im 19. Jahrhundert als Ansteuerungspunkt diente (→ Kasten S. 56) und heute von Wattwanderern geschätzt wird. Noch weiter östlich steht auf der hohen Möwendüne eine 1960 errichtete pyramidenförmige Peilbake, die auch als Aussichtspunkt dient. Schließlich gibt es ganz im Osten in der Nähe des Wracks noch ein nur zeitweilig aufgestelltes bakenähnliches Gebilde, das zwar „Seehund-Bake" heißt, aber – ausgerüstet mit einer solarbetriebenen Webcam – keine solche ist, sondern der sommerlichen auf der Sandbank dient.

Leuchtfarbene Fahrwassermarkierung: Tonnenhof am Hafen

Küstenschutz

Seit tausend Jahren versuchen die Menschen sich mit Deichen und anderen Konstruktionen vor dem Hochwasser und der unablässig an den Küsten zehrenden Kraft des Meeres zu schützen.

Bereits im 11. Jahrhundert begann man mit dem Bau von **Deichen.** Eine erste einigermaßen geschlossene Deichlinie war in Ostfriesland bereits um 1300 vorhanden. Doch die Deiche waren noch schwach und konnten den regelmäßig über das Land hereinbrechenden Sturmfluten nicht standhalten. Die Folge waren nicht nur große Verluste an Menschenleben, sondern auch gewaltige Einbußen an Land. Es gelang den Küstenbewohnern allerdings in mühevoller Arbeit, dem Meer einen Teil des Landes wieder abzuringen und die bestehende Küste zu sichern. Anfang des 19. Jahrhunderts hatte man damit begonnen, vor dem Küstenstreifen und an der Wattenmeerseite der Ostfriesischen Inseln hölzerne **Buhnen** und **Lahnungen** zu errichten. Erstere waren im rechten Winkel zur Strandlinie verlaufende Reihen von in den Boden getriebenen Pflöcken, die Wellen brechen und verhindern sollten, dass das Meer allzu viel Sand abtrug. Lahnungen, also mit Reisigbündeln und Geäst gefüllte doppelte Holzpflockreihen, sorgten dafür, dass sich die Schwebstoffe im Wasser leichter ablagerten, und dienten ebenfalls als Wellenbrecher.

Mächtiger Sandfänger: Buhne vor der Georgshöhe

Norderney ist den vorherrschenden Nordwestwinden und -stürmen besonders stark ausgesetzt – die Nachbarinsel Juist liegt etwas südlicher und kann somit kaum etwas abhalten. Die Wellen brechen dann direkt auf die Nordwestspitze Norderneys herein, weshalb die Insel schon oft durch Sturmfluten stark gelitten hat. Dazu kommt, dass Norderney – wie alle Ostfriesischen Inseln – durch die Kräfte der Natur bzw. die vorherrschende Windrichtung buchstäblich von West nach Ost wandert: Im Westen wird Sand abgetragen und im Osten wieder angeschwemmt. Mit der Zeit sind auf diese Weise alle Ostfriesischen Inseln ein gutes Stück nach Osten verschoben worden. So befindet sich beispielsweise das heutige Ostende Norderneys in etwa dort, wo sich ehemals Westbaltrum samt Dorf und Inselkirche befand.

Wirksamer Sturmflutschutz: Inseldeckwerk vor der Milchbar

Vor allem nachdem durch die Silvestersturmflut im Jahr 1854/55 ein Großteil des schützenden Westdünengürtels weggerissen worden war, bestand akuter Handlungsbedarf. Erste Sicherungsmaßnahmen mit einem Sanddeich an der Westspitze der Insel waren erfolglos, sodass man ab 1858 damit begann, die Stadt Norderney durch massive Stein- und später Betonverbauungen zu schützen. So entstand das erste deutsche **Inseldeckwerk** (Dünenschutzwerk) auf Norderney. Heute führt Norderneys Promenade über diese massiven Verbauungen, die im Laufe der Zeit immer länger wurden und sich heute über 6 km vom Hafen bis zum Nordbadestrand erstrecken. Das deichartige Schutzwerk hat am Nordstrand immerhin eine Höhe von 9,3 m über NN. Zudem sind ihm heute insgesamt 32 gewaltige, weit ins Meer reichende steinerne Buhnen im Westen und Nordwesten der Stadt vorgelagert. Diese sollen Wellen brechen und vor allem uferparallele Strömungen vom Badestrand fernhalten, damit dort nicht allzu viel Sand abgetragen wird.

Dennoch zerren die Kräfte der Natur so stark an Norderney, dass durch die vorherrschende Windrichtung beständig Sand von den westlichen Inselstränden abgetragen und nach Osten verlagert wird, wo der Sand vor der Insel liegende Sandriffe bildet. Vor allem am West- und Nordbadestrand sind deshalb immer wieder umfangreiche und teure, mit großen Saugbaggern durchgeführte **Strandaufspülungen** notwendig. Der Sandstrand ist nicht nur für den Tourismus wichtig; ohne diesen Sand würde auch das Inseldeckwerk unterspült werden. Meist wird er der westlich von Norderney gelegenen Robbenplate entnommen, also sozusagen abgesaugt, und dann mit entsprechend viel Druck an Norderneys zu behandelnden Strand gepresst, dort verteilt und festgedrückt. Das Fahrwasser vom Hafen bis nach Norddeich, das Busetief, muss dagegen ab und zu – kostenintensiv – freigebaggert werden.

Längst haben die Verantwortlichen erkannt, dass die Ostfriesischen Inseln ein wirksamer Sturmflutschutz für die Festlandküste sind, dass Küstenschutz und Inselschutz zusammengehören. Deshalb ist beides heute eine hoheitliche Aufgabe, die dem Land Niedersachen obliegt.

Windenergiegewinnung zu Land und zu Wasser

Windkraftanlagen schießen heute an der Küste wie Pilze aus dem Boden. Blickt man zum nur wenige Kilometer entfernten Festland, ist der Horizont geradezu mit Windrädern übersäht. Kein Wunder, denn die ostfriesische Firma Enercon mit Stammsitz in Aurich hatte eine Art Vorreiterrolle in Sachen Windenergieanlagenbau und ist bis heute einer der führenden Hersteller auf dem Weltmarkt geblieben.

Bundesweit werden derzeit 10 % der Stromversorgung durch Windenergie gedeckt, langfristig sind bis zu 25 % geplant. Im windreichen Ostfriesland ist die jährliche Gesamtproduktion an Strom aus dieser regenerativen Energiequelle sogar höher als der Verbrauch dort; den Überschuss exportiert man Richtung Süden. Das Problem dieser sauberen Energiegewinnung ist allerdings der unstete Wind und damit die ständig schwankende Energieleistung der Windkrafträder. Diese muss kontinuierlich durch andere in Bereitschaft stehende Kraftwerke ausgeglichen und an den ebenfalls schwankenden Stromverbrauch angepasst werden.

Trotz der offenkundigen ökologischen Vorteile der Windkraft sind vermehrt kritische Stimmen von Landschafts- und Naturschützern zu hören. Denn die kolossalen, bis zu 190 m hohen Windkraftanlagen stehen im Verdacht, Zugvögel und Fledermäuse zu verwirren oder gar zu erschlagen. Durch ihren Schlagschatten und den tieffrequenten Schall sowie den nicht hörbaren, aber weit reichenden Infraschall beeinträchtigen sie darüber hinaus das Wohlbefinden der Anwohner, bergen also letztlich Gefahren für die Gesundheit von Mensch und Tier. Und natürlich stören die riesigen Anlagen auch das Landschaftsbild.

Die Alternative heißt Offshoreanlage, also ein Windpark im Meer, weit draußen vor der Küste und damit in sicherer Entfernung zu – na ja, zumindest den Landbewohnern.

Norderney besitzt aus Lärm- und Naturschutzgründen keine Windkraftanlage (mehr). Dafür entsteht derzeit etwa 38 km nördlich der Insel ein riesiger Offshorewindpark mit 84 Windrädern (Gode Wind II). Er soll bis Ende 2013 ans Netz gehen. Die Seekabeltrasse für die Netzanbindung ans weit entfernte Festland (in Hilgenriedersiel) verläuft durch Norderney. Etwa auf Höhe des FKK-Strandes wurden die dicken Kabel mitten durch die Insel verlegt. Der Verlust an Energie ist dabei durchaus ein Problem. Man schätzt, dass sich 10 % der Offshorewindräder nur für den Energietransport zum Festland drehen werden müssen.

Weltnaturerbe Wattenmeer

Zwischen Norderney und der ostfriesischen Küste erstreckt sich eine faszinierende Zwischenwelt aus Land und Meer: das Wattenmeer. Durch die Gezeiten fällt es bei Niedrigwasser trocken, und so kann es Ihnen passieren, wenn Sie am Westbadestrand schwimmen oder in der Surferbucht im Inselsüden wellenreiten wollen, dass das Meer gerade nicht da ist. Stattdessen blicken Sie auf eine braungraue, wüstenartige Landschaft, die jedoch alles andere als trocken ist. Dort, wo eben noch das Wasser brandete, können Sie nun umherspazieren, sich die Füße vom Schlick massieren lassen und im Rahmen geführter Wattwanderungen sogar bis zum Festland (nach Neßmersiel) marschieren (→ S. 91). Doch keine Sorge, das kurzzeitig abwesende Meer kehrt ja wieder zurück, und zwar verlässlich etwa alle sechs Stunden.

Lahnung: Wirksames Mittel zur Landgewinnung

Die augenscheinlich karge Umgebung entpuppt sich auf den zweiten Blick als das genaue Gegenteil. Durch die große Menge fruchtbarer Sedimente, welche die ins Wattenmeer mündenden Flüsse und Siele ablagern, wimmelt es hier geradezu von Leben. Es gibt auf der Erde kaum einen biologisch produktiveren Ort als das Watt. Mit seinen Algen als Ausgangspunkt der Nahrungskette bildet es quasi die Grundlage allen Lebens in der Nordsee und ist deshalb von unschätzbarem Wert: Kieselalgen – für das menschliche Auge kaum zu erkennen – machen das Watt zur Kinderstube für Fische, Muscheln und Krebse und damit zur bevorzugten Rast- und Brutstätte für Abermillionen von Wat- und Wasservögeln. Im Sommer finden sich bis zu 1 Mio. Algenzellen auf nur 1 cm^2 Watt. Insgesamt bevölkern mehr als 10.000 verschiedene Arten von Einzellern, Pflanzen, Pilzen und Tieren diesen einzigartigen Lebensraum.

Als Deutschlands „letzte Wildnis" und eine der letzten ursprünglichen Naturlandschaften Mitteleuropas ist das große Feuchtgebiet längst unter Schutz gestellt. Im Jahr 1986 wurde der 345.000 ha große **Nationalpark Niedersächsisches Wattenmeer** gegründet, der in drei Zonen unterteilt ist. Auch die Bundesländer Hamburg, Schleswig-Holstein und die Anrainerstaaten haben ihre Wattflächen zu Nationalparkgebieten erhoben.

1993 wurde das niedersächsische Wattenmeer von der UNESCO zum **Biosphärenreservat** erklärt, also zur Modellregion für das nachhaltige Zusammenleben von Mensch und Natur. Und weil es auch außerhalb Europas keine größere zusammenhängende Sand- und Schlickwattfläche gibt, hat die UNESCO

die jahrelangen Schutzbemühungen um diese faszinierende Landschaft anerkannt und ihr im Jahr 2009 den höchsten Schutzstatus verliehen, indem sie das Wattenmeer der Nordsee zum **Weltnaturerbe** erklärte. Es steht damit auf einer Stufe mit so einzigartigen Naturlandschaften wie dem Serengeti-Nationalpark in Tansania oder den Galapagosinseln im Pazifik. Insgesamt erstreckt sich dieses 450 km lange Gebiet auf einer Breite von 5 bis 20 km vom dänischen Esbjerg bis zum holländischen Den Helder und bedeckt über 13.000 km² Fläche. Das geschützte Gebiet umfasst neben den bei Ebbe frei liegenden Wattflächen auch die Salzwiesen vor den Deichen.

Nur 5,5 % des gesamten **Nationalparks Niedersächsisches Wattenmeer** sind Landflächen (v. a. Inseln). 40 % sind Watt und 54,5 % Wasserfläche. Anschaulich aufbereitet ist das Thema im Nationalparkhaus (→ „Sehenswertes", S. 68). Infos auch auf www.nationalpark-wattenmeer.de/nds und www.nationalparkhaus-norderney.de.

Die **Zone 1** (**rote Zone**, 68,59 % der Fläche) ist die **Ruhezone** und damit Kernzone des Parks und darf durch keinerlei menschliche Eingriffe gestört werden. Sie umfasst hauptsächlich Vogelschutz- und Robbenschutzgebiete, die nur auf ausgewiesenen Wegen betreten werden dürfen.

Auch die **Zone 2** (**grüne Zone**, 31,02 %), die **Zwischenzone**, soll der Mensch nur eingeschränkt nutzen, sie darf aber frei betreten werden.

Lediglich die flächenmäßig sehr kleine **Zone 3** (**gelbe Zone**, 0,49 %) darf der Mensch als **Erholungszone** nutzen, motorisierte Fahrzeuge sind aber auch hier nicht erlaubt.

Auch 85 % der Inselfläche **Norderneys** gehören zum Nationalpark und sind demzufolge in diese drei Zonen eingeteilt (→ Plan oben). Die rote Zone umfasst v. a. den Südstrandpolder und den Inselosten. Die grüne Zone erstreckt sich in der Inselmitte und über das die Insel umgebende Wattenmeer, die gelbe Zone umfasst die Strände, das Gebiet um den Golfplatz und einen Teil der Surferbucht.

Kleine Wattkunde

Watt ist nicht gleich Watt – man unterscheidet verschiedene Typen: Noch gut begehbar ist das **Sandwatt** in Küstennähe mit etwa 25 % Bodenwassergehalt und noch relativ groben Sandkörnern. Im **Mischwatt** steigt der Wasseranteil schon auf 50 %, und die Korngröße des Sandes wird bedeutend feiner. Das **Schlickwatt** hingegen ist jener strandnahe Bereich an der Hochwasserlinie, der den Besucher tief einsinken lässt, weil der Wassergehalt nahezu 70 % beträgt. Hier stinkt es zuweilen nach faulen Eiern; außerdem holt man sich schwarze Füße, was an den Schwefelwasserstoffen liegt, die beim anaeroben, also sauerstofflosen Abbau von organischem Material frei werden. Durchzogen wird der Wattboden bei Ebbe von kleinen Rinnen, sog. **Prielen**, durch die das sich zurückziehende Wasser abfließt. Besonders tiefe und auch noch bei Ebbe wasserführende Priele nennt man regional auch **Baljen**. Noch tiefere, schiffbare Strömungsrinnen heißen **(See)gat**.

Emsige Wattbewohner: Herzmuschel und Strandkrabbe ...

Watt-Insider: Die Small Five

Man muss nicht bis nach Afrika fahren, um spektakuläre Tiere zu sehen. Analog zu den Big Five (Elefant, Löwe, Nashorn, Büffel und Leopard), die man auf einer Safari in Afrikas Nationalparks gesehen haben muss, darf eine Wattwanderung nicht ohne eine Sichtung der Small Five auskommen: Die Rede ist von Wattwurm, Wattschnecke, Herzmuschel, Nordseegarnele und Strandkrabbe. Diese für das Wattenmeer so charakteristischen Tierchen sind Meister der Anpassung an den Rhythmus von Überflutung und Trockenfallen ihres Lebensraumes:

Die augenfälligen Spaghettihaufen aus Sand, die zu Abertausenden überall im Watt herumliegen, produziert der **Wattwurm** (auch Sandpierwurm). Der bis zu 40 cm lange Wurm frisst andauernd Sand (jährlich etwa 25 kg) und filtert aus diesem organisches Material heraus, das ihm als eigentliche Nahrung dient – der Rest wird wieder ausgeschieden. Etwa alle 40 Minuten stößt ein Wattwurm diese langen Sandschnüre aus. So hält er den Wattboden locker und leistet einen unglaublich wichtigen Beitrag für viele hier lebende Arten.

Eher unauffällig, dafür aber sehr zahlreich vertreten ist die **Wattschnecke** mit ihrem winzigen, geringelten Schneckenhäuschen. Sie ist nur 3–6 mm „groß" und frisst Algen und Bakterien vom Wattboden ab. Unvorstellbare 4000 bis 20.000 kleine Schnecken können sich auf 1 m^2 tummeln. Durch ihre Ausscheidungen binden die Schnecken Sand und Schlick und sorgen so letztlich dafür, dass weniger Sand abgetragen wird. Gleichzeitig lagert sich an dieser klebrigen Unterlage leichter neuer Sand ab – die Schnecken leisten somit einen nicht unerheblichen Beitrag zum Küstenschutz.

Die häufig vorkommende, etwa 3 cm große **Herzmuschel** filtert pro Stunde etwa 2,5 Liter Meerwasser. Sie besitzt eine Art Fuß, mit dem sie sich im flachen Sediment eingräbt – und nicht nur das: Dieser Fuß dient ihr ab und zu tatsächlich auch zur Fortbewegung. Es kommt vor, dass sie sich damit vom Boden abstößt und bis zu 50 cm weit „springt". Manchmal landet sie auf dem Teller, denn essbar ist sie auch.

Die **Nordseegarnele** ist nicht nur der leckere Belag auf dem Krabbenbrötchen, sondern auch das Chamäleon unter den Watt-Tierchen. Der bis zu 9,5 cm

… Wattwurm und die schmackhafte Speisegarnele (Nordseekrabbe)

lange Räuber gehört zoologisch zur Gattung der Zehnfußkrebse und kann je nach Umgebung problemlos seine Farbe ändern, von nahezu durchsichtig bis hin zu Dunkelrot oder Braun. Bei Gefahr gräbt sich die Nordseegarnele im Sand ein. Übrigens bevölkert sie nur in den Sommermonaten das Wattenmeer – wenn die Temperaturen im Winter sinken, wandert sie in tieferes Wasser ab.

Ein anderer recht auffälliger Wattbewohner ist die **Strandkrabbe.** Mit einem Durchmesser von bis zu 8 cm gehört sie zu den Größten der Small Five. Das sich seitwärts bewegende Krebstier ist eigentlich ein Allesfresser, macht sich aber vor allem als Aasfresser um die Reinigung des Wattenmeeres verdient. Bei Gefahr – etwa beim Kampf mit Fressfeinden wie Möwen – kann die Strandkrabbe eine Extremität, z. B. eine Schere, abwerfen. Diese wächst im Laufe mehrerer Häutungen wieder nach. Bei Frost zieht sich auch die Strandkrabbe in tiefere Gewässer zurück.

Schlaraffenland für Vögel

Apropos Fressfeinde: Gerade die kleinen Watt-Tiere stellen ein großes Nahrungsangebot dar, das **Brut- und Gastvögel** anlockt. Im Frühjahr und im Herbst ist das Wattenmeer Drehscheibe des Vogelzuges von und nach Nordeuropa bzw. in die südlichen Überwinterungsgebiete. Dann wird es zu einem der vogelreichsten Gebiete der Erde. Auf Norderney kann man zu dieser Zeit Brandgänse, Austernfischer, Alpenstrandläufer, Schnepfen oder Kiebitze antreffen – um nur einige gefiederte Besucher zu nennen, die die Insel zur Brut nutzen oder auch nur zur Rast, um sich für den Weiterflug Reserven anzufuttern. Einige Zugvogelarten verdoppeln hier ihr Gewicht innerhalb von nur zwei Wochen, um so für die noch bevorstehende Strecke gerüstet zu sein.

Im Verlauf des Jahres werden auf Norderney Hunderttausende Vögel gezählt, knapp 100 verschiedene Vogelarten haben hier schon gebrütet. Vorherrschend sind natürlich die heimischen **Möwen,** in erster Linie die beachtlich große Silbermöwe, die in etwa die Größe eines Bussards erreicht und nicht nur durch ihr strahlend weißes Gefieder mit den silbergrauen Schwingen, sondern auch durch ihren großen gelben Schnabel mit dem roten Fleck auffällt. Auch deren Jungvögel erreichen eine stattliche Größe, haben aber in den ersten zwei Jahren noch eher graubraunes Gefieder. Deutlich kleiner als die Silbermöwe ist

Auf den Nordseeinseln zu Hause: Austernfischer

die Sturmmöwe, deren Schnabel zudem nicht ganz so leuchtend gelb ist wie der ihrer eindrucksvolleren Verwandten. Häufig anzutreffen ist auch die noch etwas kleinere Lachmöwe mit ihrem charakteristischen schwarzen Kopf und dem roten Schnabel. Es ist umstritten, ob sich das „Lach" auf das einem spöttischen Lachen gleichende Geschrei der Möwen bezieht oder von dem Wort Wasserlache herrührt.

Austern: Ein Ärgernis aus Sylt

In den flachen Gewässern vor der Insel tummeln sich mittlerweile mehr Austern, als den Norderneyern lieb ist. Sie sind aus der Zuchtanlage der Sylter Royal in der Lister Bucht ausgebüxt und von Nordfriesland längst auch bis ins ostfriesische Wattenmeer gelangt. Bei Genehmigung dieser Zuchtanlage hatte man offenbar unterschätzt, dass jede Auster pro Laichvorgang viele Millionen Eier produziert und sich somit prächtig vermehrt. Weil es sich um Pazifische Felsenaustern handelt, haben sie in der Nordsee praktisch keine natürlichen Fressfeinde. Die einheimische Auster (Europäische Auster) wurde längst verdrängt; zudem bedrohen die verwilderten Pazifischen Austern auch die heimische Miesmuschel, weil sie deren angestammte Muschelbänke besetzen. Ärgerlich ist darüber hinaus, dass die scharfkantigen Schalen der Austern zunehmend für Barfuß-Wattwanderer zum Problem werden, die sich schmerzhafte Schnittverletzungen zuziehen können.

Schaum? Algen!

Bei dem eher unappetitlich aussehenden Schaum, der häufig an den Strand gespült wird, denken viele an in der Nordsee verklappte Chemikalien. Doch keine Sorge – er ist zwar übelriechend, aber völlig ungefährlich. Er rührt von den vor allem im Frühsommer massenhaft auftretenden Schaumalgen, die sich im nährstoffreichen Nordseewasser pudelwohl fühlen. Diese winzigen Einzeller sind von einer eiweißhaltigen Hülle umgeben; sterben sie ab, wird dieses Eiweiß durch die bewegte See aufgeschäumt und als „Eischnee" an die Strände gespült. Bakterien bauen diesen Schaum dann wieder ab.

Quallen: Lästige Begleiter am Strand

Apropos unappetitlich: Ausgerechnet im Sommer (und dann je nach Strömungsverhältnissen und Wind) tauchen an den Inselstränden Quallen auf. Im küstennahen Bereich findet man dann häufig **Wurzelmundquallen** oder **Ohrenquallen.** Beide sind an sich völlig harmlos, aber beim Schwimmen eben nicht jedermanns Sache. Erstere erinnern mit ihren stark entwickelten, dicken und gekräuselten Mundrohrkanten an einen Wurzelstock oder an Blumenkohl. Die vier kreis- oder eben ohrenförmigen Zeichen in der Mitte der Ohrenqualle sind die Geschlechtsorgane (bei den Männchen sind diese weiß, bei den Weibchen rosa- oder lilafarben). Unter ihrem glockenförmigen Schirm haben Wurzelmund- und Ohrenqualle Fangfäden zur Beutejagd, welche bei Berührung winzige Nesselkapseln ausstoßen, die mit Gift gefüllt sind. Bei beiden handelt es sich dabei glücklicherweise um ein sehr schwaches und für den Menschen ungefährliches Gift.

Blaue Nesselqualle im Spülsaum

Mitunter sind aber auch unangenehmere Vertreter dieser Nesseltiere vor der Küste anzutreffen. Überwiegend handelt es sich um **Kompassquallen,** die man leicht an ihrem gewölbten Schirm erkennt, dessen Zeichnung an eine Kompassrose erinnert. Vereinzelt tauchen auch **Gelbe Nesselquallen** (auch Gelbe Haarquallen, besser bekannt als Feuerquallen) und **Blaue Nesselquallen** vor der Insel auf. Alle drei besitzen lange Tentakel mit Tausenden von giftgefüllten Nesselkapseln, die bei Berührung regelrecht explodieren: Bei Kontakt mit der Beute oder dem vermeintlichen Feind wird in den Kapseln ein enormer Druck aufgebaut, der bewirkt, dass das Gift innerhalb eines Augenblicks mit unvorstellbar hoher Geschwindigkeit (etwa dem 40.000-Fachen der Erdbeschleunigung!) in die Haut des Opfers oder Gegners injiziert wird. Und das ist auch für Menschen sehr unangenehm, vor allem Nesselquallen sollte man tunlichst meiden. Sie können bei Berührung schmerzhafte Ausschläge oder gar verbrennungsartige Hautveränderungen hervorrufen und einem das Badevergnügen gründlich verleiden.

Erste Hilfe bei Quallen-Qualen

Wer Opfer einer „Quallen-Attacke" geworden ist, sollte die betroffenen Stellen mit Speiseessig oder alternativ mit Rasierschaum behandeln (es empfiehlt sich tatsächlich, eins von beidem beim Badeausflug dabeizuhaben!). Dadurch wird das Nesselgift neutralisiert. Zudem sollte man die winzigen Überreste der Nesselkapseln vorsichtig mit einem stumpfen Gegenstand oder mit Sand abschaben. Sie können auch mit Salzwasser abgewischt werden – nicht aber mit Süßwasser, da sonst noch unversehrte Kapseln augenblicklich zerplatzen und ihr Gift absondern. Später helfen zur Linderung der Schmerzen Kälte oder juckreizstillende (Brand)salben.

Seehunde: Putzige Gesichter der Nordseeküste

Sie sind wohl eindeutig die Stars unter den Tieren des Wattenmeeres: die Seehunde. Von Ausflugsschiffen regelrecht verfolgt und – im Gegensatz zu manch anderem Wattenmeerbewohner – immer hübsch anzusehen, liegen sie bei Ebbe auf den Seehundbänken (zum Beispiel auf der Sandbank zwischen Norderney und Juist oder an der Wichter Ee im Osten Norderneys, → S. 71).

Die meiste Zeit des Jahres verbringen die Seehunde jedoch im offenen Meer. Müssen sie sich einmal ausruhen, lassen sie sich einfach an der Wasseroberfläche treiben. Doch in den Sommermonaten kommen die possierlichen Tiere ins Wattenmeer. Wobei possierlich vielleicht ein wenig irreführend ist – so niedlich das stupsnasige Gesicht wirken mag, der stromlinienförmige Körper kann durchaus als massig bezeichnet werden: Männliche Seehunde können immerhin 1,7 m lang werden und 150 kg auf die Waage bringen (Weibchen 1,4 m und 100 kg). Etwa 30 Minuten lang und bis zu 200 m tief können Seehunde tauchen und dabei Nasen- und Ohrenöffnungen verschließen. Meist dauert ein Tauchgang aber nur wenige Minuten. Die beim Schwimmen äußerst elegant wirkenden Tiere sind dann auf der Suche nach Fisch, vor allem nach Scholle, Kabeljau oder Hering, von denen sie täglich 3–5 kg verspeisen. Jungtiere bevorzugen zunächst die leichter zu fangenden Nordseegarnelen.

Seehunde sind eigentlich keine geselligen Tiere und im Wasser Einzelgänger. Nur auf den Sandbänken, die sie zum Schutz aufsuchen, liegen sie im Rudel. Dabei meiden sie tunlichst jeglichen Körperkontakt und halten eine Privatzone von etwa 1,5 m Abstand zum Nachbarn ein. Diese wird gegen jeden Eindringling erbittert verteidigt, was zur Folge hat, dass die Seehunde ihren Tag auf der Sandbank hübsch gleichmäßig verteilt liegend genießen.

Ab und zu kommt es aber natürlich doch zum Kontakt mit Artgenossen, denn auf den Sandbänken wird auch der Nachwuchs gezeugt. Nach 11-monatiger Tragzeit wird dort im Juni/Juli ein Junges zur Welt gebracht und dann etwa alle drei Stunden gesäugt. Durch ständiges lautes Rufen hält es Kontakt zur Mutter und wird daher Heuler genannt. Der größte Feind der jungen Heuler ist der Mensch. In seinem verzückten Bemühen, den süßen Seehundbabys näher zu kommen, kann er ihnen erheblichen Schaden zufügen. Denn viele Tiere ziehen sich durch hastiges Davonrobben Nabelwunden zu, an denen sie letztlich sterben. Bei häufigen Störungen auf der Sandbank kann es auch passieren, dass die Seehunde ihre Neugeborenen vernachlässigen.

Auch zum Wechsel des Haarkleids sind die Seehunde auf ungestörtes Sonnenbaden angewiesen, denn nur durch die UV-Strahlung des Sonnenlichts kann der Körper das zum Fellwechsel benötigte Vitamin D aufbauen.

Jahrhundertelang wurden Seehunde bejagt – vor allem wegen ihres Fells und weil sie eine Konkurrenz für die Fischer darstellten. Sogar Tötungsprämien wurden gezahlt. Für die Gäste der Inselbäder war es im 19. Jahrhundert ein Freizeitvergnügen, sie abzuknallen. In den 1930er-Jahren wurden für den fast ausgerotteten Seehund vor der deutschen Küste endlich Schonzeiten eingeführt. Erst seit 1973 ist die Jagd ganz verboten, sodass die Bestände langsam wieder anwachsen konnten. 1988, 2002 und 2007 brach eine Seehundseuche aus, verursacht durch das Staupevirus. Etwa zwei Drittel der Tiere fielen ihm zum Opfer, aber zum Glück konnten sich die Bestände immer wieder schnell erholen. Heute wird der Seehundbestand im niedersächsischen Wattenmeer auf 8400 Tiere geschätzt. Im gesamten deutschen Wattenmeer leben etwa 24.000 Seehunde.

Kegelrobben: Seltene Wattenmeerbewohner

Seit einigen Jahren sind auch nahe Verwandte der Seehunde wieder ins Wattenmeer zurückgekehrt: die etwas größeren Kegelrobben. Den Namen hat ihnen ihre eher längliche, kegelförmige Schnauze eingebracht. Der Bestand wird im niedersächsischen Wattenmeer auf lediglich 230 Tiere geschätzt. Sehr vereinzelt sind sie mitunter auch auf der Sandbank im Osten Norderneys anzutreffen (halten Sie Ausschau nach besonders großen, langnasigen „Seehunden“); das Zentrum der Kolonie befindet sich jedoch auf der Kachelotplate westlich von Juist. Die Kegelrobbe ist mit einem Gewicht von bis zu 300 kg und an die 3 m Länge übrigens das größte frei lebende Raubtier Deutschlands.

Die Jungen kommen schon im stürmisch-kalten Januar und Februar zur Welt, und zwar mit einem weißen, flauschigen und extra warmen Fell. Während der ersten sechs Lebenswochen verlieren die Kleinen es nach und nach, und ihnen wächst das gefleckte graue Fell, mit dem sie sich auch ins Wasser wagen können. Um den niedrigen Wassertemperaturen zu trotzen, fressen sich Kegelrobbenbabys pro Tag 1–2 kg Gewicht an, bis sie etwa das Vierfache ihres Geburtsgewichtes erreicht haben. Eine dicke Speckschicht schützt dann vor Unterkühlung.

Das größte frei lebende Raubtier Deutschlands: Die Kegelrobbe

Konsequent zweisprachig: Ortsschild Nörderneei

Ostfriesische Geschichte

Obwohl die kleine Sandinsel Norderney aus historischer Sicht erst vor kurzer Zeit entstand, hat sie eine recht wechselvolle Vergangenheit. Diese muss man allerdings in Zusammenhang mit der Geschichte ganz Ostfrieslands sehen, denn die Insel war für die jeweiligen Machthaber immer nur ein vergleichsweise unbedeutendes Anhängsel.

Die Friesen

Um die Zeitenwende schickten die Römer unter dem Feldherrn Drusus (38–9 v. Chr.) Expeditionen an die Nordsee, um das Gebiet auszuloten und Germanien zu unterwerfen. Als erster Geschichtsschreiber erwähnte um 12 v. Chr. der in römischen Diensten stehende griechische Geograf Strabon die Emsmündung und eine Reihe der Küste vorgelagerte, bewohnte Inseln. Auch der Römer Plinius beschrieb um 70 n. Chr. eine Insel und den Landstrich, der heute ostfriesische Halbinsel genannt wird – allerdings war er sich angesichts der ständigen Überflutungen nicht ganz sicher, ob das „ungeheure Gebiet“, das er sah, „zum Lande gehört oder ein Teil des Meeres ist“. Düster fiel auch seine Beschreibung der in dieser unwirtlichen Gegend herrschenden Lebensverhältnisse aus: Die Menschen lebten als „elendes Völkchen“ auf Erdhügeln, könnten daher kein Vieh halten und müssten sogar Schlamm an der Luft trocknen (also Torf), um Feuer machen zu können. Plinius berichtete in diesem Zusammenhang vom Volk der Chauken (die Namen ihrer Siedlungen endeten meist auf -e[r]ns wie in Esens oder Ziallerns). Um 600 n. Chr. wanderten dann friesische Volksstämme ein (deren Siedlungen sind leicht zu identifizieren, da sie auf -um enden wie in Pewsum, Dornum oder Werdum). Von Norderney war in dieser Zeit vermutlich noch überhaupt nichts zu sehen.

Ende des 7. Jahrhunderts gelang es dem Friesenkönig Radbod, die verfeindeten friesischen Stämme zu einen. Doch bereits 785 wurde die gesamte ostfriesische Halbinsel dem fränkischen Großreich einverleibt. Im Auftrag Karls des Großen begannen die Friesenapostel Liudger und Willehad das Land zu christianisieren. Die ersten Kirchen entstanden.

Die Friesische Freiheit

Wenn es um ihre Geschichte geht, heben die Ostfriesen gerne die Friesische Freiheit hervor. Diese bezeichnet den Umstand, dass die Friesen eine Zeit lang nicht wie andere Völker einem lokalen Fürsten oder Grafen unterstanden, sondern direkt dem Kaiser. Allerdings war der Mythos, niemandes Untertan zu sein, nur eine vergleichsweise kurze Episode in der ostfriesischen Geschichte.

Im 9. Jahrhundert wurde die ostfriesische Halbinsel – und damit auch das Fränkische Reich – von Normanneneinfällen heimgesucht. Die (erfolgreiche) Verteidigung übernahmen die Friesen selbst und erhielten dafür im Gegenzug von Kaiser Karl dem Dicken ein für die weitere Entwicklung des Landes sehr folgenreiches Geschenk: die **Friesische Freiheit.** Mit diesem Privileg waren die Friesen keinem fremden Landesherrn, sondern ausschließlich dem Kaiser verpflichtet und waren zusätzlich von jeglichem Militärdienst für den Kaiser außerhalb Frieslands freigestellt. Anders formuliert: Sie waren ihre eigenen Herren und durften ihre Angelegenheiten autonom regeln. So konnte sich in Ostfriesland bis ins hohe Mittelalter eine fast demokratische Grundstruktur entwickeln, in der es kein Lehnswesen und keine Leibeigenschaft gab.

Ganz Friesland setzte sich zu dieser Zeit aus etwa drei Dutzend selbstständigen friesischen Gemeinwesen zusammen, die als die sog. **Sieben Seelande** einen losen Verbund bildeten. Einmal im Jahr an Pfingsten traten sie am grob in der regionalen Mitte Frieslands gelegenen Upstalsboom bei Aurich zusammen. Der Upstalsboom (frei übersetzt: Baum bzw. Pfahl auf der eingezäunten Weide) ist ein vorgeschichtlicher Grabhügel, der im Mittelalter (von 1216 bis 1361) als Thingstätte (Versammlungsort) genutzt wurde. Vertreten wurden die selbstständigen und genossenschaftlich organisierten Lande dabei durch frei gewählte Häuptlinge. Am Upstalsboom wurden Beschlüsse gefasst und Recht gesprochen, um den Landfrieden unter den einzelnen friesischen Gebieten zu wahren. Auch der Küstenschutz und die Verteidigung des Landes wurden gemeinschaftlich organisiert. Zwar versuchten immer wieder mächtige Grafen aus Holland, Westfalen oder Oldenburg, das Land zu unterwerfen. Sie scheiterten aber allesamt, auch weil die feuchten Hochmoore auf der Geest lange Zeit von Süden her fast undurchdringlich waren.

Alle Macht den Häuptlingen

Die schöne Friesische Freiheit zerbrach aber dennoch – und zwar von innen heraus. Denn die ehemals frei vom Volk gewählten Häuptlinge wurden immer mächtiger, und es entwickelten sich dynastische Strukturen mit erblicher Herrschaft. Bis Mitte des 14. Jahrhunderts wurden alle Lande (sog. Herrlichkeiten) von souveränen **Häuptlingsgeschlechtern** regiert. Die Bauern verloren ihre Selbstständigkeit und mussten Heerfolge leisten. Dann machten sich einige der quasi zu kleinen Landesherren avancierten Häuptlinge auch noch daran, in fremden Revieren zu wildern. Als Erstes verfolgte das Häuptlingsgeschlecht der tom Brok eine aggressive Expansionspolitik. Ab 1350 konnten sie die Herrschaft im gesamten westlichen Ostfriesland durch die Entmachtung regionaler Häuptlinge an sich reißen. Sie dienten sich daraufhin dem damaligen

Landesherrn Herzog Albrecht I. an, einem Sohn des Wittelsbacher Kaisers Ludwig IV., der nicht nur Herzog von Bayern-Straubing, sondern auch Graf von Holland sowie Herr von Friesland war. Herzog Albrecht I. führte einige (nicht immer erfolgreiche) Feldzüge gegen aufständische Friesen, die sich von Holland lossagten und sich nur dem römisch-deutschen Kaiser verpflichtet sahen. Doch als sich das mächtige Häuptlingsgeschlecht der tom Brok daranmachte, durch Lehnsverträge mit dem Herzog die eigene Herrschaft zu zementieren und somit ihr Territorium zum erblichen Besitz zu machen, war es auch um den Widerstand der letzten noch die Friesische Freiheit beschwörenden Häuptlinge weitgehend geschehen.

Und hier kommt auch Norderney erstmals ins Spiel, als beginnend mit der schrecklichen Marcellusflut im Jahr 1362 die große Insel Buise in zwei Teile zerbrach. Der westliche Teil verschwand allmählich ganz von der Landkarte. (Lediglich der Name des Fahrwassers zwischen Norderney und Norddeich, das Busetief, erinnert noch an die Insel.) Der östliche Rest verzeichnete mit der Zeit immer größere Landgewinne und taucht 1398 zunächst als Osterende wieder auf. Dieser Name findet sich in einem Lehnsvertrag, den der Häuptling Widzeld tom Brok mit Herzog Albrecht I. schloss, der ihm darin das Lehen (und damit den erblichen Besitz) über die hier erstmals einzeln aufgelisteten Ostfriesischen Inseln übertrug. In der Auflistung fehlt Norderney noch, stattdessen ist von den beiden Inseln Burse (wahrscheinlich der kümmerliche Rest von Buise) und Osterende die Rede. So gesehen war Widzeld tom Brok der erste Herrscher über Norderney. Im Jahr 1549 erscheint die neue Insel dann in einer Urkunde unter dem Namen *norder neye oog* (die nördliche neue Insel), woraus sich dann Norderney bildete – doch bis dahin hatten sich die Herrschaftsverhältnisse schon wieder gründlich gewandelt.

Zwar gelang es 1413 den tom Brok sogar, das damals unabhängige und stark befestigte Emden zu erobern. Andere Häuptlinge stellten sich zur Wiederherstellung der Friesischen Freiheit und ihrer eigenen Unabhängigkeit jedoch gegen sie und besiegten unter der Führung von Focko Ukena 1426 bei Detern endgültig die mächtigen tom Brok.

Aber nicht Focko Ukena, sondern sein Verbündeter, der bis dahin eher bedeutungslose Enno Cirksena Häuptling von Norden und Greetsiel, konnte sich an die Spitze der friesischen Freiheitsbewegung setzen – und war gleichzeitig ihr endgültiger Untergang. Jetzt nämlich waren die Machtinteressen der Cirksena geweckt, die in der Folgezeit zum bedeutendsten Häuptlingsgeschlecht des Landes aufstiegen. Sie bedienten sich dabei der Hilfe der Stadt Hamburg, mit der sie ein geschickt ausgeklügeltes Bündnis eingingen. Sehr zum Ärger der mächtigen Hanse trieben zur damaligen Zeit viele Seeräuber ihr Unwesen, die bei Häuptlingen wie den Ukena Unterschlupf fanden. Also einigte man sich darauf, dass die Hamburger 1433 Emden besetzen durften, aber im Gegenzug den Cirksena militärische Unterstützung im Kampf gegen aufmüpfige Häuptlinge gewähren mussten. Im übrigen Ostfriesland sollte dann das Geschlecht der Cirksena herrschen. Später haben die Hamburger die Rechte an Emden gegen ein erkleckliches Sümmchen wieder an die Cirksena übertragen. Erst im Jahr 1595 wurde das reiche Emden Stadtrepublik und konnte gegenüber dem cirksenischen Landesherrn seine Selbstständigkeit durchsetzen.

1464 wurde Ulrich Cirksena von Kaiser Friedrich III. in den erblichen Reichsgrafenstand erhoben, nicht ohne zuvor eine erhebliche Geldsumme an die Kanzlei des ewig klammen Kaisers zu zahlen. Damit war unwiderruflich das Ende des ostfriesischen Häuptlingswesens eingeläutet. Faktisch war Graf Ulrich nun Landesherr von Ostfriesland. Allerdings wurde er nur zum Grafen *in* Ostfriesland ernannt und nicht zum Grafen *von* Ostfriesland, was ein bedeutender Unterschied ist. Die ostfriesischen Häuptlinge unterstanden mit ihren Herrlichkeiten unabhängig vom neuen ostfriesischen Reichsgrafen weiterhin direkt dem Kaiser. Zudem versicherte Friedrich III. den Ostfriesen in einer Urkunde, dass alle Rechte und Freiheiten, die ihnen seit jeher zustanden, auch weiterhin Gültigkeit besäßen. Dennoch hielt das Feudalwesen nun auch in Ostfriesland Einzug – wenngleich ein sich auf die alten Freiheiten berufendes Ständeparlament, die (heute noch existierende) sog. Ostfriesische Landschaft, dafür sorgte, dass neben den Interessen des Adels und des Klerus auch die der bäuerlichen Bevölkerungsmehrheit vertreten waren.

Norderney – vom Fischerboot zur Handelsflotte

Es ist überliefert, dass Mitte des 16. Jahrhunderts auf Norderney immerhin schon etwa 80 Personen in 16 eng beieinander stehenden Fischerhäusern wohnten, die sich in etwa bei der heutigen Oster- und Langestraße befanden; auch eine kleine Kirche gab es bereits. Von dem Ringen um die Landesherrschaft bekam man auf der Insel nicht viel mit; man hatte genug mit der Sicherung des eigenen Lebensunterhalts zu tun. Die fleißigen, aber sehr armen Insulaner lebten hauptsächlich von der Fischerei und der Bergung von Strandgut.

Seefahrergrab vor der Inselkirche

Die viel beschworene Friesische Freiheit hat es auf Norderney nie gegeben, weil die Insel erst nach dem Zusammenbruch dieses mittelalterlich-demokratischen Gemeinwesens entstand und immer Eigentum eines ostfriesischen Häuptlings bzw. Grafen war. Von Beginn an sorgte deshalb ein Inselvogt für die rechtliche Ordnung und auch dafür, dass der Landesherr seinen Anteil am geborgenen Strandgut bekam – ein Drittel bekam gewöhnlich der Landesherr, ein weiteres Drittel der Eigentümer der Ladung und das letzte Drittel der Bergende. Grundeigentum gab es nicht, die Einwohner waren Erbpächter und mussten aus diesem Grund entsprechende Abgaben leisten (zumeist einen Teil ihres Fischfangs). Später sicherten die Insulaner ihr Auskommen mehr und mehr mit dem Handel und der Frachtschifffahrt. Wie

Auf Krabbenfang: Fischerboot vor Norderney

die benachbarten Borkumer heuerten einige Insulaner auf Walfangschiffen an, deren Fahrten gefahrvoll waren. Der Lebensstandard stieg etwas und die Bevölkerung nahm zu (um 1700 auf immerhin 300 Menschen). Nach und nach konnten die Norderneyer sogar eine kleine Handelsflotte (mit etwa 30 Schiffen) aufbauen, die bis Mitte des 18. Jahrhunderts unter der Flagge der ostfriesischen Grafen die Meere befuhr (vor allem im Auftrag von Bremer und Emder, aber auch Hamburger und Amsterdamer Handelshäusern). Zu dieser Zeit waren fast alle arbeitsfähigen Männer der Insel, etwa ein Viertel der Bevölkerung, auf Handelsschiffen unterwegs.

Der goldene Ohrring der Seeleute

Eine spezielle Tradition auf Norderney ist für Männer das Tragen eines goldenen Ohrrings. In diesen kleinen, ringförmigen Ohrring (Creole) sind gewöhnlich die Initialen des Trägers eingearbeitet. Früher wurde so ein Ring von Fischern und vor allem jenen Seeleuten getragen, die als Handelsschiffer auf den Weltmeeren unterwegs waren. Starb der Seemann in der Fremde, konnte man ihn so leichter identifizieren – zudem deckte der Wert des Goldes die Kosten für ein christliches Begräbnis. Das Tragen solcher Ohrringe war bis zum 18. Jahrhundert auf allen friesischen Inseln üblich, hat aber auf den anderen Inseln mit dem Niedergang der Seefahrt an Bedeutung verloren. Anders auf Norderney, hier hat dieser Brauch überlebt und erlebt gegenwärtig sogar eine wahre Renaissance. Denn auch auffallend viele Norderneyer, die nicht gebürtige Insulaner sind, schmücken sich mit einem dünnen goldfarbenen Ring am linken Ohr und zeigen so ihre Verbundenheit mit der Insel. Drei dieser mit Monogrammen versehenen Männerohrringe, die einst Seeleute auf großer Fahrt trugen, kann man im Fischerhaus-Museum (→ S. 64) bewundern – im Bilderrahmen im hinteren Raum.

Fliegende Herrschaftswechsel

Enno Ludwig Cirksena wurde zwar im Jahr 1674 noch in den Fürstenstand erhoben, doch wegen einer Reihe schwacher Herrscher hatte das Geschlecht seinen Zenit längst überschritten. Zudem war das Land durch Kriege und Sturmfluten geschwächt. Die Sturmflut von 1634 und vor allem die verheerende Weihnachtsflut von 1717 hatten große Teile Ostfrieslands ruiniert. Am 26. Mai 1744 starb Carl Edzard Cirksena als letzter Fürst von Ostfriesland kinderlos im Alter von nur 27 Jahren.

Mit dem Aussterben der Fürstenfamilie Cirksena übernahm 1744 **Preußen** die Herrschaft in Ostfriesland. Denn den Hohenzollern war 1694 von Kaiser Leopold I. das Recht zugestanden worden, das Fürstentum Ostfriesland als Lehen zu nehmen, falls das Haus Cirksena einmal aussterben sollte. Dieses Recht ließ sich der preußische König Friedrich II. natürlich nicht nehmen und besetzte im Juni 1744 von Emden aus Ostfriesland und damit auch Norderney – ohne Widerstand. Der König schränkte die Rechte und Freiheiten der Ostfriesen kaum ein, zum einen, weil die Ostfriesische Landschaft (Ständeparlament) an dem Erbschafts-Deal maßgeblich beteiligt war, und zum anderen, weil er den Widerstand der Ostfriesen nicht heraufbeschwören wollte. Er gewährte den Ständen die überkommene Steuerhoheit und befreite seine neuen Untertanen zudem vom Militärdienst. Mit den Preußen hielt auch eine gut organisierte Verwaltung im Land Einzug, die unter anderem dafür sorgte, dass Norderney im Jahr 1797 erstes deutsches Seebad wurde.

Größere Veränderungen brachte dann die kurze Zeit der **französischen Besatzung** (1810–1813), als Ostfriesland als Departement Ems-Orientale (Osterems) in die Grande Nation eingegliedert wurde. Damit waren die Norderneyer Franzosen, und die Privilegien der parlamentartigen Ostfriesischen Landschaft wurden selbstverständlich abgeschafft. Die Handelsschifffahrt kam durch die Napoleonischen Kriege komplett zum Erliegen, ebenso der aufkeimende Badetourismus. Die Napoleonschanze im Osten der Stadt – heute ein kleines Wäldchen im Kurpark – erinnert an diese kurze Episode. Natürlich mussten die Norderneyer Fischer entsprechende Frondienste leisten und die Schanze aufwerfen. 1811 hatten etwa 300 Soldaten an der Schanze Stellung bezogen: zur Abwehr englischer Landungsunternehmen sowie vor allem zur Durchsetzung der Kontinentalsperre gegen England und der Unterbindung des damit einhergehenden Warenschmuggels.

Nach der Niederlage Napoleons und dem Ende der französischen Herrschaft über weite Teile Europas überließ Preußen 1814 auf dem Wiener Kongress das abgelegene Ostfriesland dem neu gegründeten **Königreich Hannover** und wurde im Gegenzug mit Vorpommern entschädigt. Plötzlich war Norderney hannoverisch und wurde einige Jahre später sogar durch die häufige Anwesenheit von König Georg V. geadelt, dessen Norderneyer Sommerresidenz dem beginnenden Fremdenverkehr enormen Aufschwung bescherte.

Aber auch die Herrschaft des Hauses Hannover währte nicht lange. Im Krieg zwischen Preußen und Österreich schlug sich 1866 Hannover auf die Seite der Habsburger. Als diese den Krieg verloren, ging König Georg V. ins Exil nach

Österreich, und sein gesamtes Königreich wurde von der Siegermacht annektiert. Damit fiel auch Ostfriesland wieder an **Preußen** – diesmal wurden der Ostfriesischen Landschaft nicht mehr die alten Rechte, wie z. B. die Freistellung vom Militärdienst, gewährt. Viele Insulaner wanderten in dieser Zeit nach Amerika aus.

Die Weihnachtsflut von 1717

Die Sturmflut in der Nacht vom 24. auf den 25. Dezember 1717 gilt als die schwerste in der Geschichte der deutschen Nordseeküste. 11.300 Menschen verloren damals ihr Leben, und 6500 km^2 Land wurden überflutet. Zwischen den Niederlanden und Dänemark wurden mitten im eiskalten Winter die Deiche überschwemmt oder brachen. Die weiteren Folgen waren vernichtend: Häuser wurden zerstört, Vieh ertrank, und die salzigen Wiesen und Weiden waren für Jahre unbrauchbar. Zudem war überall im Land die Trinkwasserversorgung über Brunnen und Zisternen gefährdet. Kälte, Hunger und Durst forderten viele weitere Todesopfer, hinzu kam in der Folge mangels funktionierender Landwirtschaft eine große Arbeitslosigkeit, die zu Abwanderungen der Bevölkerung führte. Wer zurückblieb, musste die aufwendigen Deichbauten und -reparaturen leisten – eine entmutigende Arbeit, denn weitere Sturmfluten wie die Februarflut von 1718 oder die Neujahrsflut von 1720/21 zerstörten vieles von dem, was erst wiederaufgebaut worden war. Auch Norderney wurde von diesen gewaltigen Fluten heimgesucht und teilweise zerstört, wenngleich auf dem relativ hoch gelegenen Eiland die Folgen deutlich erträglicher waren als auf dem nahen Festland und den Nachbarinseln. Langeoog beispielsweise wurde bei dieser Flut in zwei Teile gerissen, und das Inseldorf wurde völlig zerstört.

Die Anfänge des Norderneyer Badetourismus

Inspiriert von Berichten über den Heilerfolg englischer Seebäder wagte bereits im Jahr 1783 der Juister Pfarrer Otto Christoph Janus eine Eingabe an den preußischen König Friedrich II. und bat um die Erlaubnis, für die „Erhaltung der Gesundheit der Untertanen“ (und zur Linderung der finanziellen Not der Inselbevölkerung) während der Sommermonate Badegäste aufnehmen zu können. Doch der Pfarrer der abgelegenen kleinen Insel fand im fernen Berlin kein Gehör.

Schon bald darauf war durch zunehmende Berichte über das bunte und gesundheitsfördernde Treiben an Englands Südküste und die Seebadgründung in Doberan-Heiligendamm (Ostseeküste) das Kuren mit Seewasser auch an der Nordseeküste en vogue. Die Zeichen der Zeit erkannte der Norderneyer Vogt Johann Gerhard Feldhausen (1767–1838) und stellte 1797 bei der Ostfriesischen Landschaft (Ständevertretung) das Gesuch, ein privates Seebad zu errichten (und bat gleichzeitig um einen hinreichenden Zuschuss). Daraufhin wurde der ostfriesische Landesphysikus (Medizinalrat) Dr. Friedrich Wilhelm von Halem (1762–1835) beauftragt, ein medizinisches Gutachten zu erstellen.

Hierfür studierte er in Heiligendamm die dortige Bäderkultur und kam zu dem Schluss, dass das Wasser der Nordsee wesentlich mehr gesundheitsfördernde Bestandteile als das Ostseewasser hätte und gerade die leicht vom Festland zu erreichende Insel Norderney zur Errichtung eines öffentlichen Seebades geeignet sei. Die ostfriesischen Stände, vertreten durch die Ostfriesische Landschaft und maßgeblich beeinflusst durch den Freiherrn Edzard Moritz zu Inn- und Knyphausen, beschlossen daraufhin im Juni 1797, auf Norderney ein öffentliches Seebad einzurichten, was durch den preußischen König Friedrich Wilhelm II. noch im gleichen Jahr genehmigt wurde. Damit ist Norderney das älteste deutsche Nordseebad. Allerdings beauftragte die Ostfriesische Landschaft nicht den ideengebenden Vogt Feldhausen, sondern Medizinalrat von Halem mit dem Aufbau des Seebades, der 1802 Norderneys erster Badearzt wurde. Vogt Feldhausen hatte aber immerhin das Privileg, einen gut gehenden Logierhof mit Schankrecht zu betreiben.

Mittelpunkt der Stadt: Conversationshaus am Kurzentrum

Bei Gründung des neuen Seebades gab es auf der ca. 500 Einwohner starken Insel etwa 100 Häuser. 1799 wurde ein erstes, sehr bescheidenes hölzernes Conversationshaus mit kleiner Billardstube gebaut und im darauffolgenden Jahr ein Warmbadehaus. Im Jahr 1800 wurde offiziell die erste Badesaison eröffnet, in der bereits 250 Kurgäste die Insel besuchten. Die ersten Gäste reisten übrigens nicht zwangsläufig per Schiff an, sondern kamen bei Ebbe auch mit der Postkutsche über das Watt (→ S. 56). Wohnten die Erholungssuchenden zunächst noch in einfachen Fischerkaten, entstanden bald erste Logierhäuser. Die Entwicklung vom einfachen Fischerdorf zum eleganten Seebad war rasant: Bereits 1804 überstieg die Zahl der Sommerfrischler mit über 500 Gästen die der Einwohner.

Zu einem Einbruch des aufkeimenden Fremdenverkehrs kam es mit der französischen Besatzung und der durch Napoleon verfügten Kontinentalsperre (1806–1814), also der Wirtschaftsblockade gegenüber England. Das Seebad musste in dieser Zeit schließen, und viele Norderneyer betätigten sich rege am Schmuggel zwischen den Ostfriesischen Inseln und dem Schmuggelgut-Umschlagplatz Helgoland.

Das „Who's who" des 19. Jahrhunderts

Alles, was Rang und Namen hatte, gab sich im 19. Jahrhundert auf Norderney ein Stelldichein, vor allem Blaublütige und Politprominenz, aber auch Gelehrte und Literaten suchten hier Inspiration und Entspannung. Das Seebad genoss zu dieser Zeit Weltruhm. Den Anfang machte Feldmarschall von Blücher, der die Insel aber weniger wegen der Kuranwendungen, sondern vielmehr wegen des Glücksspiels besuchte. Als Heinrich Heine von 1825 bis 1827 zur Sommerfrische auf der Insel weilte und Strand und Meer in bis dahin nicht bekannter Weise zum Gegenstand von Poesie und Lyrik machte (→ S. 54), war die Insel endgültig en vogue (Heines Denkmal steht vor dem Kurtheater). In den Sommern 1831–1833 kam der Gelehrte Wilhelm von Humboldt als Badegast; im Jahr 1846 hielten sich die Komponisten Clara und Robert Schumann hier auf. König Georg V. von Hannover (seit der Kindheit erblindet) machte Norderney zu seiner Sommerresidenz und besuchte samt Hofstaat die Insel fast 30 Jahre lang (1836–1865) meist für mehrere Wochen im Jahr. Vor allem seiner Frau, Königin Marie, hatte es das schöne Eiland angetan. Auf der ortsnahen hohen Düne pflegte die Königin ab 1848 ihren Nachmittagstee einzunehmen und lud die vornehme Gesellschaft zum Picknick. Zu diesem Zweck wurde ein kleiner Pavillon erbaut (seit 1923 empfängt an dieser Stelle das Café Marienhöhe seine Gäste).

1844 und 1853 kam der spätere Reichskanzler Otto von Bismarck zu einem Badeaufenthalt. Und dass 1866 mit dem Ende des hannoverschen Königreichs auch Norderney an Preußen zurückfiel, tat der Beliebtheit der Insel keinen Abbruch. Auch Bernhard von Bülow (1900–1909 Reichskanzler) weilte von 1900 bis zum Ausbruch des Ersten Weltkriegs alljährlich auf der Insel, wodurch das Seebad Norderney automatisch ins Blickfeld der Reichspolitik geriet. Zudem adelte Kaiser Wilhelm II. die Insel mit seiner Anwesenheit, er besuchte 1906 seinen Reichskanzler. Andere Politiker folgten, wie der Reichsaußenminister Walter Rathenau (1909), Außenminister Gustav Stresemann (1924–1927) und auch Reichspräsident Paul von Hindenburg (1932). Nicht nur Politiker, auch berühmte Künstler verbrachten ebenfalls viele Wochen auf Norderney, z. B. der Dichter Theodor Fontane in den Sommern 1882 und 1883. Und im Jahr 1901 fand auch Franz Kafka nach frisch bestandenem Abitur den Weg von Prag nach Norderney.

Lieblingsplatz der Königin: Die Marienhöhe

Adeliger Kurbetrieb

In den Jahren nach Napoleons Niederlage ging es dann unter hannoverscher Herrschaft wieder bergauf. Und die neuen Herrscher taten fast alles, um die noblen Sommergäste bei Laune zu halten. Die Kureinrichtungen wurden gründlich renoviert und ausgebaut, es gab sogar Baumanpflanzungen, die später zum Kurpark erweitert wurden. Schon 1822 eröffnete eine Spielbank, um die Hautevolee aus Deutschland, aber auch aus Frankreich, Russland und sogar England anzulocken. Nicht nur die Badefreuden und die Spielsucht wurden befriedigt, auch der Jagd konnten die illustren Gäste frönen. So durfte ab 1839 jeder Gast so viele Kaninchen, Seevögel oder Seehunde jagen, wie er Lust hatte, während dies den Einheimischen bei strenger Strafe untersagt war. 1838 ließ sich König Georg V. im Kurviertel eine Sommerresidenz bauen (heute das Thalasso-Hotel Nordseehaus). 1844 wurde das Warmbadehaus gründlich erweitert und verfügte nun immerhin schon über 20 heizbare Badestuben. Bis 1860 stieg die Zahl der Einwohner auf 1200 und die der Kurgäste auf 2600 Personen; die lukrative Vermietung von Gästebetten wurde zunehmend zur Haupteinnahmequelle der Insulaner. Natürlich geschah dies alles unter den Augen eines Badekommissars (meist ein adeliger Regierungsbeamter), der sich in der Saison um die organisatorischen Belange des Kurbetriebs kümmerte und auch Polizeibefugnis hatte.

Preußisch-pünktliche Postzustellung

Die Entwicklung Norderneys zum mondänsten deutschen Seebad war nun nicht mehr aufzuhalten, zahlreiche illustre Gäste aus Politik und Kultur genossen jährlich die Sommerfrische auf der Insel, auch als sie 1866 wieder preußisch wurde. Regelmäßige Dampferverbindungen entstanden, nicht nur von Norddeich aus, sondern auch von Leer und den (an die Eisenbahn angeschlossenen) Städten Emden und Bremen. Dennoch war die Anreise langwierig und kompliziert. Da ein geeigneter Hafen oder eine Seebrücke fehlte, mussten die Schiffe auf Reede ankern und Gäste wie Ladung vor der Insel ausgebootet werden. Alternativ standen bei Niedrigwasser hohe Pferdewagen bereit. An Land wurden die Sommerfrischler mit bereitstehenden Wagen in den Ort befördert.

Bis zum Ende des 19. Jahrhunderts gab es rund um Norderney reiche Schellfischbestände und auf der Insel noch 90 Segelkutter. Die mit kilometerlangen Angelleinen und mit Wattwürmern als Köder betriebene Fischerei brachte zu dieser Zeit immer noch mehr ein als der Bäderbetrieb. Doch dann fanden durch einen dramatischen Rückgang der Fischbestände und auch durch die aufkommende, motorbetriebene Schleppnetzfischerei Norderneys Fischer bald kein Auskommen mehr. Glücklicherweise erschloss sich gerade in dieser Zeit mit dem nach wie vor beständig aufblühenden Fremdenverkehr eine noch gewinnbringendere Einnahmequelle. Heute gibt es keinen einzigen Norderneyer Fischkutter mehr.

Neue Kundschaft: das Bürgertum

Nach der Reichsgründung im Jahr 1871 setzte sich der Aufschwung fort: Man zeigte sich jetzt nicht nur der High Society gegenüber offen, sondern wollte auch zunehmend Angehörige des Bürgertums als Kurgäste gewinnen. Während im Binnenland langsam die Industrialisierung Einzug hielt, entstanden an den Küsten und auf den Inseln weitere Seebäder für Erholungssuchende. Norderneys Vormachtstellung im Badeverkehr wurde nun durch zahlreiche Neubauten zementiert. Die Randdünen an der Kaiserstraße und dem Damenpfad wurden befestigt und bebaut. 1871 entstand eine eiserne Landungsbrücke, und kurz darauf verband ein hochwassersicherer Fahrdamm den Anleger mit dem Ortseingang. Erst 1880 setzte der Hafenbau ein; seit 1888 existiert eine ganzjährige Fährverbindung zur Insel, und die beschwerliche Reise nach Norderney war damit deutlich leichter geworden. Im Süden begann man, als der Hafen fertig war, mit der Landgewinnung, denn das flache Wasser reichte bis dato fast bis an die Marienstraße (Mühle) heran.

Seemann im Vorgarten

Als 1892 dann die Eisenbahnlinie bis an die Mole von Norddeich ausgebaut wurde, war dies abermals ein enormer Standortvorteil. Darüber hinaus legte man zum Lustwandeln und zur Erbauung der Kurgäste 1895 direkt am Westkopf der Insel einen eisernen Seesteg an, der von der Promenade fast 200 m ins Meer reichte und an seinem Ende in einen 90 m langen Quersteg mündete. Dieser war mit Bänken bestückt, damit die Gäste das Seeklima „hautnah" erleben konnten. Zur Schonung vor Eisgang und den Herbst- und Winterstürmen wurde diese (bis 1925 aufgebaute) Seebrückenkonstruktion vor jedem Winter wieder abgebaut und in einem strandnahen Schuppen eingelagert (das Gebäude diente später als Strandkorbhalle, ab den 1960er-

Jahren als Garage für den Strandexpress und wurde ab 2003 zum heutigen Luxushotel Seesteg umgebaut).

Durch all diese Maßnahmen stieg bis zum Ersten Weltkrieg die Besucherzahl der Insel sprunghaft auf 40.000 Badegäste an (bei 4200 Einwohnern). Kurz vor Ausbruch des Krieges wurde Norderney elektrifiziert und mittels eines Seekabels an das Torf-Kraftwerk Wiesmoor angeschlossen.

Die Weltkriege – vom Seebad zur Seefestung

In beiden Weltkriegen diente die Insel als Seefestung und Luftwaffenstützpunkt, was zwangsweise mit einem völligen Zusammenbruch des Tourismus verbunden war. Es gab sowohl eine Betonrollbahn als auch einen Wasserflughafen, in dem während des **Ersten Weltkriegs** immerhin schon 80 Wasserflugzeuge stationiert waren. (1936 wiederum wurde Norderney als Seefliegerhorst ausgebaut.) An die Kriegszeit erinnert vor allem der Bahnhof Stelldichein am östlichen Ortsrand, der historische Rest der 1915–1947 betriebenen Marinebahn (→ S. 74).

Nach dem Ersten Weltkrieg ging es nur kurzfristig wieder bergauf. Mangels höfischer Gesellschaft setzte man jetzt auf den neuen Mittelstand. 1927 wurde das Kurhaus erbaut und bereits 1931 gab es – trotz Wirtschaftskrise – für die Gäste ein Meerwasser-Hallenbad. Dies war sogar gleich ein Wellenbad und damit die erste Anlage dieser Art in Europa. Die alte Wellenmaschine tat unermüdlich bis 1987 ihren Dienst und kann heute im Bademuseum besichtigt werden.

Ab 1933 änderte sich die Gästestruktur etwas, weil nun zahlreiche Volksgenossen der nationalsozialistischen Gemeinschaft „Kraft durch Freude“ (KdF)

Seefestung Norderney: Photographieren verboten

auf der Insel gleichgeschaltet urlaubten. Zur selben Zeit wurden immer mehr Militärbauten wie Kasernen (Nordhelmsiedlung) und Strandfestungen (etwa 60 Flakstellungen in den Dünen) gebaut. Mit dem Ausbruch des **Zweiten Weltkriegs** am 1. September 1939 wurde Norderney für Zivilpersonen und damit für den gesamten Fremdenverkehr gesperrt. Alle Badegäste mussten unverzüglich die Insel verlassen. Der Zweite Weltkrieg brachte – wie überall – den totalen wirtschaftlichen Zusammenbruch. Von alliierten Luftangriffen blieb Norderney glücklicherweise weitgehend verschont und wurde im Mai 1945 kampflos kanadischen Truppen übergeben.

Nach dem Krieg gehörte Ostfriesland zur britischen Besatzungszone und wurde 1946 Bestandteil des neu geschaffenen Landes Niedersachsen. Zusätzlich zu etwa 1900 Flüchtlingen und Evakuierten kamen direkt nach dem Krieg etwa 1500 Soldaten und Angehörige der britischen Rheinarmee zur Erholung auf die Insel. Letztere waren vorwiegend in den großen Hotels der Kaiserstraße untergebracht. Trotz der räumlichen Enge genehmigte die britische Militärverwaltung eine beschränkte Aufnahme von Kurgästen, sodass der für die Insel so existentielle Fremdenverkehr langsam wieder in Gang kam. 1946 wurde Norderney **niedersächsisches Staatsbad;** im Jahr der Währungsreform 1948 wurde Norderney das Stadtrecht verliehen.

Die Erholung

Als 1952 die von den Briten genutzten Kur- und Übernachtungseinrichtungen wieder freigegeben wurden, stand der Entwicklung zum reinen **Tourismusort** nichts mehr im Wege. Um die immer zahlreicheren Gäste zufriedenstellen zu können, baute man die Strandpromenaden aus, erweiterte die Kuranlagen mit Einrichtungen wie dem Bau eines neuen Kurmittelhauses (1964 erbaut, mittlerweile abgerissen) oder eines Meerwasser-Wellenfreibads (1974). Natürlich benötigte man auch zahlreiche neue Unterkünfte – dass dabei auch regelrechte Bausünden begangen wurden, versteht sich von selbst. Insbesondere in den 1960er- und 70er-Jahren galt oft das Motto „Masse statt Klasse". Es entstanden einige Bettenburgen, die den Charakter des mondänen Badeorts nachhaltig verändert haben, wenngleich die Stadt viele Gebäude der Gründerzeit retten konnte. Längst hat ein Umdenken eingesetzt. Die Bauvorhaben sind schon lange nicht mehr überdimensioniert und fügen sich harmonisch ins Inselbild ein.

Weil sich durch die Natureinflüsse der Sandstrand immer weiter vom Zentrum nach Nordosten verlagerte, richtete man in den 1960er-Jahre einen **Strandexpress** ein; so konnten die in der Innenstadt wohnenden Gäste bequem von der Kaiserstraße (Milchbar) bis zum Nordbadestrand (Café Cornelius) gelangen. Zu diesem Zweck verkehrten noch bis Ende der 1990er-Jahre die beiden waggonartigen, kleinen Elektrokarren Nixe und Delphin auf einer gesonderten Fahrspur auf dem Deichdeckwerk.

Seit 2003 ist das Staatsbad kommunalisiert, wesentliche Kureinrichtungen sind damit nicht mehr Eigentum des Landes Niedersachsen, sondern gehören der Stadt Norderney, die sich aber dessen ungeachtet nach wie vor mit dem Titel Staatsbad schmückt. Heute ist Norderney mit jährlich 430.000 Gästen und etwa 3,2 Mio. Übernachtungen eines der größten deutschen Nordseebäder.

Zeuge des Baubooms:
Hochhaus an der Uferpromenade

Baden anno dazumal

Ende des 18. Jahrhunderts wurde der aus England auf den Kontinent übergreifende Gedanke, dass Meerwasser durchaus der Gesundheit förderlich sei, auch hierzulande hoffähig, und zwar im wahrsten Sinne des Wortes. 1793 nämlich überredete der Leibarzt des Herzogs von Mecklenburg, Prof. Samuel Gottlieb Vogel (1750–1837), in Heiligendamm bei Bad Doberan eine ganze Hofgesellschaft, sich dem bislang verschmähten Ostseewasser auszusetzen – noch dazu im September! Mit Badevergnügen im modernen Sinne hatte die von Vogel initiierte Veranstaltung freilich nichts zu tun. Es war eher ein wohldosierter Annäherungsversuch an das neue Element, der die adelige Gesellschaft nicht gleich überfordern sollte: Man stellte Badewannen an den Strand, füllte sie mit Meerwasser, spannte ein schützendes Zelt um das kleine „Privatmeer", entkleidete sich, stieg hinein und ließ es sich dort mehr oder minder gut gehen. Ein wahrlich bescheidener Anfang, aber doch so etwas wie die Geburtsstunde deutscher See-Bad(e)freuden. Schon 1797 folgte Norderney als erstes deutsches Nordseebad, dessen salzhaltigem Nordseewasser und aerosolhaltiger Luft natürlich eine größere Heilkraft zugeschrieben wurde als dem Wasser der Ostsee-Konkurrenz.

Historischer Badekarren am Fischerhaus-Museum

Der nächste Schritt in Sachen „Eroberung der Ost- und Nordsee" ließ nicht lange auf sich warten. Gänzlich ungeschützt am weiten Strand zu baden, verboten die Moralvorstellungen des 18. und 19. Jahrhunderts. Somit begann ab etwa 1800 die Ära der sog. Badekarren. Diese komplett geschlossenen Gefährte wurden von Pferden oder Bediensteten ins hüfttiefe Wasser gezogen. Dort angelangt, verließ man die mobile Umkleidekabine durch die hintere Tür – selbstverständlich in langer Badekleidung und geschützt von einer ausladenden Markise, die wirklich jeden neugierigen Blick verhinderte. Die Ära der Badekarren sollte die Badekultur an den deutschen Küsten fast ein ganzes Jahrhundert beherrschen.

Auf Norderney wurden die Damen bei dieser Badeprozedur von Badefrauen begleitet, die Männer von Badedienern. Da es an dem zunächst als Gemeinschaftsstrand genutzten Weststrand rasch zu eng für die vielen Badekarren wurde, bekamen schon Anfang des 19. Jahrhunderts die Herren in angemessener Entfernung einen neuen Badeabschnitt vor der Georgshöhe zugewiesen und die Damen nutzten den Weststrand alleine. Noch heute erinnern auf Norderney die Straßennamen Damenpfad und Herrenpfad an den jeweiligen Zugangswegen an diese Ära.

Norderney war noch lange eine Domäne der Badekarren. Andernorts kamen bereits Badeanstalten auf, und zwar in Form von fest installierten Badehäusern, die – teilweise auf Holzpfählen – vom Strand bis weit ins Meer hineinreichten. Von einer

Plattform konnte man dann ins kühle Nass steigen – natürlich streng nach Geschlechtern getrennt. Folglich baute man Badehäuser für Männer und Frauen, die an unterschiedlichen Strandabschnitten platziert wurden, damit man sich nicht ins Gehege kam.

Außerhalb der Badeanstalten oder Badekarren den Schritt ins Meer zu wagen, war strengstens verboten, und auch sonst war das Badeleben rigoros reglementiert. Es gab festgelegte Badezeiten, und zwar am Vormittag. Die Badewilligen mussten sich vorher anmelden, wurden mit Nummern aufgerufen und durften nicht länger als 10 Minuten in den Fluten verweilen. Eine weithin sichtbare rote Flagge auf Norderneys Marienhöhe verbot während der Badezeit dem anderen Geschlecht den Zugang zum West- bzw. Nordstrand (Nichtbefolgung zog empfindliche Geldstrafen nach sich). Und selbstverständlich durften dann auch Boote nicht in der Nähe des (Damen)strandes fahren. Am Nachmittag war es üblich, genüsslich auf der Promenade zu flanieren – „sehen und gesehen werden" war dann die Devise.

Anfang des 20. Jahrhunderts lockerten sich die Sitten etwas, die preußische Regierung genehmigte 1909 einen Familienbadestrand. Allerdings war der Zugang zunächst nur Mitgliedern derselben Familie gestattet, die gemeinsam am Strand erscheinen und gleichzeitig ihr Bad nehmen mussten. Damit war jedoch die Geschlechtertrennung aufgehoben und die Badekarren wurden von ersten Strandkorbstühlen und Liegestühlen abgelöst, die von kraterähnlichen Strandburgen umgeben waren. Nichtsdestotrotz galten jetzt umso strengere Kleidervorschriften. Die damaligen Moralvorstellungen verlangten, dass sich Frauen und Männer auch am Strand nur nahezu vollständig bekleidet in der Öffentlichkeit zeigten. Lediglich den Kindern war es gestattet, gelegentlich die Kleiderordnung etwas aufzuweichen: Sie durften zum Spielen am Wasser die Schuhe ausziehen ... Auch die Badetextilien waren entsprechend kleiderähnlich, damit vor allem die Damen auf keinen Fall zu viel Bein zeigten. Immerhin konnten die betuchten Badegäste auf diese Weise ihre vornehme Blässe erhalten. Ab 1920 wurde die Schwimmbekleidung langsam etwas freizügiger, und es durfte etwas mehr Haut gezeigt werden. Nun kamen erste, zunächst aber immer noch hochgeschlossene Badeanzüge auf, die sich mit der Zeit zur heutigen Bademode entwickelten.

Mit Holzdalben markiert: Badezone am Nordbadestrand

Wrack an der Wichter Ee: Baltrum ganz nah

Sehenswertes

Seiner beeindruckenden Inselnatur und seiner Geschichte als ältestes deutsches Nordseebad mit der noch erhaltenen Bäderarchitektur verdankt Norderney eine erstaunliche Vielzahl an Sehenswürdigkeiten; daneben gibt es eine Reihe interessanter Ausstellungen.

Norderney ist eine kompakte Angelegenheit – fast alle Sehenswürdigkeiten der Stadt können bequem bei einem ausgedehnten Spaziergang erkundet werden. Die vorgeschlagene Route soll eine Orientierungshilfe sein. Selbstverständlich lässt sich aber auch alles einfach so entdecken; verlaufen kann man sich auf Norderney eigentlich nicht.

Rundgang

Los geht es beim altehrwürdigen **Conversationshaus** am Kurplatz – dem Dreh- und Angelpunkt der Insel. Am nordwestlichen Rand des Kurplatzes gelangt man fast unmittelbar zum **Kurtheater,** vor dem sich das **Heinrich-Heine-Denkmal** befindet. Von hier aus empfiehlt sich ein Spaziergang durch Norderneys Fußgängerzone: Durch die Bäckerstraße gelangt man auf die belebte Poststraße. Biegt man rechts ab, kann man einige Hundert Meter auf der von abwechslungsreichen Geschäften gesäumten Einkaufsmeile schlendern und kommt dabei am markanten historischen **Postamt** vorbei. Wer zwischendurch links einen Blick in die Kirchstraße oder in die Langestraße wirft, kann die evangelisch-lutherische **Inselkirche** erspähen, die durchaus einen kleinen Abstecher lohnt.

Am nördlichen Ende der Poststraße macht die Fußgängerzone einen Rechtsknick in die Friedrichstraße, an deren Ende sich unübersehbar das **Kaiser-Wilhelm-Denkmal** und die katholische **Kirche St. Ludgerus** befinden. In der nächsten Straße links – der Goebenstraße – liegt etwas versteckt Norderneys drittes großes Gotteshaus, die katholische **Kirche Stella Maris.**

Von nun an säumen weniger Geschäfte und Restaurants den Weg. Vom Denkmal geht es noch ein paar Meter weiter durch die Knyphausenstraße und anschließend durch die schöne Benekestraße mit ihren teilweise recht alten Wohnhäusern. Richtung Osten ist schon das **Kap** zu sehen. Das Norderneyer Wahrzeichen eignet sich wunderbar als Aussichtspunkt; ihm gegenüber liegt sehr versteckt die kleine **Sternwarte** der Insel.

Nun führt unser Rundgang in einem großen Kreis gewissermaßen einmal um die Stadt herum. Vom Kap geht es zunächst ein wenig die Benekestraße zurück bis zur Ellernstraße. Dort biegt man rechts zum Januskopf ab, an dem die von einem Flaggenmast gekrönte Aussichtsdüne **Georgshöhe** die Szenerie überragt.

An der schönen Promenade des Nordbadestrandes angekommen, läuft man links an der Marienhöhe vorbei um den Westspitze der Insel. Am Weststrand ballen sich dann mehrere Sehenswürdigkeiten auf engstem Raum. Zunächst fällt die schneeweiße **Villa Belvedere** ins Auge, bald darauf folgen der historische **Rettungsbootschuppen** und das leuchtend weiße **Haus am Weststrand.** Beim weithin sichtbaren Hochseilgarten geht es links zum **Bademuseum,** dahinter liegt im Argonner Wäldchen das **Fischerhaus-Museum.** Ein schöner Weg führt am Museum vorbei zur Weststrandstraße, an deren Ende sich das Reisezentrum **Haus Schiffahrt** befindet. Läuft man die Marienstraße entlang nach Osten, erreicht man recht bald die historische **Windmühle** und die **Napoleonschanze** mit der Waldkirche. Ein Stück weiter nördlich lugt schon der **Wasserturm** hervor. Wer von dort zurück ins Zentrum möchte, biegt links in die Jann-Berghaus-Straße ab.

Norderneys weitere Sehenswürdigkeiten liegen etwas außerhalb des Stadtgebietes, sind aber – mit Ausnahme des Wracks – auf einer Rundtour gut mit dem Fahrrad zu erreichen.

Knapp 2 km sind es vom Zentrum bis zum Hafen mit dem **Nationalparkhaus,** das auf jeden Fall einen Besuch wert ist. Hinter dem Jachthafen fährt man an der Surferbucht vorbei zum **Südstrandpolder.** Von hier geht es weiter Richtung Osten bis zum schon von Weitem gut erkennbaren **Leuchtturm,** der nach knapp 5 km erreicht ist und der wegen seines fantastischen Ausblicks auf jeden Fall den Aufstieg lohnt. Mit dem Fahrrad kann man von dort noch 2 km weiter ostwärts bis zum Parkplatz Ostheller fahren, dann jedoch kommt man nur noch per pedes weiter – am besten im Rahmen eines weiteren Ausflugs. Um nämlich durch die herrliche Insellandschaft vorbei an der Möwendüne ganz bis zum Ostende Norderneys zu laufen, wo mit dem **Wrack** an der **Wichter Ee** eine weitere Attraktion wartet, müssen Sie ab hier mit einer fünfstündigen Wanderung rechnen (→S. 89).

Wer von der Inselmitte geradewegs wieder zurück in die Stadt fährt, kommt auf dem sich durch die Dünen schlängelnden Weg automatisch an den beiden höchsten **Aussichtsdünen** der Insel vorbei. Von hier führt ein eigens angelegter Fahrradweg neben der Inselstraße zurück ins Zentrum. Rechter Hand befindet sich auf dem letzten Dünenausläufer der skurrile **Tierfriedhof.** An der ersten Kreuzung hinter dem Ortsrand, am Beginn des Ruppertsburger Wäldchens, liegt rechter Hand der **Bahnhof Stelldichein** mit dem **Cumberland-Denkmal.**

Stationen

Conversationshaus

Bereits 1799 wurde als Ort der Begegnung ein bescheidenes hölzernes und reetgedecktes Conversationshaus (mit Billardstube) auf einem kleinen sandigen Hügel erbaut, das 1822 durch ein massives Gebäude ersetzt wurde. Doch aufgrund des nahezu raketenhaften Aufstiegs des kleinen Fischerorts zum sommerlichen Treffpunkt der Hautevolee – 1836 hatte König Georg V. Norderney zu seiner Sommerresidenz erhoben –, genügte das Conversationshaus den Ansprüchen der gut betuchten Kundschaft schon bald nicht mehr.

Daher wurde im Jahr 1837 ein repräsentatives Conversationshaus im klassizistischen Stil errichtet, das zunächst als Logierhaus und später jahrzehntelang als sog. Kurhaus diente. Im Jahr 2008 wurde das ortsbildprägende Gebäude am

Kurplatz grundlegend saniert. Seither prangt auch wieder in goldenen Lettern der Name „Conversationshaus" über dem Eingangsportal. Es dient nach wie vor seiner ursprünglichen Bestimmung, nämlich als zentraler Treffpunkt der Norderneyer Badegäste (→ Foto S. 157). Hier, in beeindruckender Umgebung, befindet sich die Tourist-Information. Zudem laden eine Lounge bzw. Salonbar (→ kurPalais, S. 106) zum Verweilen ein. Sehr schön und gediegen ist der große Lesesaal mit englischen Klubsesseln auf einem Parkettboden. Die wesentlichen regionalen und überregionalen Tageszeitungen liegen hier zur kostenlosen Lektüre aus. Zudem beherbergt das Conversationshaus eine beeindruckend großzügige Bibliothek mit Regalen, die bis zur Decke reichen. Als Veranstaltungsräume dienen der Große Saal und der Weiße Saal, in dem auch Gemälde der Inselprominenz des 19. Jahrhunderts hängen.

Das **Conversationshaus** hat Mo–Fr 9–23 Uhr, Sa/So ab 10 Uhr geöffnet. Im geräumigen Foyer gibt es auch einige Internet-Terminals, die man für 15 Min. kostenlos nutzen kann. Am Kurplatz 1, ✆ 04932-8910.

Heinrich-Heine-Denkmal

Er war einer der berühmtesten Inselgäste und wurde dabei gewissermaßen zum dichterischen Entdecker der Nordsee: Heinrich Heine (1797–1856) weilte zwischen 1825 und 1827 jeweils für mehrere unbeschwerte Sommerwochen auf der Insel; zu einer Zeit also, als der Fremdenverkehr aufzukeimen begann und die Diskrepanz zwischen der ärmlichen Fischerbevölkerung und der wohlhabenden Badegesellschaft noch besonders groß war. Heine nahm genussvoll am mondänen Badeleben teil und war auf der Insel auch literarisch tätig. 1983 wurde ihm zu Ehren vor dem Kurtheater ein Denkmal errichtet (→ Foto S. 158). Die Bronzeplastik, die Heine auf einem Stein hockend zeigt, war nicht ganz unumstritten, denn zum einen beruhte das Denkmalkonzept auf einem bereits 1930 vom Düsseldorfer Künstler Arno Breker (1900–1991) erstellten Entwurf und damit auf der Vorarbeit eines der prominentesten Bildhauer Nazi-Deutschlands. Zum anderen taten sich die Insulaner schon allein deswegen schwer mit der Würdigung Heines, weil ihnen der große Spötter nicht eben Schmeichelhaftes ins Stammbuch geschrieben hatte:

In seiner Schriftensammlung „Die Nordsee" beschreibt er die überwiegend armen, vom Fischfang lebenden oder als Seeleute auf Handelsschiffen tätigen „Eingeborenen" als „meistens blutarm". Er berichtet (abschätzig) über die „gleiche Geisteshöhe, oder, besser gesagt, Geistesniedrigkeit" der Insulaner und auch, dass sie in ihren kleinen Hütten „wohlverwahrt in wollenen Jacken herumkauern und einen Tee trinken, der sich vom gekochten Seewasser nur durch den Namen unterscheidet". Heine sorgte sich auch um die „alte Sinneseinheit und Einfalt" der Insulaner, die durch „das Gedeihen des hiesigen Seebads" und der damit verbundenen Anwesenheit vieler schöner Frauen und wohlhabender Herren bedroht seien. Wenn die Insulanerinnen „am Ende sogar Kinder zur Welt bringen, die den Badegästen ähnlich sehen, so ist das leicht zu erklären", schreibt Heine doppeldeutig. Und ebenso vielsagend schiebt er nach, dass er damit keinesfalls auf ein unsittliches Verhältnis anspielen möchte, sondern eher ein Nacheifern der Insulaner nach dem Lebensstil der Gäste meine, und fügt daher erklärend, aber despektierlich hinzu: „Die Tugend der Insulanerinnen wird durch ihre Hässlichkeit, und gar besonders durch ihren Fischgeruch, der mir wenigstens unerträglich war, vorderhand geschützt."

Für die Naturschönheiten der Insel und des Meeres findet Heine hingegen reichlich romantische und somit ganz andere Worte. Mit dem Bekenntnis „Ich liebe das Meer, wie meine Seele" fasst er seine langen Aufzeichnungen über die „wunderbare" und „erhabene" Inselumgebung gewissermaßen zusammen. Heinrich Heine genoss bei seinen Aufenthalten aber offenbar nicht nur die Schönheit der Inselnatur, sondern erfreute sich auch ganz offen an der Anwesenheit vieler adretter Damen; sogar ein Kurschatten mit der hübschen Frau von Anderten wird dem begnadeten Dichter nachgesagt.

Der ausdrucksstark verfasste Nordsee-Zyklus wurde Anfang 1827 veröffentlicht, sorgte für Unmut unter den Badegästen und wegen der darin enthaltenen diffamierenden Äußerungen auch für Ärger unter den Einheimischen. Freunde rieten dem Dichter daher nach zwei Wochen seines Inselaufenthalts im Sommer 1827, Norderney lieber vorzeitig zu verlassen. Um Konflikten aus dem Weg zu gehen, brach Heine seine Sommerfrische daher beizeiten ab und verbrachte die Zeit in jenem Jahr auf Wangerooge (was er aber ohne die höfische Gesellschaft als allzu trist empfand). Heine betrat die Insel Norderney nie wieder.

Kurtheater

Auch wenn es in den 1970er-Jahren um einen gläsernen Eingang (mit Garderoben und Toiletten) erweitert und ihm das moderne (und derzeit zur Disposition stehende) Haus der Insel vor die Nase gesetzt wurde, hat das alte Kurtheater aus dem 19. Jahrhundert doch die Zeit überdauert und ist heute mehr denn je gefragt. 1893 wurde es im Stil eines Hoftheaters von einem benachbarten Hotelier erbaut – mit Kronleuchtern, roten Cordsamt-Sesseln, Logen und zweigeschossigen Rängen. Diese stilvolle Theateratmosphäre ist auch heute noch zu spüren. Allerdings finden nur relativ selten Theatervorführungen statt, das edle Ambiente wird stattdessen vornehmlich als Kinosaal genutzt. Das sehens- und erlebenswerte Theater am nördlichen Rand des Kurplatzes mit seinen stuckverzierten Emporen und Decken verfügt über 450 Plätze.

Nur für Veranstaltungen geöffnet. Neben Kinovorführungen finden auch Aufführungen der Landesbühne Niedersachsen Nord sowie Musik- und Kleinkunstveranstaltungen statt. Adolfsreihe / Am Kurtheater, Infos unter ✆ 04932-891239 (Abendkasse) bzw. 04932-891180 (Konzert- und Theaterbüro).

Altes Postamt

Unübersehbar an zentraler Stelle in der Fußgängerzone (Poststraße) befindet sich das ehemalige Postamt, das mit Schaugiebel, Ziegelverzierung und -bemalung eines der markantesten Gebäude der Stadt ist und in dem heute eine Einkaufspassage sowie Wohn- und Büroräume untergebracht sind (→ Foto S. 10 Mitte). Abends wird das historische Postamt häufig angestrahlt, dann kommt die schöne Fassade besonders zur Geltung.

Das Alte Postamt mit Schaugiebel und Ziegelverzierung

Errichtet wurde das wuchtige Bauwerk 1892 als kaiserliches Postamt. Schon seit 1824 gab es auf der (damals noch zum Königreich Hannover gehörenden) Insel eine kleine Poststation, die den Verkehr mit der vom Festland über das Watt fahrenden Postkutsche zur Zufriedenheit der illustren Gäste regelte. Norderney wurde im 19. Jahrhundert nämlich nicht nur per Schiff, sondern auch mit der Postkutsche versorgt. Weil die Zahl der Kurgäste im aufstrebenden Nordseebad stetig zunahm, wurde schon 1844 ein regelmäßiger Postkutschendienst eingerichtet. Von Juni bis September fuhr nahezu täglich ein breit bereifter Wattpostwagen vom Postamt Norden über den kleinen Küstenort Hilgenriedersiel in etwa vier Stunden über das Watt bis ins Staatsbad Norderney.

Von der Postkutsche zum Dampfschiff

Im 19. Jahrhundert kamen jährlich 300 bis 500 Personen sowie Post und Waren auf dem Landweg mit Pferdekutschen nach Norderney. Dies war möglich, weil das Watt bei Hilgenriedersiel einen hohen sandigen Anteil hat. Die niedrigen Priele reichten bei Ebbe nur bis zu den Bäuchen der Pferde, teilweise konnte man sie auch umfahren. Die Landverbindung war ein enormer Standortvorteil für das neu gegründete Seebad, befürchteten doch viele Gäste anfangs, seekrank zu werden.

Doch immer wieder kamen die Kutschen – vor allem wegen plötzlich heraufziehender Nebel – von der Strecke ab und wurden von der Flut überrascht. Deshalb wurde im Jahr 1876 der Personenverkehr eingestellt, zumal die nun mehrmals täglich verkehrenden Dampfschiffe stets zuverlässig ihren Dienst taten. Im Jahr 1892 wurden die Postzustellung und schließlich auch der Warentransport umgestellt.

An die Postkutschenzeit erinnert auf Norderney heute noch die Rekonstruktion der 1863 errichteten Postbake, die am Rande des Osthellers steht. Damals diente die Bake den Postkutschen auf ihrem Weg zur Insel als Ansteuerungspunkt.

Evangelische Inselkirche

Das efeuberankte Gotteshaus etwas abseits der Fußgängerzone wurde im neugotischen Stil an der Stelle der alten Inselkirche errichtet. Ganz kaisertreu – am Tag der goldenen Hochzeit des Kaiserpaares am 11. Juni 1879 – wurde die Kirche eingeweiht. Dieses Datum wählte man wohl vor allem deshalb, weil Kaiser Wilhelm I. der Inselgemeinde 50.000 Mark für den damals 88.000 Mark teuren Neubau spendete und damit einen Großteil der Kosten übernahm. Ein Gedenkstein aus weißem Marmor über der Empore an der Ostwand erinnert daran.

Zu ihrer Erbauungszeit war die von kleinen Fischerkaten und Herbergen umgebene Kirche das mächtigste Gebäude im Umkreis – immerhin finden hier 620 Personen Platz. Heute wirkt das Gotteshaus inmitten der großen Hotels und Appartementhäuser schon fast ein wenig verloren.

Lediglich das Altarbild im hölzernen Rahmen („Abendmahl") datiert aus dem 17. Jahrhundert. Die übrige einheitliche Ausstattung im hohen Saalraum unter der offenen, rot-weißen Holzbalkendecke stammt weitgehend aus der Erbauungszeit. Eine ebenfalls rot-weiße Empore umschließt den ganzen Kirchenraum und von der Decke hängen einige Votivschiffe. Die Kirchenfenster wurden durch einen Bombenangriff im Zweiten Weltkrieg beschädigt und 1952 erneuert. Um die Kirche herum befindet sich ein ehemaliger (bereits 1876 stillgelegter) Friedhof, auf dem wenige alte Seefahrer-Grabsteine und schlanke Eisenkreuze aus dem 19. Jahrhundert die Zeit überdauert haben. Im südlichen Teil des Kirchhofs steht eine Martin-Luther-Statue, die hier 1883 zu dessen 400. Geburtstag errichtet wurde.

Die Kirche ist Mo–Do 8–17 Uhr und So nach dem Gottesdienst bis 17 Uhr geöffnet. Kirchstraße (Seiteneingang).

Gelegentlich gibt es Kirchen- bzw. Orgelführungen (siehe Aushang im Schaukasten). Ganzjährig werden zudem unter dem Motto „Kirche für's Ohr" in der Inselkirche oder im Gemeindehaus (Gartenstr. 20) verschiedene Konzerte angeboten. Infos unter www.kirchenmusik-norderney.de.

Kaiser-Wilhelm-Denkmal

Monumental und deutschnational steht auf der Kreuzung am Ende der Fußgängerzone (Knyphausenstraße, Ecke Herrenpfad) dieses Denkmal. Im Jahr 1899 wurde es zum Gedenken an die Reichsgründung von 1871 und zu Ehren von Kaiser Wilhelm I. errichtet. Es besteht aus mächtigen Felsblöcken, die von mehr als 75 deutschen Städten gespendet wurden und die zu einer etwa 12 m hohen, obeliskartigen Pyramide aufgetürmt sind. In 61 dieser Steine wurde der Name der jeweiligen Spenderstadt eingemeißelt; so lassen sich hier ein Stein der Kölner Stadtmauer, des Frankfurter Römers oder des Erfurter Festungswerks entdecken. Es finden sich zudem auch Steine der ehemals zum Kaiserreich gehörenden Städte Metz, Straßburg und Königsberg in Ostpreußen. Bis 1917 schmückte die Nordseite des Denkmals noch Wilhelms bronzene Büste, und die heute schmucklose Spitze wurde vom preußischen Adler gekrönt. Beide fielen einer Metallspende zur Kanonenherstellung zum Opfer. Anstelle des kaiserlichen Konterfeis ziert seit den 1930er-Jahren eine schlichte steinerne Möwe das Ehrenmal. Die Norderneyer nennen das Monument wegen der überall im Deutschen Reich zusammengesammelten Baumaterialen übrigens schlicht „Klamottendenkmal".

Kaiser-Wilhelm-Denkmal

Blau, Weiß, Schwarz – die Farben Norderneys

Seit 1928 führt Norderney das schwarze Kap auf einer von Wellen umgebenen Düne im Inselwappen. Die Stadtflagge aus dieser Zeit ist sechsmal blau-weiß gestreift, mit einem schwarz-weiß gewürfelten Streifen an der Seite. Das Blau steht für das Meer, das Weiß für den Sand und das Schwarz für das ehemals hölzerne und mit Pech bestrichene Kap. Der Aufbau der Flagge ist angelehnt an die (weiß-rote) Flagge Bremens und erinnert damit an die früheren Handelsbeziehungen der Norderneyer Schiffer mit der Hansestadt.

Wappen und Inselflagge wurden vom Norderneyer Maler Poppe Folkerts (1875–1949) entworfen, der in den Randdünen am Weststrand ein Wohnhaus mit Turm-Atelier besaß – dort soll in Zukunft ein Poppe-Folkerts-Museum entstehen (Infos unter www.poppe-folkerts-museum.de).

Katholische Kirche St. Ludgerus

Dieser relativ kleine, 1884 errichtete neugotische Backsteinbau am Rande der Fußgängerzone wurde im Jahr 2008 von innen völlig neu gestaltet und besticht durch seine Schlichtheit. Die ursprüngliche Ausstattung wurde entfernt, lediglich die alte Deckenkonstruktion ist geblieben. Stattdessen stehen sich in der Mitte der saalartigen Kirche Altar und Ambo als jeweils aus Muschelkalk gefertigte zentrale Stilelemente gegenüber und werden von zwei halbkreisförmig angeordneten Stuhlreihen umrahmt. Ein schöner Ort zum Verweilen und zu Besinnung. In der ganz kleinen Seitenkapelle des gläsernen Eingangs kann man vor einer Madonna mit Kind zum Gebet Kerzen anzünden. Benannt ist die Kirche nach dem Friesenapostel Liudger, der im 8. Jahrhundert das Land missionierte.

St. Ludgerus ist ganztägig geöffnet; hier finden auch die Werktagsgottesdienste statt. Friedrichstr. 22 (beim Kaiser-Wilhelm-Denkmal), ✆ 04932-456 (Kirchengemeinde).

Katholische Kirche Stella Maris

Das aufgrund der rasant ansteigenden Zahl an Gästen zunächst als „Sommerkirche“ genutzte Gotteshaus steht ein wenig versteckt in der Goebenstraße. Es wurde 1931 im Stil der Neuen Sachlichkeit nach Bauplänen des Kölner Kirchenbauprofessors Dominikus Böhm errichtet und zeichnet sich durch seine moderne und geradlinige Bauform aus. Allerdings wirkt die Kirche eher wie ein Bauwerk aus den 1960er-Jahren. Über dem vorgezogenen Eingangsbereich an der Straße hängt das Kirchengeläut. Die 1980 um eine Wohnung und Gemeinderäume erweiterte Kirche ist weiß verputzt und verfügt nur über wenige Fenster (ein Rundfenster und zwei Rechteckfenster), weshalb das schlichte

Kircheninnere trotz der weißen Wände recht dunkel ist. Die Wand hinter dem modernen sandsteinernen Altar schmückt ein wandgroßes Ölgemälde aus dem Erbauungsjahr der Kirche. Es zeigt die Kirchenpatronin Maria „Stella Maris“ (Stern des Meeres) mit dem Jesuskind über der von Wellen und Schiffen umgebenen Insel Norderney. In dieser größten katholischen Kirche Ostfrieslands ist Platz für immerhin 700 Menschen.

Geöffnet im Sommer Di, Fr 15–17 Uhr, Mi 10–12 Uhr; im Winter Di, Fr 16–17 Uhr und Mi, Sa 11–12 Uhr sowie zu den Sonntagsgottesdiensten, die hier ganzjährig gefeiert werden. Goebenstr. 2 (nahe dem Kaiser-Wilhelm-Denkmal/Knyphausenstraße), ✆ 04932-456 (Kirchengemeinde).

Kap

Das Norderneyer Kap steht als markantes Seezeichen gut sichtbar auf einer rund 17 m hohen Düne im Osten der Stadt. In den Jahrzehnten vor dem Bau des Leuchtturms (1874) war es ein wichtiges Seezeichen für die Schifffahrt. Die Emder und Bremer Kaufmannschaft hatte seit dem 17. Jahrhundert großes Interesse daran, die von See her ähnlich aussehenden Ostfriesischen Inseln mit verschiedenartigen Kapen zu versehen, um so die Ansteuerung ihrer Häfen für die Handelsschiffe zu erleichtern. 1848 kam die hannoversche Regierung den Bitten nach, und so wurde im darauffolgenden Jahr das Norderneyer Kap mit seinem charakteristischen, weithin sichtbaren Toppzeichen, dem auf die Spitze gestellten Dreieck, gebaut. Zunächst mit einem Unterbau aus Holz, wurde das knapp 12 m hohe Erkennungszeichen 1870 in Stein erneuert. Mit dem Bau des nahen und wesentlich höheren Wasserturms (1929) verlor das Kap seine eigentliche Funktion. Weil aber die Insulaner ihr Kap seit 1928 im Inselwappen führen und unbedingt als insulares Wahrzeichen erhalten wollten, wurde der unrettbar marode Bau 1930 zunächst abgerissen, aber sofort wieder in gleicher Form neu errichtet.

Wahrzeichen der Insel: Das Kap

Ähnliche, wenn auch wesentlich kleinere Kapen waren schon im ausgehenden Mittelalter auf den Ostfriesischen Inseln errichtet worden; diese waren wegen ihrer zu geringen Größe allerdings oft nur schwer auszumachen und wurden zudem nur unzureichend gepflegt. Der Begriff Kap (auf Borkum heißt es Kaap) stammt übrigens aus dem niederdeutschen Sprachraum. Andernorts heißen die Seezeichen schlicht Bake oder Peilbake (→ S. 22).

Über eine Treppe kann man das Norderneyer Kap von der Ostseite aus (Bürgermeister-Willi-Lührs-Straße) jederzeit besteigen und die Aussicht genießen.

Sternwarte und Planetenweg

In den Dünen neben dem Kinderspielplatz am Kap steht Norderneys eigene kleine **Sternwarte.** Sie wurde im Jahr 1964 errichtet, ihr Kuppeldurchmesser beträgt 3,3 m, und sie ist nach ihrem Erbauer Wilhelm Dorenbusch benannt. Nach Sonnenuntergang können Erwachsene und Kinder (→ S. 122) hier so einiges über Sonne, Mond und Sterne erfahren: Begeisterte Hobby-Astronomen bieten (bei jedem Wetter!) im Rahmen regelmäßiger abendlicher Führungen spannende Vorträge über Astronomie und Astrofotografie an und führen durch die kleine Kuppel. Bei klarer Sicht wird bei sog. Himmelsführungen natürlich auch beobachtet.

Auf dem 3,6 km langen **Planetenweg** kann man (entlang des Wanderwegs Alter Postweg am Südstrandpolder) zudem unser Sonnensystem „durchwandern" oder mit dem Fahrrad „durchqueren". Inmitten einer einzigartigen Landschaft sind hier die neun Planeten und die Sonne in einem Maßstab von 1 : 1.000.000.000 nachgebildet. Neben den Miniaturplaneten informieren Tafeln über Durchmesser, Umlaufzeit um die Sonne, Temperatur sowie Sonnen- und Erdabstand.

Besichtigung (und Führung) der Sternwarte jeden Dienstag (März bis Okt.) um 20 Uhr. Eintritt 4 € pro Pers. Dauer ca. 1:30 Std. Eine Anmeldung zu den Führungen ist nicht nötig! Nur im Winterhalbjahr muss man sich zwecks Sonderführungen bei Ralf Ulrichs anmelden, ✆ 04932-8619893, Eintritt dann 5 €. Die Warte liegt in Spielplatznähe östlich der Bürgermeister-Willi-Lührs-Straße (Hinweisschild), www.sternwarte-norderney.de.

Georgshöhe

Die Aussichtsplattform auf einer Düne am Strandübergang beim Nordbadestrand war ursprünglich eine Signalstation. Es lohnt sich, die Treppe des von einer schönen Minigolfanlage flankierten, platzartigen Aussichtspunktes zu erklimmen, hat man von hier doch einen schönen Rundblick auf den durch Buhnen gesicherten Badestrand und die Stadt. Benannt ist die mit 20 m Höhe weit und breit höchste Düne nach König Georg V. von Hannover, der seit 1836 fast 30 Sommer lang auf der Insel seine Sommerfrische verbrachte.

Schon in den 1920er-Jahren wurde auf der Georgshöhe (zeitweise) ein Fernrohr aufgestellt, mit dem man die vorbeifahrenden Schiffe beobachten konnte. Auch heute noch kann man auf der Plattform durch ein (Münz)fernrohr schauen. Die Höhe ziert zudem ein Stockanker aus dem 18. Jahrhundert „zum Gedenken an die auf See gebliebenen Norderneyer Seefahrer" sowie ein beflaggter Mast. In Zeiten, als die Schiffe noch nicht über Sprechfunk verfügten, setzten Wetterkundler hier gut sichtbare Flaggen und Korbgeflechte (nachts leuchtende Petroleumlampen) als Wind- und Sturmsignale und wiesen die Schiffer auf diese Weise darauf hin, dass in den nächsten Stunden mit stürmischen Winden zu rechnen ist. Ursprünglich tat hier sogar eine Nebelkanone ihren Dienst (sie steht heute im Fischerhaus-Museum), mit der bei überraschend aufziehendem Seenebel einmal stündlich ein Schuss abgegeben wurde, um den Fischern auf See Orientierung zu geben. Noch bis in die 1980er-Jahre befand sich auf der Anhöhe ein Gebäude der Wetterwarte.

Villa Belvedere

Wegen ihrer Eins-a-Lage am Weststrand und vor allem wegen ihres markanten, von der Backsteingotik beeinflussten Tudorstils ist die Villa Belvedere (ehemals Villa Fresena) eines der auffälligsten Gebäude der Insel. Das 1870–1873 errichtete und bis heute äußerlich nur wenig veränderte Haus war von 1890 bis 1908 die Sommerresidenz des Reichskanzlers Fürst von Bülow und damit so etwas wie der sommerliche Mittelpunkt der Reichspolitik. Hier empfing der Reichskanzler im Sommer 1906 auch Kaiser Wilhelm II. Bis 2011 wurde die Villa Belvedere zusammen mit einem modernen Anbau als Hotel genutzt, die weitere Nutzung ist derzeit offen.

Rettungsbootschuppen

Die Deutsche Gesellschaft zur Rettung Schiffbrüchiger (DGzRS) nutzt heute ihre im Jahr 1891 erbaute, direkt am Westbadestrand gelegene Rettungsstation Norderney-West als Museumsraum. 1956 wurde die ursprünglich wilhelminisch-glanzvoll erbaute Station eher schlicht umgestaltet und um den ersten Stock, in dem sich heute ein Vortragsraum befindet, erweitert. In der Station sind historische Rettungshilfsmittel wie z. B. eine Hosenboje, eine Leinenrakete, Korkwesten und Signalhörner zu sehen. Vor allem ist das längst ausgemusterte, aber noch völlig intakte und in kräftigem Grün gestrichene Ruderrettungsboot „Fürst Bismarck" samt Bootswagen zu bestaunen. Das 8,5 m lange Boot ist aufgrund von drei Luftkammern und einem Korkring, der um den mit Stahlblech beschlagenen Holzrumpf gelegt wurde, unsinkbar. Es war von 1893 bis 1923 im Einsatz und rettete in dieser Zeit Hunderte Menschenleben.

Auf Norderney gab es schon 1862 einen ersten Rettungsverein und eine Station mit einem Ruderrettungsboot. Bereits 1868 waren es zwei Stationen; eine im Westen mit Raketenapparat und Ruderrettungsboot und eine im Osten, die ebenfalls über einen Schuppen und ein Boot verfügte. 1939 wurde die Oststation allerdings wegen ihrer ungünstigen Lage aufgegeben. Ein neues Stationsgebäude im Hafen von Norderney wurde 2004 eingeweiht. Hier ist der Seenotkreuzer „Bernhard Gruben" stationiert, ein Boot der 23,1-Meter-Klasse (Baujahr 1997). Mit einer 4-Mann-Stammbesatzung ist das Boot rund um die Uhr einsatzbereit. Es fährt etwa 120 Einsätze pro Jahr und befreit dabei durchschnittlich 80 Personen aus Gefahrensituationen.

Nur gelegentlich im Rahmen sog. Schuppentage zu besichtigen (meist Sa 15–17 Uhr); zudem werden häufig freitags um 16 Uhr im ersten Stock interessante Filmvorträge angeboten. Eintritt gegen Spende. Am Weststrand 5.

Die Deutsche Gesellschaft zur Rettung Schiffbrüchiger (DGzRS)

Mitte des 19. Jahrhunderts gerieten vor den deutschen Küsten jährlich Dutzende Schiffe in Seenot. Die fehlende Ausrüstung und das seit dem Mittelalter geltende Strandrecht, nach dem – sofern es keine Überlebenden gab – das angeschwemmte Strandgut anteilig den Küstenbewohnern und dem Landesherrn gehörte, verhinderten häufig die Rettung der Verunglückten. Furchtbare Schiffskatastrophen, wie die Strandungen des Auswandererschiffs „Johanne“ mit 77 Toten im November 1854 vor der Insel Spiekeroog und der Brigg „Alliance“ 1860 vor Borkum (keines der neun Besatzungsmitglieder überlebte), führten jedoch zu einem Umdenken. Denn nach der „Alliance“-Strandung prangerte einer der ersten Inselgäste die Tatenlosigkeit der auf das Strandgut lauernden Insulaner und die fehlenden technischen Einrichtungen zur Rettung Schiffbrüchiger in der Bremer Weser-Zeitung scharf an. Das durch die publik gewordenen Unglücke gesteigerte öffentliche Interesse führte alsbald in Emden zur Gründung des Vereins zur Rettung Schiffbrüchiger (mit Stationen auf Langeoog und Juist); es folgten weitere Vereine in Hamburg und Bremerhaven, die letztlich gemeinsam im Jahr 1865 die DGzRS gründeten. Anfangs fuhren die wagemutigen Retter noch in offenen Ruderbooten hinaus; heute gilt die Gesellschaft als einer der modernsten Seenotrettungsdienste der Welt. Die Koordination der Rettungsdienste aller 54 sich in ständiger Einsatzbereitschaft befindenden Stationen entlang der Nord- und Ostseeküste übernimmt die Zentrale in Bremen. 800 Freiwillige und 186 Festangestellte stehen in Diensten der DGzRS. Seit ihrer Gründung konnten bis heute etwa 80.000 Menschen aus lebensbedrohlicher Gefahr befreit werden. Sehr bemerkenswert ist, dass sich die Seenotretter seit nunmehr etwa 150 Jahren ausschließlich durch Spenden finanzieren und somit von staatlicher Unterstützung unabhängig sind.

Eine **Notfallmeldung** erfolgt über die Seenotleitung in Bremen (✆ 0421-536870). Alarmierungen können aber auch über die Notrufnummer ✆ 112 oder über die deutschen Mobilfunksysteme unter der ✆ 124-124 erfolgen.

Immer einsatzbereit: Seenotrettungskreuzer im Hafen

Strahlend weißer Blickfang: Haus am Weststrand

Haus am Weststrand

Die strahlend weiße Strandvilla sieht aus wie die Luxusherberge schlechthin und prägt die Inselsilhouette in allerbester Lage am Weststrand. Sie wurde im typisch-prunkvollen neoklassischen Stil der Gründerzeit 1893 errichtet und nach ihrer Erbauerin Louise Hanebuth zunächst Villa Hanebuth genannt (sie war die Ehefrau des damaligen königlichen Badeinspektors). Damals residierte hier die bürgerliche Oberschicht, doch schon 1921 ging das Haus in das Eigentum der Stadt Gladbeck über und wurde als Kinderheim genutzt. Seit 1972 ist die Villa unter dem Namen Haus am Weststrand Erholungs- und Tagungshaus des evangelischen Kirchenkreises Hattingen-Witten (→ „Übernachten", S. 111).

Bademuseum und Galerie am Meer

Das Museum Nordseeheilbad Norderney – Trägerschaft durch den gleichnamigen Verein – betreibt neben dem Bademuseum auch die Galerie am Meer. Im **Bademuseum,** das im Gebäude des ehemaligen Freibads am Weststrand untergebracht ist, werden auf einer Fläche von etwa 900 m² zahlreiche Exponate und interessante historische Fotos über die Geschichte der Reise- und Badekultur im Allgemeinen und über die Entwicklung des Nordseeheilbads Norderney im Besonderen präsentiert. Die Dauerausstellung „Reiselust und Badespaß" befasst sich hauptsächlich mit der Zeitspanne von 1800 bis 1950, also mit dem Wandel Norderneys vom mondänen Seebad der Reichen und Schönen zum modernen Familienbadeort. Unterteilt ist das Bademuseum in etwa 15 verschiedene Themenbereiche wie „Das Meer, Mythos Wasser", „Reise ins Seebad", „Beherbergung im Seebad" oder „Strand und

Bademuseum: Geschichte der Bade- und Reisekultur

Badeleben". Durch die Dauerausstellung kann man sich mit einer 60-minütigen Audioführung geleiten lassen. Zudem gibt es zwei- bis dreimal jährlich wechselnde Sonderausstellungen.

Neben der Reise- und Badekultur beschäftigt sich das Museum Nordseeheilbad Norderney auch mit „Kunst am Meer". Deshalb wurde in einem Seitentrakt des Bademuseums die **Galerie am Meer** eingerichtet und 2012 eröffnet. Sie besteht im Wesentlichen aus einer Dauerausstellung mit Gemälden und Grafiken des auf Norderney und später bei Norden lebenden Malers Hans Trimborn (1891–1979). Auch die Werke anderer Künstler Ostfrieslands und von Malern, die Norderney besuchten und sich von der Insel inspirieren ließen, sind Gegenstand der Galerie und ihrer (Sonder)ausstellungen.

Mai bis Sept. tägl. (außer Mo) 11–16 Uhr. Erw. 4 €, Kinder (ab 8 J.) 2 €. Audioguide 2 €. Museumsshop und Kaffeebar vor Ort. Am Weststrand 11 (neben dem weithin sichtbaren Hochseilgarten), ✆ 04932-935422, www.museum-norderney.de.

Fischerhaus-Museum

Ein kleines, altes Fischerhaus aus dem Jahr 1803, das als letzter baulicher Zeuge dieses insularen Haustyps in der Winterstraße stand, sollte dem touristischen Fortschritt weichen. Schon in den 1920er-Jahren wollte der Heimatverein Norderney daher dieses baufällige Haus abtragen und in der Nähe des Weststrandes wiederaufbauen. Dieses Vorhaben erwies sich aber als zu schwierig, weshalb der Heimatverein 1934 beschloss, stattdessen einen innen wie außen originalgetreuen Neubau dieses Fischerhauses an ruhiger Stelle im Argonner Wäldchen beim Weststrand zu errichten, um darin ein Heimatmuseum zu eröffnen. Gesagt, getan – lediglich die zweiteilige Eingangstür ist noch original erhalten geblieben.

In den engen, kleinen Räumen illustrieren unzählige, liebevoll arrangierte Exponate die Norderneyer Wohnkultur, die seemännische Tradition der Insel und die Entwicklung zum Nordseebad. Zu sehen gibt es unter anderem historisches Mobiliar, die typischen Schlafbutzen und einen Kamin mit Delfter Kacheln. Alles wirkt wie ein riesiges Sammelsurium – tatsächlich sind viele Ausstellungsstücke Mitbringsel der Norderneyer Seefahrer –, und so lässt sich immer wieder etwas entdecken. Augenfällig sind ein Damenstrandkorb von 1860, die Tragesänfte von Königin Marie von Hannover, die sie von 1852 bis 1865 benutzte, sowie die Modelle von Norderneyer Schaluppen und Schniggen (beides Segel-Fischerbootstypen). Außerdem kann man ein Hochrad (um 1900), ostfriesische Schlittschuhe und die Säge eines Sägefischs bewundern. Sehr bemerkenswert ist auch ein riesiger Bernstein von 20 cm Länge und einem Gewicht von 420 g. Dieser von einem Einheimischen gefundene Brocken stammt ursprünglich von der westlich der Insel vorgelagerten Robbenplate und kam ans Licht, als im Jahr 1992 westlich von Norderney umfangreiche Strandaufspülungen durchgeführt wurden. Nicht zuletzt sollte man im hinteren Raum einen Blick auf drei mit goldenen Monogrammen versehene Männerohrringe werfen, welche die Insulaner auf ihren Fahrten auf dem Meer trugen (→ Kasten S. 38). Neben dem Fischerhaus wurde ein zweites Gebäude errichtet, das vor allem für Veranstaltungen, wie z. B. Tee-Seminare, genutzt wird.

Mitte Mai bis Sept. Mo, Mi, Do 15–17 Uhr. Eintritt Erw. 2 €, Kinder (bis 9 J.) 1 €. Führung: Di, Do 11 Uhr, Fr 16 Uhr; Erw. 1 €, Jugendliche 0,50 €. Argonner Wäldchen (beim Weststrand), ✆ 04932-82503.

In den regelmäßig veranstalteten Tee-Seminaren (v. a. Do 15–17 Uhr) wird man gewissermaßen zum „Teeologen" und erfährt allerlei Interessantes über die ostfriesische Teezeremonie (→ Kasten S. 101). ✆ 04932-1791, www.heimatverein-norderney.de.

Haus Schiffahrt

Ursprünglich 1896 von der königlich-preußischen Bahndirektion als Gepäckabfertigungshalle und Fahrkartenverkaufsstelle erbaut, ist das Gebäude in der Bülowallee nach wie vor Deutschlands einziger Bahnhof, zu dem niemals Schienen führten. Noch immer befindet sich im linken Seitenflügel des Gebäudes ein Reisezentrum der Deutschen Bahn. Den weitaus größten Raum hinter den drei prächtigen Rundbögen des Eingangs nehmen jedoch die Verwaltung und das Infocenter der AG Reederei Norden-Frisia ein, weshalb der im Volksmund „Bahnhof" genannte Bau heute offiziell Haus Schiffahrt heißt.

In der Hochsaison Mo–Fr 8.30–13 und 15–17.30 Uhr, Sa 9–12 Uhr, So 10–12 Uhr geöffnet. Am Ortseingang noch vor dem Kurviertel in der Bülowallee 2 (beim Parkplatz A).

Windmühle Selden Rüst

In der Marienstraße im Südosten des Ortes steht die einzige Windmühle, die jemals auf einer Ostfriesischen Insel gebaut wurde. Die Norderneyer Kornwindmühle heißt Selden Rüst (selten Ruhe), angesichts des ständig wehenden Windes auf der Insel ein wohl zutreffender Name.

Trotz ständig steigender Gästezahlen mussten die Bäcker Norderneys lange Zeit ihr Mehl vom Festland beziehen, da sie keine eigene Mühle besaßen. Sie kamen also nicht umhin, größere Mehlvorräte anzulegen, von denen ein Teil –

vor allem im Winterhalbjahr – aufgrund des nasskalten Wetters verdarb. Erst 1862 bekam ein Müller aus Ostermarsch (bei Norden) von der königlichen Regierung in Aurich die Genehmigung zum Bau einer Mühle auf Norderney. Ausgewählt wurde dafür eine flache Düne nahe der Napoleonschanze. Weil die flache Bucht damals noch bis fast an diese Düne heranreichte – mit der Landgewinnung im Süden der Insel begann man erst einige Jahre später–, war hier immer genug Wind garantiert.

Selden Rüst ist ein einstöckiger Galerieholländer. Anders als bei der Bockwindmühle, dem ältesten Mühlentyp, bei der die ganze kastenförmige Mühle auf einem Bock (oder Ständer) ruht und dieser in den Wind gedreht wird, ist bei den Kappenwindmühlen, zu denen auch die Galerieholländer zählen, nur die obere Kappe mit dem Flügelkreuz drehbar. Dabei wird die Kappe mittels einer Windrose über ein Zahnradgetriebe in den Wind gedreht.

Schilf statt Ziegel: Dächer aus Reet

Nirgendwo in Deutschland gibt es mehr reetgedeckte Häuser als auf den Nordseeinseln, könnte man denken, aber weit gefehlt. Auf den Ostfriesischen Inseln sieht man sie eher selten und auf Norderney gibt es – wohl dem Bauboom des schnell aufstrebenden Fremdenverkehrs geschuldet – überhaupt nur ein Reetdach: das der Kornwindmühle Selden Rüst.

Dass dies so ist, verwundert eigentlich, denn ein Dach aus Reet sieht nicht nur malerisch aus, es ist auch ausgesprochen funktional: Im Winter sorgen die Reetdächer für Wärme, im Sommer für angenehme Kühle. Sie sind regen- und schneedicht, frostbeständig, atmungsaktiv, luftfilternd und feuchtigkeitsregulierend sowie bei Sturm elastisch. Früher galten Reetdächer als billige Lösung für arme Leute, heute sind sie wegen der teuren Handarbeit purer Luxus geworden. Hinzukommen noch die Kosten für eine teure Brandversicherung, denn das Material ist relativ leicht entzündbar. Aus diesem Grund wurden die Reetdächer übrigens zeitweise in manchen Dörfern der Friesischen Inseln – bei enger Bebauung – verboten.

Die Reetdachdecker arbeiten sich von der Traufe zum First hoch. Die Halme werden gleichmäßig in einer Dicke von gut 30 cm auf dem Unterbau verteilt, mit einer etwa 1 m langen Stahlnadel und Bindedraht an die Dachlatten genäht und dann ordentlich geschnitten. Ein Reetdach ist dann ebenso lange haltbar wie ein gewöhnliches Ziegeldach. Heute wird hochwertiges Reetgras mangels geeigneter Schilfgürtel nur noch an wenigen Stellen Norddeutschlands geerntet und kommt deshalb meist aus Osteuropa.

Bei beständigem Wind konnten in der mit zwei Mahlsteinen ausgestatteten Norderneyer Mühle etwa fünf Tonnen Korn pro Tag verarbeitet werden. Gemahlen wurde bei Tag und bei Nacht fast ohne Unterbrechung. Die Mühle war mit einem Weizen-, Roggen- und einem Pelde- bzw. Graupengang ausgerüstet. Nachdem 1951 ein Sturm einen Flügel abgebrochen hatte und im gleichen Jahr ein Brand die Mühle schwer beschädigte, wurde sie die letzen Jahre mit nur einem Flügelpaar und mit Motorkraft betrieben. Die Mühle blieb bis 1962 – also genau 100 Jahre – in Betrieb. 1964 wurde das markante Inselbauwerk restauriert, ein (nicht angeschlossener) Mahlgang blieb sogar erhalten. Heute befindet sich im reetgedeckten Galerieholländer ein nettes Restaurant (→ „Essen und Trinken“, S. 103) und mittwochs, wenn das Restaurant Ruhetag hat, drehen sich nun auch wieder für ein paar Stunden die – je nach Windstärke – ganz oder teilweise mit Segeltuch bespannten Holzgitterflügel im Wind.

Napoleonschanze/Waldkirche

Während der kurzen Zeit der napoleonischen Herrschaft waren von 1811 bis 1813 etwa 300 Soldaten auf Norderney stationiert (und in den ersten Kurhäusern einquartiert). Im Osten des damaligen Ortes mussten zu diesem Zweck die Norderneyer Fischer bei der Errichtung einer Schanze Frondienste leisten. Dieser Festungsbau diente weniger der Abwehr englischer Landungsunternehmen, sondern sollte vielmehr den Warenschmuggel während der Kontinentalsperre unterbinden. Damals befand sich die Schanze keineswegs relativ versteckt in der Stadtmitte, denn die anliegende Marienstraße bildete schon den südlichen Rand der Insel. Somit lag die Schanze an einem strategisch wichtigen Punkt zur Überwachung des Warenhandels. Da es damals auf Norderney noch keinen Hafen gab, lagen die Schiffe vor der Insel auf Reede; die bis zum heutigen Hafen reichende Landgewinnung erfolgte erst im späten 19. Jahrhundert.

Viel ist heute von der Festungsanlage nicht mehr erhalten; lediglich den Erdwall kann man noch erkennen, der von einem schönen Teich – dem ehemaligen Festungsgraben – flankiert wird. Der Wassergraben erstreckte sich ursprünglich auch entlang der Ostseite der Schanze, die dort nur über eine Zugbrücke zugänglich war. Inmitten der Schanze stehen ein steinerner Altar und einige schlichte Bänke. Rund um dieses schon seit 1912 als Waldkirche genutzte Areal ist mittlerweile ein stattliches Wäldchen entstanden. Am Zugang befindet sich ein 1930 eingeweihtes kreuzförmiges Kriegerdenkmal, das mit den Worten „Dies Eiland denkt an euch solange es besteht und Seewind über seine Dünen weht“ an die im Ersten Weltkrieg gefallenen Norderneyer erinnert. In die Rückseite sind die Namen der Gefallenen eingemeißelt.

In den Sommermonaten findet sonntags um 8.30 Uhr in der Waldkirche ein evangelischer Gottesdienst unter freiem Himmel statt. Marienstraße, Ecke Mühlenstraße.

Wasserturm

Unübersehbar ragt im Osten der Innenstadt, etwa auf einer Linie zwischen Kap und Windmühle, dieser schlichte Bau aus rotem Backstein satte 42 m in den Himmel. Der 1929 erbaute Turm ist als Wasserhochbehälter noch immer in Gebrauch. Sein Fassungsvermögen von 500.000 Litern sorgt für den nötigen Wasserdruck auf der Insel.

Trinkwasser ist auf der Insel übrigens kaum ein Problem. Denn unter den Dünen hat sich eine große Süßwasserlinse gebildet, die allein aus Niederschlägen gespeist wird. Das Süßwasser verdrängt beim Einsickern das Salzwasser, und weil es leichter als Salzwasser ist, schwimmt es wie ein Fettauge auf. Es kann bequem von verschiedenen Brunnen aus abgepumpt werden, und es gilt als besonders rein, weil es im Gegensatz zum Grundwasser auf dem Festland nicht durch Dünger und Abwässer verunreinigt wird. Das zugehörige Wasserwerk befindet sich seit 1958 in den Dünen zwischen dem Ostbadestrand und dem Leuchtturm. Von hier aus wird das Trinkwasser durch Rohre zum Wasserturm gepumpt.

205 Stufen sind es bis zur obersten Etage, die einen traumhaften Blick auf Strand und Stadt verspricht. Besichtigungen sind allerdings nur selten möglich; die hier nistenden Turmfalken sollen nicht zu sehr gestört werden. Interessierten bleibt der Blick dennoch nicht verwehrt: Auf dem Turm wurde eine Webcam installiert.

Der Wasserturm befindet sich in der Jann-Berghaus-Straße (neben der Feuerwehr). Auf der Internetseite www.norderney.de gibt es unter „Bilderrausch" einen Link zur interaktiven Webcam.

Nationalparkhaus

Das Nationalparkhaus wurde 1991 gegründet und ist etwas abseits der Innenstadt direkt am Fähranleger in einem unscheinbaren Flachbau aus den 1960er-Jahren (dem ehemaligen Empfangsgebäude) untergebracht. Derzeit ist allerdings ein Neubau an gleicher Stelle geplant.

Eine Dauerausstellung informiert anschaulich über die Flora und Fauna des Nationalparks Niedersächsisches Wattenmeer sowie über den Klimawandel. Es gibt ausgestopfte Vögel und eine Vogelfeder-Ausstellung, und in kleinen Meerwasseraquarien kann man die Wattbewohner in Aktion sehen. Star unter den lebenden Tieren ist sicherlich der Hummer Waldemar. Andere interessante Exponate sind beispielsweise ein präparierter Schwertfisch, der sich 1994 (noch quicklebendig) in die südliche Nordsee verirrt hatte, oder das Skelett eines 1945 auf Norderney angeschwemmten Zwergwals (Minkwal). Der Wal wurde auf der damaligen Mülldeponie vergraben. Bei der Umlagerung der Deponie im Jahr 2004 kam das längst vergessene Skelett wieder zutage. Alle halbe Stunde wird im Kinoraum ein Film gezeigt, beispielsweise über das Wattenmeer oder über Pottwalstrandungen vor der Insel (im Jahr 1996 und 2003). Das Haus organisiert auch viele Wattwanderungen und geführte (Rad)touren, außerdem werden Vorträge mit naturkundlichem Inhalt angeboten. Weitere Informationen zu Veranstaltungen für Familien im Nationalparkhaus finden Sie im Kapitel „Norderney mit Kindern" (→ S. 120).

Das Nationalparkhaus ist im Sommerhalbjahr Mo–Fr 9–18 Uhr, Sa/So 13–18 Uhr geöffnet, im Winterhalbjahr montags geschlossen und sonst bis 17 Uhr geöffnet. Eintritt Erw. 2 €, Kinder (4–18 J.) 1 €, Familien 5 €. Am Hafen 1, ✆ 04932-2001, www.nationalparkhaus-norderney.de.

Südstrandpolder

Ein Polder ist ein eingedeichtes niedrig gelegenes Gebiet, das oftmals zur Landgewinnung angelegt wurde. Seit 1961 ist der Südstrandpolder östlich des Hafens und der Surferbucht ein Naturschutzgebiet; seit 1986 gehört dieses wichtige Wasserschutz- und Vogelbrutgebiet zur Ruhezone des Nationalparks Niedersächsisches Wattenmeer. Während des Zweiten Weltkriegs wurde das Gebiet großflächig eingedeicht, weil dort ein Militärflugplatz für die Seeflugstation Norderney entstehen sollte. Dazu kam es aber nicht mehr; zum Glück für zahlreiche Brutvögel und Wasserpflanzen, die in diesem etwa 140 ha großen Feuchtbiotop hervorragende Bedingungen vorfinden. Bei der Erschaffung des Feuchtgebiets hat man dann allerdings noch etwas nachgeholfen, indem in den 1980er-Jahren gewaltige Sandmassen zur Verstärkung des Hafendeichs entnommen wurden. Man darf das geschützte Gebiet zwar nicht betreten, kann die lebendige Vogelwelt aber von außen beobachten. Ein Polderweg mit Beobachtungshütte führt mit einer Länge von etwa 5 km rings um den Südstrandpolder und eignet sich für einen kleinen Wander- bzw. Fahrradausflug.

Leuchtturm

Auf einem 13 m hohen Sockel steht der achteckige, innen wie außen backsteinerne Leuchtturm von Norderney, der mit fast 60 m Laternenhöhe das höchste Gebäude der Insel ist. Nachdem um die Sicherheit des Schiffsverkehrs besorgte Kaufleute aus Emden und Bremen wegen der lückenhaften Befeuerung zwischen Borkum und Wangerooge schon zu Beginn des 19. Jahrhunderts vehement auf den Bau eines weiteren Leuchtturms auf den Ostfriesischen Inseln gedrängt hatten, wurde zwischen 1872 und 1874 endlich ein Leuchtfeuer auf Norderney errichtet. Ironie des Schicksals: In der ersten Zeit nach der Erbauung des Norderneyer Leuchtturms kamen zunächst viele Schiffe vom Kurs ab oder havarierten sogar. Wegen einer Nachlässigkeit wurde es nämlich versäumt, den markanten neuen Leuchtturm auch in die Seekarten einzuzeichnen, und so kam es zu Verwechslungen, vor allem mit dem Turm von Wangerooge.

Inselmitte: Norderneys Leuchtturm

Bei der Erbauung mussten die benötigten Steine mühsam mit kleinen Fischerbooten zur Insel gebracht, mangels eines Hafens bei Ebbe ausgeladen und dann über das Watt zur Baustelle transportiert werden. Nach zwei Jahren war jedoch das Werk vollendet, und so weist bis heute das silberne Lichtbündel des ziemlich genau in der geografischen Mitte der Insel stehenden Leuchtfeuers den Schiffen den sicheren Weg. Man kann den Turm auch besichtigen: Wer die 253 Stufen der erstaunlich breiten Treppe erklimmt, genießt von oben (trotz des engen Schutzgitters) eine grandiose Aussicht auf das Festland, die Inseln und die Nordsee. In der noch originalen gläsernen und 3,5 Tonnen schweren Kuppel verstärken 1018 geschliffene Prismen und 24 Linsen das Licht so sehr, dass der alle zwölf Sekunden wiederkehrende Dreifachblitz 21 Seemeilen (für Landratten: etwa 40 km) weit zu sehen ist. Außerdem ist das Leuchtfeuer auch noch links drehend; das ist einmalig an der Nordseeküste. Denn der aufwendige und immer noch tadellos funktionierende Leuchtapparat ist eine Reparationszahlung Frankreichs nach dem Deutsch-Französischen Krieg von 1870/71, und dort drehten sich die Leuchtfeuer nun mal linksherum.

Bis 1929 wurde der Turm mit Petroleum befeuert, danach an die Stromversorgung angeschlossen und wird seitdem elektrisch betrieben. Seit 1981 hat Norderneys Leuchtturmwärter ausgedient, und Norderneys Leuchtturm wird von der Verkehrszentrale Ems (an der Emder Knock) ferngesteuert und überwacht.

Nur im Sommerhalbjahr tägl. 14–16 Uhr geöffnet, bei schönem Wetter sogar schon ab 10 Uhr. Erw. 2 €, Kinder (6–17 J.) 0,50 €. Von der Stadt aus erreicht man den in der Inselmitte liegenden Turm über den Dünenweg nach 6 km. Bushaltestelle und Restaurant vor Ort.

Bienenzucht auf Norderney

Wer in der Gegend des Südstrandpolders unterwegs ist, wird unter Umständen an einem (eingezäunten) Gelände vorbeikommen, auf dem zahlreiche bunte, auf Pflöcken stehende Kästchen auf einer Wiese verteilt sind. Es handelt sich hierbei um die Bienenbelegstelle Norderney – also um einen Ort für die kontrollierte Paarung der Honigbiene – und die bunten Kästen sind Anflugkästen für ein kleines Begattungsvölkchen ohne Drohnen.

Bienenbelegstellen gibt es in Gegenden ohne eigene Bienenvorkommen, in Deutschland also unter anderem auf einigen Ost- und Nordseeinseln, so auch auf Norderney. Dies ist wichtig, denn die Begattung der Jungköniginnen beim Hochzeitsflug (Juni bis August) soll nicht durch unerwünschte Drohnen erfolgen. Vielmehr stellen die Belegstellen Vatervölker, deren Drohnen für die Zucht geeignet sind und die die von Bienenzüchtern geschickten Jungköniginnen begatten. Wenn nach drei bis zehn Tagen die Königin anfängt, bis zu 2000 Eier zu legen, schickt der Belegstellenleiter das Brutnest wieder an den Züchter zurück. Gezüchtet wird auf Norderney die in Mitteleuropa am meisten verbreitete Rasse der Kärntner Biene (Carnica).

Weil die Bienen möglichst ungestört ihrer wichtigen Tätigkeit nachgehen sollen, liegt Norderneys Bienenbelegstelle nicht zufällig recht versteckt in den Dünen nördlich des Südstrandpolders (und des alten Postwegs). Interessierte können gerne bis zur Belegstelle laufen; ein Schaukasten des Landesverbandes der Imker Weser-Ems e. V. informiert über die Bienenzucht. Der Zugang erfolgt vom Gewerbegelände aus (bei der Metzgerei Deckena links, nach 50 m rechts am Hundeübungsplatz vorbei bis zum Haus Lange).

Das Wrack von Norderney

Ende Dezember des Jahres 1967 lief ein Heringslogger auf einer Sandbank vor der Wichter Ee im Inselosten im Sturm fest und war manövrierunfähig. Weil das Schiff in der schweren Grundsee leckzuschlagen drohte, feuerte die Besatzung Rauchsignale ab und wurde von einem Seenotrettungskreuzer in höchster Not mithilfe eines Sprungnetzes gerettet. In der folgenden Nacht trieb das führerlose Schiff von der Sandbank auf den Strand von Norderney. Das rief den Muschelsauger „Pionier" aus Bensersiel auf den Plan, dessen Kapitän sicherlich auch einen ansehnlichen Bergelohn witterte. Um den Havaristen freizubekommen, wollte er eine Rinne zum Heringslogger saugen. Doch – immer noch in stürmischer See – geriet der Muschelsauger bald selbst in Seenot und wurde ebenfalls auf die Sandbank getrieben. Ironie des Schicksals: Im März des darauffolgenden Jahres kam der weiter seewärts festsitzende Heringslogger mithilfe starker Schlepper wieder frei, während das Schiff des Muschelfischers unrettbar strandete und für immer aufgegeben werden musste.

Ausflugsziel im Inselosten: Das Wrack

Heute rostet das mit Graffiti bemalte Wrack im Inselosten direkt an der Wichter Ee vor sich hin und versandet zusehends. Es ist nicht einmal besonders imposant, dennoch übt das rostbraune Gerippe eine eigentümliche Faszination aus, weshalb die lange und anstrengende Strandwanderung in den Inselosten für viele Norderney-Urlauber zum Pflichtprogramm gehört (→ Kasten S. 89). Und immer wieder werden die noch sichtbaren Reste des 30 m langen Wracks von Touristen aufs Neue bunt bemalt. Zudem haben Seehunde (und einige Kegelrobben) sich diesen Strand im Inselosten als Ruheplatz auserkoren. Ihr Bereich neben dem Wrack ist mit einem Zaun abgetrennt.

Wichter Ee

Norderney ist von seiner östlichen Nachbarinsel Baltrum durch die Wichter Ee getrennt. Der Name Wichter Ee ist auf den ehemaligen Festlandweiler Wicht und das alte Wort Ee (oder Ehe), was so viel wie Wasser bedeutet, zurückzuführen. Die Wichter Ee ist nichts anderes als eine Strömungsrinne, also ein Seegat (Gat kommt aus dem Plattdeutschen und bedeutet Loch). Durch das etwa 12 m tiefe Seegat strömen aufgrund der Gezeiten die Wassermassen ständig zwischen den Inseln hin und her und füllen bzw. entleeren somit das Wattenmeer. Wegen der Strömung friert die Wichter Ee auch im kältesten Winter nicht zu, und der ständige Durchstrom lässt sie zudem immer tiefer werden. Das verursacht wiederum eine starke Erosion, weshalb vor allem die Westspitze Baltrums aufwendig durch massive Küstenschutzanlagen gesichert werden musste.

Die Wichter Ee ist auch durch sich ständig verlagernde Untiefen geprägt. Denn nachdem die Wassermassen diese schmale Stelle passiert haben, lagern sich die mitgeführten Sand- und Schlickpartikel durch die flächenmäßige Ausbreitung des Ebbe- bzw. Flutstroms und durch die damit verbundene plötzliche Verringerung der Fließgeschwindigkeit halbkreisförmig ab. Aus diesem Grund ist die Wichter Ee als einziges Seegat zwischen den Ostfriesischen Inseln auch nicht betonnt und kann von Schiffen nicht sicher befahren werden (nur selten wagen Ausflugsschiffe, deren Kapitäne die sich ständig verschiebenden Sandbänke sehr gut kennen, die Durchfahrt). Das an der Wichter Ee liegende, verrostete Wrack ist ein sichtbarer Beleg für diese gefährlichen Untiefen.

Vor allem an windstillen Tagen wirkt hier die nur knapp 1 km entfernte Nachbarinsel Baltrum mit ihren rot gedeckten Häusern zum Greifen nahe und ist doch unerreichbar weit weg – die starke Strömung der Wichter Ee macht ein Hinübersetzen oder gar -schwimmen unmöglich!

Aussichtsdünen

Es gibt neben den längst befestigten, ehemaligen Dünen im Ortskern wie der Marienhöhe (11,5 m), dem Kap (17 m) und der Georgshöhe (20 m) noch einige natürliche Dünen bzw. Dünenketten in der Inselmitte und im Inselosten, die über insgesamt fünf weitere Aussichtsplattformen verfügen.

Georgshöhe am Nordbadestrand

Die beiden dem Ort am nächsten gelegenen (namenlosen) Aussichtsplattformen befinden sich bei der **Meierei** (15,5 m) und nördlich des **Südstrandpolders** (17,5 m). In der Inselmitte kann man bei der Jugendherberge mit der **Senderdüne** eine weitere Aussichtsdüne besteigen (21 m). Nördlich davon befindet sich die **Walter-Großmann-Düne.** Sie ist nach einem aus Norden stammenden Geophysiker der Universität Hannover (1897–1980) benannt und ist mit 24,4 m Höhe der höchste geografische Punkt der Insel; die im Norden dieser Dünenkette gelegene und über Treppen erreichbare Aussichtsplattform befindet sich allerdings „nur" auf 21 m Höhe.

Im Bereich der Weißen Düne am Ostbadestrand und dem Dünenkomplex nördlich des Leuchtturms gibt es keine extra ausgewiesenen Aussichtspunkte; nach Osten hin werden die Dünen langsam flacher. Allerdings liegt ganze 5 km weiter im Inselosten die **Möwendüne** mit einer letzten und durchaus beeindruckenden Aussichtplattform. Weithin sichtbar steht hier eine überdimensionale Peilbake (→ Foto S. 21). Sie war früher ein wichtiges Seezeichen für die Schifffahrt, ist heute aber auch ein Orientierungspunkt für Wanderer (und Wattwanderer). Eine Treppe führt auf die Düne hinauf, die mit einer Höhe von nur 13 m der deutlich höchste Punkt der Umgebung ist. Noch immer wird die Düne ihrem Namen gerecht, denn ihre Nordseite ist Brutplatz vor allem für (in der Brutzeit angriffslustige) Silber- und Sturmmöwen.

Noch weiter östlich, kurz vor dem Wrack, liegt die vergleichsweise flache (und nicht begehbare) **Rattendüne** mit einer Höhe von 6 m. Die Herkunft des markanten Dünennamens ist umstritten. Angeblich soll die Düne im 19. Jahrhundert nach den lästigen Nagern benannt worden sein, die nach Schiffsstrandungen entkommen waren und sich hier ansiedelten – Ratten stellen heute aber im Gegensatz zu den zahlreichen Kaninchen kein Problem mehr dar.

Tierfriedhof

Wenn man mit dem Fahrrad oder dem Bus auf der Inselstraße an der Meierei vorbei in Richtung Leuchtturm fährt, kommt man an einer schaurig-rührigen Inselbesonderheit vorbei. Auf einem Dünenausläufer, von Pferdekoppeln umgeben, befindet sich ein etwas skurriler, aber durchaus sehenswerter Tierfriedhof. Von Kanarienvogel und Meerschweinchen bis hin zu Katze oder Hund können hier die lieben Haustiere ohne bürokratische Hürden und ohne Rücksicht auf Herkunft oder Spezies begraben werden. Manche Gräber sind gepflegt, andere sind längst vergessen. Die windschiefen Kreuze und das wilde Durcheinander inmitten der Dünengräser geben der Szenerie einen Hauch bizarrer Wildwestromantik. Norderney beweist hier auf der sog. Hundedüne eine große Portion Tierliebe, kann sich doch jeder (also auch der Urlaubsgast) auf dem Areal einen freien Platz suchen und sein Kleintier ohne Gestaltungsvorschriften begraben. Dieser besondere Tierfriedhof hat durchaus Tradition. Noch bis in die 1970er-Jahre und damit bis zur Einführung eines Tierkörperbeseitigungsgesetzes wurden hier (möglichst weit weg vom Wasserwerk) Norderneys treue Arbeitspferde begraben. Ende der 1980er-Jahre erlebte dieser Flecken dann seine Renaissance als „Friedhof der Kuscheltiere".

Bizarre Dünenkulisse: Tierfriedhof

Der Tierfriedhof liegt ca. 1,5 km hinter dem Ortsrand auf der linken Seite des Karl-Rieger-Wegs auf einem Dünenausläufer (noch vor der Jugendherberge).

Bahnhof Stelldichein

In beiden Weltkriegen diente Norderney als Seefestung. An die Zeit des Ersten Weltkriegs erinnert der von der kaiserlichen Marine erbaute bescheidene Bahnhof Stelldichein am östlichen Stadtrand (Richthofenstraße, Ecke Birkenweg), der den historischen und etwas kärglichen Rest der 1915–1947 betriebenen Marinebahn darstellt. Auch das Schirrhofgelände der Festung, auf dem die Arbeitspferde des Militärs untergebracht waren und als Zugtiere eingespannt wurden, befand sich hier. Die Marinebahn hatte Gleise in Normalspur, um die Wagen und Loks der Preußischen Staatsbahn verwenden zu können. Sie versorgte die sechs Strandbatterien, also die bunkerartigen Geschützstellungen der Seefestung Norderney. 1935 wurde die Insel mithilfe der Marinebahn abermals zum Luftwaffen- und Marinestützpunkt ausgebaut (massive Betonreste der gesprengten Geschützstellungen sind noch immer in den Dünen zwischen Nordbadestrand und FKK-Strand zu finden).

Übrig geblieben ist neben ein paar Metern Schiene nur das weinrot und dunkelgrün angemalte Stationshäuschen mit einem stilisierten Eisernen Kreuz an der Tür. Ein am Zaun noch erhaltenes historisches Schild aus der Kaiserzeit warnt Besucher recht drastisch vor dem Betreten, Abzeichnen oder Fotografieren des Festungsgeländes (→ Foto S. 45). Heute kann man das Gelände gefahrlos betreten; das kleine, von außen schmucke Stationshäuschen steht allerdings derzeit leer.

Der Retter des Welfenhauses

Das Ernst-August-Denkmal am östlichen Ortsrand (beim Bahnhof Stelldichein) erinnert an den 10. August 1861, als der Norderneyer Gerrelt Janssen den 16-jährigen Kronprinzen Ernst August von Hannover vor dem Ertrinken rettete. Er war der einzige Sohn des Welfenkönigs Georg V. Aus Dankbarkeit pflanzte man am heutigen Ruppertsburger Wäldchen einen Lebensbaum. Die Hofgesellschaft versammelte sich dort fortan alljährlich zu einer Gedenkfeier, und für die Norderneyer Bevölkerung veranstaltete der König anschließend ein Picknick. Der Retter Janssen, Witwer und Vater von fünf unmündigen Kindern, wurde zum Dank reich dekoriert und beschenkt. Tragischerweise ertrank er nur vier Jahre nach seiner Heldentat in einem schweren Novembersturm, als seine Schaluppe vor Baltrum kenterte.

Im August 1866 sollte ein kleiner Obelisk zum Gedenken an die Rettung enthüllt werden, doch kurz zuvor wurde die Insel von Preußen annektiert und König Georg V. floh ins Exil. Trotz anderslautendem Befehl der königlich-preußischen Verwaltung weihten die Norderneyer ihr Denkmal dennoch ein. Als man 1938 versuchte, den Obelisken umzuplatzieren, ging er zu Bruch. 2002 wurde das Denkmal neu errichtet – allerdings konnten die vier Medaillons der Mitglieder des Königshauses (eines pro Seite) nicht mehr rekonstruiert werden. Heute wird es offiziell Cumberland-Denkmal genannt, denn die Könige von Hannover führten auch den Titel des Herzogs von Cumberland.

Relikt einer Seefestung: Bahnhof Stelldichein

Norderneys Markenzeichen: Weiter, weißer Strand (hier: Ostbadestrand)

Die Strände

Die feinsandigen Strände von Norderney sind das große Kapital der Insel und natürlich der Hauptgrund, weshalb Jahr für Jahr Tausende Erholungssuchende hier urlauben. Platz gibt es mehr als genug, denn über 14 km feinster Sandstrand erstrecken sich vor allem entlang der Nordküste und laden nicht nur zu gemütlichen Strandaufenthalten ein, sondern auch zu unendlich langen Spaziergängen.

Es gibt vier bewachte **Badezonen:** Sie sind durch große, mit Fähnchen bekrönte Holzdalben markiert, zwischen denen ein Seil gespannt ist. Nur in diesen abgetrennten Bereichen ist das Baden (i. d. R. täglich ab 11 Uhr) erlaubt, denn nur hier ist eine Badeaufsicht durch die Rettungsschwimmer gewährleistet. Man sollte sich daran halten, denn wegen teils starker Strömungen kann ein unbeaufsichtigtes Baden in der Nordsee gefährlich sein. Insbesondere an der Westspitze der Insel (Marienhöhe) ist das Baden wegen sehr starker Unterströmungen riskant und daher verboten. Die Strandrettung Norderney wird weniger von der DLRG als vielmehr direkt von der Staatsbad Norderney GmbH betrieben. Deren Lebensretter sind gut an ihrem roten Outfit zu erkennen. Mit einer lauten Tröte und heftigen Armbewegungen verschaffen sie sich Aufmerksamkeit, falls Badegäste Gefahr laufen, sich zu weit von den gesicherten Abschnitten zu entfernen.

Flagge zeigen

- Grüne Flagge: Das Badefeld ist bewacht.
- Gelbe Flagge: Das Badefeld ist unbeaufsichtigt, Baden erfolgt auf eigene Gefahr.
- Rote Flagge: Baden verboten.

In den vier Badezonen kann man auch Strandkörbe mieten (→ S. 160), in weniger stark besuchten Abschnitten haben sich für Familien auch kleine Strandzelte, sog. Strandmuscheln, bewährt, die als Wind- und Sonnenschutz dienen. Bohlenwege erleichtern teilweise den Zugang zum Strand.

Die Zeiten von Ebbe und Flut sowie die Wasser- und Lufttemperatur werden bei der Strandaufsicht auf einer Kreidetafel angezeigt. Der Tidenhub zwischen Niedrig- und Hochwasser beträgt auf der Insel etwa 2,7 m. Bei Niedrigwasser weicht das Meer dadurch an den Badestränden im Westen und Norden der Insel je nach Strandabschnitt um 100 bis 200 m zurück. Das südliche Wattenmeer und auch die Surferbucht hinter dem Hafen fallen hingegen fast ganz trocken.

Wasserqualität und -temperatur Die Wasserqualität ist im Allgemeinen gut und wird ständig überwacht. Aktuelle Daten sind im Internet unter www.nlga.niedersachsen.de abrufbar. Infos und Vorhersagen über Wassertemperaturen, Wind und Wasserstände erhält man unter www.bsh.de/aktdat/bm/Norderney.htm.

Nordbadestrand

Der Hauptbadestrand Norderneys liegt im Nordosten der Stadt. Vom Kurzentrum aus ist ein kleiner Fußmarsch (ca. 1 km) bis zur Georgshöhe nötig. Von dort erstreckt sich der Strand gen Osten, wo er nach 3 km fast nahtlos in den Ostbadestrand übergeht. Am Nordbadestrand, ein wenig abseits der Innenstadt, pulsiert das Strandleben. In dieser Badezone gibt es die meisten Strandkörbe und auch eine gepflegte Strandgastronomie mit bestem Ausblick auf die zu einem Bollwerk gegen die Nordseestürme ausgebaute, etwas martialisch wirkende Strandpromenade. Der östliche Teil des Nordbadestrandes wird von Dünen flankiert.

Ein ganzes Stück weiter im Osten beim Strandübergang Lippestraße befindet sich noch ein weiterer (von der DLRG bewachter) Strandabschnitt, der jedoch weitgehend den Gästen des Jugend- und Gästehauses Detmold (Kreis Lippe) vorbehalten ist (→ Foto S. 49).

Westbadestrand

Ganz zentrumsnah an den Kuranlagen gelegen, war dieser Abschnitt einstmals der Hauptbadestrand Norderneys – in früheren Zeiten befand sich hier das Damenbad (→ Kasten S. 48/49). Der Strand ist etwas schmaler als der Nordbadestrand und vielleicht auch weniger feinsandig, aber die Kulisse mit den zum Teil noch aus der Gründerzeit stammenden Hotelbauten hinter der Promenade ist unvergleichlich. Der ebenfalls dicht mit Strandkörben bestückte Westbadestrand ist so etwas wie die Visitenkarte der Insel, ist er doch zusammen mit der Skyline schon von der Fähre aus zu sehen. Umgekehrt kann man die Fähren und vorbeischippernden Freizeit- und Fischerboote beobachten, weil die Fahrrinne ganz nah an der Insel vorbeiführt. Aufgrund seiner Lage ist der Weststrand etwas windgeschützter als die anderen Strände, was besonders Familien mit kleinen Kindern zu schätzen wissen. Allerdings ist der Strand bei Ebbe – wegen seiner Nähe zum Wattenmeer – etwas schlickig. Und aufgrund der vielen natürlichen Schwebeteilchen im Wattenmeer ist das Wasser auch bei Flut relativ trübe.

Der Strandkorb – Freiluftsofa in steifer Brise

Er gehört zum Bild der deutschen Küste wie der Strand und das Meer. Ein Strandkorb erlaubt es, den Tag am Meer bei jedem Wetter zu genießen, er ist Windschutz und Schattenspender zugleich. In ihm kann man sogar einen kurzen Regenschauer abwettern, und das schon seit über 130 Jahren.

Allerdings hat der Strandkorb seine Wurzeln nicht an der Nordsee, sondern ist eine Erfindung der Ostseeküste: Im Jahr 1882 ging die rheumakranke Elfriede Maltzahn aus Kühlungsborn (ein damals schon bekanntes mecklenburgisches Seebad) zum Rostocker Hof-Korbmacher Wilhelm Bartelmann. Sie beauftragte ihn, ihr einen Korbstuhl zu fertigen, mit dem sie die Seeluft windgeschützt genießen konnte. Damit war der Strandkorb geboren und feierte schon bald auch an der Nordseeküste durchschlagende Erfolge. Schnell wurde aus dem windsicheren Single-Korb ein Paar-Korb, der mit der Zeit immer komfortabler wurde und ein bewegliches Oberteil erhielt. Zuletzt musste das Rohrgeflecht weichen und wurde durch witterungsbeständigeren Kunststoff ersetzt. Trotz aller Vorteile ist diese ausgesprochen praktische Erfindung eine ganz und gar deutsche Eigenheit (ebenso wie der Strandburgenbau) und konnte sich im Ausland nie richtig durchsetzen.

Sonnenfang und Windschutz

Für alle, die es einmal ausprobieren möchten – die Auswahl ist groß: 70.000 Körbe warten an den deutschen Küsten auf Urlauber, auf Norderney sind es etwa 2300. Man kann sie sowohl tageweise, als auch wochenweise mieten.

Typisch Norderney – Lokalkolorit muss wohl auch beim „Freiluftsofa“ sein: An der Ostsee sind die Körbe eher geschwungen, der Nordseekorb gibt sich eher gerade und eckig, und während andernorts die Körbe in allen Farben leuchten, sind sie auf Norderney alle vornehm – in den Farben der Inselflagge – blau-weiß gestreift.

Ostbadestrand Weiße Düne

Vielen Norderney-Fans gilt der 4 km von der Innenstadt entfernte Ostbadestrand als der schönste der Insel, der sich ungeachtet seines Namens im geografischen Norden der Insel befindet. Umgeben von einer wunderbaren Dünenlandschaft erstreckt sich ein blütenweißer, feinsandiger Strand. Obwohl zur Hochsaison Hunderte von Fahrrädern den Strandzugang vor der Weißen

Düne bevölkern und die Buslinie 5 halbstündlich verkehrt, wirkt der endlos weite Strandabschnitt nie wirklich überfüllt – allenfalls im ganzjährig geöffneten (Kult)strandrestaurant ist es mitunter schwer, einen Platz zu bekommen. Inmitten des breiten Strandes befinden sich die Strandkorbvermietung, ein Kiosk und ein Badekarren, bei dem wohltuende Massagen (für 15–28 €) angeboten werden.

FKK-Badestrand mit Strandsauna

Norderney hat als eine der wenigen Ostfriesischen Inseln ein Herz für Anhänger der Freikörperkultur. Der Strandabschnitt weit im Osten der Insel, noch hinter dem Leuchtturm, ist dafür reserviert. Passenderweise heißt das vor Ort gelegene Restaurant Oase – und tatsächlich findet sich hier am Rande einer einzigartigen Dünenlandschaft ein wunderschönes Fleckchen Erde. „Hier sall de Büx ut!", heißt es am Strandübergang auf dem Willkommensschild als sanfte Aufforderung, nun wirklich die Hüllen fallen zu lassen und „so wie Gott dich schuf" Sonne, Wind und Strand zu genießen. Natürlich werden auch hier Strandkörbe vermietet; mittendrin befinden sich – herrlich an etwas kühleren Tagen – in einem containerartigen Gebäude Norderneys Strandsauna (→ S. 97) und eine kleine Beachbar. Man erreicht den immerhin 6 km vom Ortszentrum entfernten FKK-Strand mit dem Fahrrad oder etwa stündlich mit dem Bus der Leuchtturm-Linie (Linie 4).

Hundestrände

Drei Abschnitte sind speziell für Hunde ausgewiesen, denn an den anderen Stränden ist die Mitnahme der Vierbeiner nicht erlaubt. Am zentrumsnahen Westbadestrand sind Hunde nur auf der (mit Strandkörben bestückten) Rasenfläche neben dem Damenpfad gern gesehen. Einen riesigen Hundestrand gibt es am Ostbadestrand Weiße Düne, und zwar umfasst dieser vom Strandaufgang aus gesehen den gesamten rechten (östlichen) Strandabschnitt. Ungestörtes Strandleben für die Vierbeiner gibt es außerdem am fernen FKK-Strand am links gelegenen, also westlichen Strandabschnitt. Nichtsdestotrotz herrscht auch an den Hundestränden Leinenpflicht.

Plattdeutsche Aufforderung, die Hüllen fallen zu lassen ...

Morgendliches Ritual: Strandsport am Weststrand

Aktiv auf Norderney

Der klassische Inselurlauber freut sich auf langes Strandlaufen am Flutsaum oder ist mit dem Fahrrad unterwegs. Aber auch darüber hinaus bietet Norderney jede Menge Freizeitmöglichkeiten: Vom Angeln über Beachvolleyball und Gymnastik bis zum Windsurfen ist alles dabei – dem Aktivurlaub sind kaum Grenzen gesetzt. Zudem gibt es auf Norderney eine ganze Reihe sportlicher Großveranstaltungen (→ S. 151); vielfach können sich auch Gäste und Einheimische in unterschiedlichen Sportarten und zahlreichen Wettkämpfen messen, sei es bei einem Volkslauf (Cityabendlauf) oder einem Triathlon, bei einem Golf- oder einem Reitturnier.

Auch Profis wissen die Trainingsmöglichkeiten auf Norderney zu schätzen, und das nicht nur Sportler der typischen Inselsportarten wie Windsurfen oder Beachvolleyball. So verzichtet beispielsweise der Fußballbundesligist Werder Bremen auf südliche Gefilde und bezieht schon seit 2002 in der Sommerpause (im Juli) zur Saisonvorbereitung sein Trainingslager auf der nahen Nordseeinsel (und logiert im Strandhotel Georgshöhe). Sehen kann man die Profis bei ihren morgendlichen Strandläufen, bei zahlreichen Trainingseinheiten sowie bei einem Testspiel (meist gegen eine Ostfriesland-Auswahl) auf dem Fußballplatz des TuS Norderney, bei dem bis zu 5000 Zuschauer zugegen sind. Auch andere Bundesligamannschaften haben die guten Trainingsmöglichkeiten auf der Insel schon für sich entdeckt (z. B. Bayer Leverkusen).

Angeln

Norderney ist kein klassisches Angelrevier, dennoch ist das Brandungsangeln oder das Prielangeln rund um die Insel problemlos möglich. Ein Fischereischein wäre gut, ist aber in Niedersachsen als einzigem Bundesland nicht zwingend vorgeschrieben. In den Gewässern um Norderney kann also jeder scheinfrei angeln (den Personalausweis sollte man dabeihaben). Auf allzu viel Fisch darf man aber ohnehin nicht hoffen, schließlich gibt es rings um die Insel jede Menge Seehunde, die sehr erfolgreiche Konkurrenten der Brandungsangler sind. Als das beste Inselangelrevier gelten die Buhnen der Westküste. Wer im Hafen angeln will, sollte sich vorher mit dem Hafenmeister in Verbindung setzen.

Den Hafenmeister findet man im Wassersportzentrum, von Mai bis Sept. tägl. 8–19.30 Uhr, ✆ 04932-83545; von Okt. bis April erhält man Infos im Geschäftszimmer, ✆ 04932-934852.

Beachvolleyball

Die feinsandigen Strände bieten Beachvolleyballern optimale Bedingungen. An einigen Strandabschnitten gibt es daher entsprechende Spielfelder mit Netz, die rege frequentiert werden. Mitunter wird für Jugendliche und Erwachsene ein Turnier organisiert; ansonsten kann man jederzeit einfach mit Gleichgesinnten nach Herzenslust pritschen und baggern.

Boule

Für diejenigen, die eine eher ruhige Kugel schieben wollen, ist auf Norderney auch gesorgt. Hinter dem Conversationshaus wurden unter dem Blätterdach des Kurgartens eigens schöne Boule-Spielfelder angelegt. Wer keine eigenen Kugeln dabeihat, kann sich in der Gastronomie des Conversationshauses (→ kurPalais, S. 106) Boule-Kugeln ausleihen.

Fahrradfahren

Fahrradfahren und Inselurlaub, das gehört irgendwie zusammen – und kein Zweifel, Norderney ist eine Fahrradinsel, zumal viele Gäste ihr Auto auf dem Festland zurücklassen. Das Rad ist durchaus praktisch, weil es nicht nur schöne Touren ermöglicht, sondern das morgendliche Brötchenholen beim Bäcker ebenso erleichtert wie den Weg zum Strand; vor den Strandzugängen wurden deshalb große Fahrradparkplätze angelegt. Das Fahrrad ist das am meisten in Anspruch genommene Verkehrsmittel auf der Insel. Die ist dementsprechend durch ein breites und natürlich gut beschildertes Wegenetz erschlossen, wobei man sich dank der übersichtlichen Größe ohnehin kaum verfahren kann. Extra Fahrradwege gibt es allerdings nur wenige auf der Insel, die grün markierten Wege sind im Regelfall auch für Spaziergänger bzw. Wanderer gedacht. Bitte also daran denken, dass Fußgänger hier „Vorfahrt“ haben. Ab dem Parkplatz am Ostheller ist der Inselosten ausschließlich den Fußgängern bzw. Wanderern vorbehalten. Zudem ist das Fahrradfahren auf der Kurpromenade und in der Fußgängerzone verboten.

Es liegt in der Natur der Sache, dass man beim Radfahren auf einer Nordseeinsel mit teils heftigem (Gegen)wind und auch mit dem ein oder anderen Regenschauer rechnen muss. Vor allem bei stürmischen Westwinden wird die Tour dann mitunter zur „Tort(o)ur“. Leider nehmen die Linienbusse keine Fahrräder (oder Bollerwagen) mit.

Natürlich kann man sich überall auf der Insel einen guten Drahtesel ausleihen, über zehn **Fahrradverleihe** gibt es in der Stadt. Die meisten Verleiher haben auch E-Bikes, Kinder- und Jugendräder sowie Kindersitze und anderes Zubehör im Angebot. In der Hochsaison macht es mitunter Sinn, das Rad rechtzeitig vorzubestellen (das geht allerdings nicht bei jedem Verleiher). Dass man mit den geliehenen Rädern nicht durch Sand, Salzwasser oder Schlamm fahren darf, sollte selbstverständlich sein (dann wird eine Reinigungspauschale fällig). Bei fast allen Verleihern kann man Saisonräder auch käuflich erwerben.

Radwege Die Insel verfügt über ein (Rad) wegenetz von 80 km. Drei Radrouten sind auf der Insel markiert. Es sind allerdings genau die gleichen Wege, die auch als Wanderwege ausgewiesen und als **Wald-Dünenweg** (6,3 km Länge), **Dünenweg** (6,4 km) und **Polder-Wattweg** (11,5 km) auf S. 88 kurz beschrieben sind. Die Wege sind im Inselplan, der in der Tourist-Information erhältlich ist, eingezeichnet. Der Routenverlauf ist zudem auch online unter www.norderney.de abrufbar.

Mietpreise Die Mietpreise für Leihfahrräder liegen je nach Ausstattung bei 4–6 € pro Tag, 19–29 € pro Woche und 45–48 € für 14 Tage.

Verleihstationen **Bike & Fun**, Herrenpfad 16, ✆ 0171-7913307, www.bike-und-fun-norderney.de.

Charly's Freizeitcenter (Fahrrad- und Gokart-Verleih), Im Gewerbegelände 1, ✆ 04932-2858, www.norderneyfahrradverleih.de.

Dicki Bike-Center (auch Gokarts und elektr. Rollstühle), Jann-Berghaus-Str. 62, ✆ 04932-3378, www.papenfuss-norderney.shop.co.

Grönsfeld, Langestr. 15, ✆ 04932-1610.

Jenssen, Jann-Berghaus-Str. 72, ✆ 04932-3191.

Kranich, Karlstr. 4 (Ecke Jann-Berghaus-Straße), ✆ 04932-9338290.

Kurt's Fahrradshop (keine Reservierung, auch elektr. Rollstühle und Bollerwagen), Nordhelmstr. 73, ✆ 04932-935530, www.kfs-norderney.de.

Molli (prima Service, auch Tandems und Gokarts), Luciusstr. 13 (Ecke Jann-Berghaus-Str. 72), ✆ 04932-3449.

Fahrradverleih am Denkmal (Verleih Schuko GmbH), Herrenpfad 9, ✆ 04932-990565.

RadPeter, Winterstr. 4a, ✆ 04932-990777.

Reinke's Fahrradverleih (auch Gokarts), Hafenstr. 1 (Eingang am rückwärtigen Teil des Nationalparkhauses), ✆ 04932-1326.

Fahrradverleih Durak, Hafenstr. 1 (direkt am Fähranleger), ✆ 0174-1334366.

Fahrrad-Verleih am Jachthafen (am östlichen Fluttor, nahe der Segelschule), Am Hafen 13, Infos bei G. Eberdardt (✆ 04932-2308) oder beim Hafenmeister.

Golf

Norderney hat den einzigen Dünengolfplatz der Ostfriesischen Inseln. Er liegt in sanft hügeligem Gelände etwa in Inselmitte zwischen einem Campingplatz und dem kleinen Flugplatz. Es handelt sich um einen 9-Loch-Platz, der neben dem Golfplatz Budersand auf Sylt einer von nur zwei *Links Courses* in Deutschland ist. Mit einem *Links Course* ist nicht gemeint, dass man die Bahnen linksherum spielt. Vielmehr bezeichnet dieser Begriff eine besondere Art von Golfplätzen, die sich auf sog. Linksland befinden, also in einer kargen, unfruchtbaren und normalerweise recht windigen Dünenlandschaft. Durch die schnelle Entwässerung des sandigen Dünenbodens sind die von zahlreichen tiefen Topf-

Anspruchsvoll: Links Course in den Dünen

bunkern flankierten Spielbahnen auf einem Links Course besonders trocken und die Grüns damit extrem schnell.

Der Golfclub Norderney e. V. wurde schon 1927 gegründet und zählt damit zu den ältesten Golfclubs in Deutschland. Vor Ort gibt es im Clubhaus auch einen gut sortierten Golfshop (Pro Shop) mit Verleih von (Elektro)trolleys und Leihsätzen.

Golf Club Norderney e. V., ganzjährig geöffnet (Clubsekretariat nur im Sommerhalbjahr besetzt). Mitglieder anderer Golfclubs sind willkommen und können bereits ab Handicap 54 spielen. Tageskarte 42 € (9-Loch-Greenfee 28 €), Tageskarte mit eingeschränktem Spielrecht 55 €, ausschließliche Benutzung der Driving Range 5 €. Am Golfplatz 2, ✆ 04932-927156, www.gc-norderney.de.

Gymnastik/Strandsport

Seit vielen Jahrzehnten werden – ganz traditionell – am Strand von Norderney erfrischende Gymnastik- und Kräftigungsübungen angeboten; für viele Gäste sind diese vormittäglichen Turnübungen am Flutsaum ein unverzichtbares, freudebringendes und dazu noch gesundes Ritual.

Im Rahmen des Strandsports Mai bis Okt. jeden Morgen (außer mittwochs) um 10 Uhr am Westbad und um 11.15 Uhr am Nordbad (Teilnahme kostenlos).

Hochseilgarten

Keine Frage, hier kommt Nervenkitzel auf. Auf dem Gelände des ehemaligen Freibades ist ein beeindruckender Kletterpark entstanden. Insgesamt 25 große Nadelholzstämme wurden errichtet, zwischen denen Seilbrücken und Wackelbalken gespannt sind. Groß und Klein (ab acht Jahren) kann sieben verschiedene

Kletterwege (mit jeweils zwölf Elementen) in unterschiedlichen Schwierigkeitsgraden und in variierenden Höhenstufen erklimmen. Und dabei eine schöne Aussicht auf Stadt, Strand und Meer genießen. Die höchsten Plateaus sind in der luftigen Höhe von 12 m angebracht. Geschultes Personal weist Neulinge gründlich in die Gerätschaften und Verhaltensregeln ein; dem Kletterspaß hoch über der Nordsee steht dann nichts mehr im Wege.

Während der Sommerferien Mo–Sa 10–20 Uhr, So ab 13.30 Uhr. Die Kletterzeit beträgt 3 Std. Erw. 18,50 €, Kinder 13,50 € (bis 12 J.) bzw. 15 € (13–17 J.). Kinder von 8 bis 12 J. nur in Begleitung eines Erwachsenen. Das Bistro am Kletterpark hat tägl. 10–20 Uhr geöffnet. Am Weststrand 11, ✆ 0541-99899841 (Servicebüro), www.teamotion.de.

Inlineskating

Norderney eignet sich auch für ausgedehnte Inliner-Touren, weil sich viele gut ausgebaute Rad- und Wanderwege durch die Insel ziehen. Beliebt ist derzeit der frisch geteerte und damit hervorragend zu fahrende Radweg neben der Straße vom Kiefernwäldchen im Osten der Stadt bis zum Leuchtturm. Auf der Promenade ist das Inlineskaten nicht gestattet.

Kinder und Jugendliche finden am Spielpark Kap Hoorn (→ S. 122) eine betonierte Skaterfläche mit Halfpipe und einigen Sprungelementen.

Minigolf

Es gibt zwei Minigolfanlagen auf der Insel, die von einem Betreiber unterhalten werden. Vom turniergerechten 18-Loch-Platz in den Vordünen der Georgshöhe am Januskopf hat man einen wunderbaren Blick über den Nordstrand und das Meer. Der zweite Platz mit ebenfalls 18 Löchern ist wesentlich einfacher; er befindet sich auf dem Gelände von Charly's Freizeitcenter beim Gewerbegebiet.

Tägl. 10 bis etwa 17 Uhr. Erw. 3,50 €, Kinder (bis 10 J.) 2,50 €. Minigolfplatz an der Georgshöhe oder bei Charly's Freizeitcenter (auch Fahrrad- und Gokart-Verleih), Im Gewerbegelände 1, ✆ 04932-2858, www.norderneyfahrradverleih.de.

Nordic Walking/Joggen

Norderney hat eine ganze Reihe gut befestigter Wege, die sich sowohl als Nordic-Walking- als auch als Joggingstrecken eignen. In Zusammenarbeit mit der Laufsportgruppe des Turn- und Sportvereins Norderney wurden sogar sieben besonders variantenreiche Laufsportwege entwickelt, die gleichermaßen als Jogging-, Nordic-Walking- und als Wanderrouten gedacht sind und von 2,2 bis 22 km Länge reichen. Selbstverständlich kann man auch auf allen anderen Wegen dem Laufsport nachgehen und die schöne Insellandschaft erkunden. Für eine Joggingrunde durch Norderneys Dünenlandschaft, am Deich entlang der Wattseite und durch die Inselwäldchen findet sich allemal auch ohne vorgegebene Route eine schöne Strecke. Und kilometerweit über den unendlich langen und breiten Nordstrand zu laufen gehört ohnehin zu den größten Joggerfreuden.

Nordic-Walking-Treff Im Rahmen des Strandsports wird von Mai bis Okt. tägl. um 9 und 17.15 Uhr (Mi nur um 17 Uhr) ab dem Westbad eine Nordic-Walking-Tour angeboten.

Laufsportwege Es gibt sieben mit S1 bis S7 gekennzeichnete laufsportgeeignete Rundwege: S1 Promenadenrundweg (7,7 km), S2 Naturparklauf (16,1 km), S3 Weltnaturerbelauf (22 km), S4 Südstrandpolderrunde (5,5 km), S5 Aussichtsdünenweg (6,6 km), S6 Leuchtturmrundweg (9,6 km), S7 Kurparkrundweg (2,2 km).

In der Tourist-Information (Conversationshaus) ist ein spezieller Flyer mit dem Routenverlauf dieser Rundtouren erhältlich. Eine Übersicht der laufsportgeeigneten Rundwege gibt's auch im Internet (www.norderney.de).

Reiten

Am endlosen, flachen Strand oder auf dem Wattboden entlangzugaloppieren gilt als Traum eines jeden Reiters – vielleicht nur übertroffen von einem Vollmond-Ausritt am Strand. Auf Norderney hat man zu beidem Gelegenheit. Oder aber man lässt sich hoch zu Ross gemütlich durch die Dünen tragen und genießt so die Inselnatur. Es gibt speziell markierte Reitwege; die Infrastruktur für Reiterfreunde ist somit außerordentlich gut, egal ob man das eigene Pferd mitbringt oder ob man auf dem Pferd oder Pony eines Norderneyer Reiterhofs reitet. Denn natürlich können Kinder und Erwachsene hier das erlernen, was für viele das größte Glück auf Erden bedeutet. Das Angebot reicht vom Ponyreiten für Kinder bis zur Ausbildung von Dressur- oder Springreitern.

Auch der Pferdewettkampfsport genießt auf der Insel ein hohes Ansehen. Jedes Jahr Anfang September treffen sich viele Reitsportbegeisterte zur Jagdreiterwoche. Höhepunkt ist eine Schleppjagd, also eine Art Fuchsjagd, bei der eine Hundemeute einer ausgelegten Duftspur aus Heringslake über die Dünen und über den Strand folgt, dahinter die Reiter in Jagdmontur. Und Ende September wird auf Norderney für gewöhnlich ein großes Reit- und Springturnier veranstaltet.

Reitwege Im Inselosten sind Reitrouten mit einer Gesamtlänge von fast 28 km mit orangefarbenen Pfosten markiert. Die Routen führen mitten durch die Dünen und mit Querverbindungen zum Strand. Ein Inselplan mit den Wander- und Reitwegen ist in der Tourist-Information erhältlich. Der Routenverlauf ist zudem auch online unter www.norderney.de abrufbar.

Reiterhöfe **Reitschule Junkmann**, Ausbildungsbetrieb mit Reithalle, Freiplätzen, Gästeboxen und Weiden. Die Reitschule engagiert sich auch stark in Sachen Jagdwoche und Reitturnier. Lippestr. 23 (im Osten der Stadt), ✆ 04932-92410, www.reitschule-junkmann.de.

Reiterhof Harms, Pferdepension mit Reitplatz und Weiden im Osten der Insel hinter dem Leuchtturm auf der Domäne Tünback. Es gibt auch einen kleinen Campingplatz. Am Leuchtturm 11, ✆ 04932-2108, www.reiterhof-harms.de.

Segway

Als Fahrer des futuristisch anmutenden, elektrisch angetriebenen Segways steht man zwischen zwei auf einer Achse angeordneten Rädern auf einer Plattform und hält sich an einer Lenkstange fest. Auch mit einem solchen Gefährt lässt sich die Insel erkunden; entsprechende Touren werden angeboten. Keine Angst, es ist leichter, als es aussieht, weil das Fahrzeug weitgehend selbstbalancierend ist.

LandTours, bietet nach persönlicher Einweisung eine etwa 3-stündige Inseltour an (mit Imbiss und Zwischenstopp im Café-Restaurant „Am Flugplatz"). Tägl. 9.30 und 15 Uhr, max. 5 Teilnehmer, 55 € pro Person. Knyphausenstr. 2, ✆ 04932-933995, www.landtours-norderney.de.

Tennis

Auch Tennisspieler müssen auf der Insel nicht auf ihren „weißen Sport" verzichten; schon 1894 entstand vor der Kaiserstraße eine der ersten Tennisanlagen Deutschlands. Wenngleich die windige Insel nicht immer ein Paradies für Tennisspieler ist, finden sich bei den Sportanlagen des TuS Norderney vier vom Sportheim und einem dichten Baumbestand erstaunlich windgeschützte Sandplätze, die man als Gast problemlos vor Ort mieten kann.

Tennisplätze sind beim TuS Norderney zu mieten. Buchung von Mai bis Okt. von 10 bis 11 Uhr auf der Anlage (12 € pro Std.). An der Mühle 6, ✆ 0174-9610530 (Infotelefon), www.tus-norderney.de.

Wandern

Norderney ist keine typische Wanderinsel, zu sehr dominieren die Freizeitradler. Dennoch kann man an der frischen Nordseeluft ausgiebige Wanderungen durch die Inselnatur unternehmen. Das **Wegenetz** umfasst immerhin 80 km. Dabei lässt sich gelegentlich von einer der Aussichtsdünen die Insel überblicken und das nächste Ziel anpeilen. In der Inselmitte sind viele Spazierwege noch gepflastert; vor allem im schönen und weitgehend unberührten Inselosten sind die durch die Ruhe- und Zwischenzone des Nationalparks führenden (oft sandigen) Wanderwege meist nur schmale Pfade. Sechs speziell gekennzeichnete Wanderwege hat das Staatsbad Norderney ausgewiesen. Sie sind – ebenso wie die Insel-Radwege – mit grünen Pfosten markiert (die Markierung der Reitwege ist dagegen orange). Allerdings sind diese Wanderwege keine Rundtouren, sodass bei der effektiven Wanderzeit noch der eventuelle Rückweg dazugerechnet werden muss (oder man fährt mit dem Bus zurück). Wer Rundwege bevorzugt, sollte sich lieber an die sieben (mit S1 bis S7) gekennzeichneten Laufsportwege halten, die ebenfalls problemlos erwandert werden können (→ S. 85).

Und natürlich bietet sich die Insel für kilometerlange **Strandspaziergänge** an. Fast die gesamte Inselnordseite kann man am Strand entlanglaufen (insgesamt etwa 14 km) und dabei vor allem im Ostteil der Insel fernab der Stadt die himmlische Ruhe genießen. Und auch wer nicht so lange am Flutsaum unterwegs

Treppenweg zur Aussichtsdüne

ist – das Strandlaufen ist an sich schon Erholung pur, und reichlich aerosolhaltige Seeluft gibt's obendrein. Geradezu klassisch ist der (5 km lange) Weg von der Stadt an der Nordhelmsiedlung vorbei über den sog. Zuckerpad (mit Aussichtsdüne) zur Weißen Düne (Restaurant). Über den Strand kann man dann wieder ebenso lange in die Stadt zurücklaufen.

Zu empfehlen ist ferner die **Wanderung zum Wrack** ganz im Inselosten; diese Anstrengung sollte man während des Norderney-Urlaubs einmal auf sich nehmen. Theoretisch kann man schon von der Stadt aus loslaufen, dann sind es hin und zurück jedoch 30 km Fußweg. Stattdessen ist der Parkplatz Ostheller als Startpunkt zu empfehlen, der 9 km von der Innenstadt entfernt ist. Für eine ausführliche Tourenbeschreibung → S. 89.

Streckenwanderwege Ein Inselplan mit den Wanderwegen ist in der Tourist-Information erhältlich. Der Routenverlauf ist zudem auch online unter www.norderney.de abrufbar.

Wandern im Nationalpark

1. **Planeten-Wanderweg** (3,6 km, 1 Std.): Dieser Weg ist nichts anderes als der am Stadtrand nördlich des Südstrandpolders fast schnurgerade nach Osten führende Wanderweg (Alter Postweg), an dem die in Größe und Abstand maßstabsgetreuen und mit Infotafeln versehenen Modelle der neun Planeten unseres Sonnensystems zu finden sind.

2. **Wald-Dünenweg** (6,3 km, 1:45 Std.): Vom Conversationshaus in der Innenstadt führt die Strecke vorbei an der Waldkirche durch das Kiefernwäldchen und an der Meierei vorbei über den Karl-Rieger-Weg bis zum Campingplatz Um Ost. Von dort geht es durch das Erlenwäldchen zum Flugplatz (Bushaltestelle).

3. **Dünenweg** (6,4 km, 1:45 Std.): Beginnend an der Georgshöhe führt dieser Weg an der Nordhelmsiedlung vorbei über den Zuckerpad bis zum Wasserwerk und weiter bis zum Leuchtturm (Bushaltestelle).

4. **Polder-Wattweg** (11,5 km, 3 Std.): Vom Startpunkt Conversationshaus verläuft dieser Weg immer an der Wattseite der Insel entlang bis zum Parkplatz Ostheller (Bushaltestelle). Zunächst führt der Weg über den Südwestdeich zum Hafen, dann geht es weiter um die Surferbucht und den Südstrandpolderdeich. Schließlich führt die Wanderung um den Flugplatz und den Grohepolder immer über diesen südlichen Deich bis zum Ostheller.

5. **Dünen-Heller-Weg** (12,6 km, 3:30 Std.): Vom Parkplatz Ostheller führt diese Route über den schmalen und etwas holperigen Mittelweg bis an die Ostspitze der Insel. Auf dem Rückweg kann man noch vor der Möwendüne südwärts abbiegen, dann unterhalb der Düne in den Südweg einbiegen, der zurück zum Ausgangspunkt führt. So wird die Wanderung – zumindest teilweise – zur Rundtour. Auf dieser Südroute muss man allerdings (je nach Wetter- und Gezeitenlage) mitunter ziemlich feuchte bzw. sumpfige Stellen durchqueren.

6. **Strandweg** (13,7 km, 3:30 Std.): Von der Georgshöhe geht es auf dieser Tour immer ostwärts am Strand entlang bis zur Ostspitze Norderneys. Wegen des Mangels an Straßen im Inselosten sind der Wanderung allerdings noch einmal mind. 6 km hinzuzurechnen, bis man zumindest den Parkplatz Ostheller (Bushaltestelle) erreicht.

Wanderung zum Wrack

Charakteristik: Der Hinweg erfolgt über recht unebene Dünenwege, die abwechselnd über feines Gras und Sand, teilweise aber auch über feuchten Schlick führen können. Auf dem Rückweg geht es immer am Strand entlang. **Länge/Dauer**: 15 km, ca. 5 Std. **Start/Anfahrt**: Parkplatz Ostheller (9 km von der Innenstadt entfernt); gut mit dem Fahrrad (oder Auto) erreichbar. Außerdem fährt stündlich ein Bus (Linie 4), bitte mindestens 30 Min. vorher unter ✆ 04932-927910 bei Bus Fischer bestellen. **Tourverlauf** → Karte vordere Umschlagklappe.

Wegbeschreibung: Ab dem Parkplatz Ostheller läuft man zunächst gut 1:30 Std. durch eine faszinierende Insellandschaft. Den in weiten Abständen angebrachten Holzpfosten folgend, geht es zunächst an der Senke geradeaus durch die sandigen Dünen. Dabei hält man immer auf die in der Ferne zu sehende Peilbake auf der Möwendüne zu. Nach etwa 2 km kommt man an eine Art Wegkreuzung, an der rechts ein unbefestigter (aber markierter) Pfad Richtung Watt führt und es links einen Übergang zum Sandstrand gibt. Man hält sich jedoch geradeaus und erreicht nach einem weiteren Kilometer die besagte, monumentale Peilbake auf der Möwendüne. Es lohnt sich des Ausblicks wegen, über eine Treppe die 13 m hohe Düne zu besteigen.

Nun geht es noch ein langes Stück weiter, nämlich rund 3,5 km geradeaus durch die (teilweise schlickartig feuchten) Salzwiesen bis zum Ostende, an dem seit 1967 das stark eingesandete Wrack eines Muschelsaugers liegt (→S. 71). Hier an der Ostspitze der Insel herrscht an vielen Tagen eine eigentümliche Ruhe und Einsamkeit; nur hier und da begegnet man Spaziergängern. Der Blick fällt auf die nur einen Kilometer entfernte Nachbarinsel Baltrum. Wegen der von den Gezeiten geschaffenen Strömungsrinne Wichter Ee ist das Baden oder gar Hinüberschwimmen allerdings nicht möglich. Den Seehunden und Kegelrobben macht die für Menschen absolut lebensgefährliche Strömung allerdings wenig aus. Im Gegenteil, man kann mitunter beobachten, wie diese sich – mit dem Kopf über Wasser – scheinbar genussvoll durch die Wichter Ee treiben lassen.

Am östlichen Ende der Insel angekommen, kann man nur noch nordwestlich am Strand weiterlaufen, denn im Südosten Norderneys befindet sich eine große und durch einen Zaun abgetrennte Sandbank, auf der sich Seehunde und Kegelrobben ungestört ausruhen können.

Für den Rückweg geht's nun über den endlos breiten Strand immer am Flutsaum entlang. Ein wunderbares Erlebnis! Erst nach knapp 7 km, also schon in Sichtweite des FKK-Strandes, erreicht man den (dritten) Dünenübergang, von dem es noch 1 km zurück bis zum Parkplatz Ostheller geht. Wer von hier aus einfach weiter in die Stadt laufen will, hat noch einmal 7 km Strandwanderung über den feinen Sand vor sich.

Wattwandern

Ein besonderes Erlebnis ist natürlich eine Wattwanderung, die man unbedingt einmal unternehmen sollte. Auf dem Meeresboden unterwegs zu sein ist nicht nur eine Wohltat für die Füße, sondern auch ein faszinierendes Naturerlebnis.

Strandwanderung in der Einsamkeit: Ostspitze Norderney

Aus Sicherheitsgründen sollte man das Watt aber nur in Begleitung eines staatlich geprüften Wattführers durchwandern.

Die Angebote an Wattwanderungen sind vielfältig. Für Familien mit (kleinen) Kindern empfehlen sich etwa die kurzen, ca. 1,5 km langen Familienwanderungen, die z. B. das Nationalparkhaus organisiert (zumeist in der hafennahen Surferbucht). Zudem bieten einige Wattführer etwa 4 km lange Rundgänge durch die inselnahe Wattenmeerlandschaft im Inselsüden an. Interessanter, aber auch aufwendiger sind die ca. 8,5 km langen Festlandquerungen von Neßmersiel nach Norderney bzw. je nach Gezeitenrhythmus auch von Norderney zum Festland – meist erfolgt die Wanderung allerdings vom Festland zur Insel. Auch hier geleiten die Wattführer sicher und informativ durchs Watt. Zahlreiche Tagesausflügler wählen diese Variante für einen Inselbesuch, aber auch Norderney-Urlauber unternehmen diese Streckenwanderung.

Gelaufen wird trotz winddichter Oberbekleidung mit kurzen Hosen. Barfuß laufen ist möglich, weil aber in jüngster Zeit immer mehr scharfkantige Pazifische Felsenaustern und ebenso scharfe Sandklaffmuscheln den Wattboden bevölkern, ist hier Vorsicht geboten. Zum Schutz vor Schnittverletzungen haben sich daher abwaschbare, billige Leinenturnschuhe oder besser noch Surfschuhe bewährt. Gut geeignet sind auch „Beachies“, das sind Socken mit weicher Silikonsohle (die gelegentlich von den Wattführern für ca. 9 € angeboten werden). Zur Not tut es aber auch ein Paar alte Socken. Gummistiefel sind weniger geeignet, da man mit ihnen oft im Schlick stecken bleibt. Bitte an Sonnenschutz für Kopf und Körper bzw. ggf. an eine Regenjacke (und an eine Plastiktüte für die nassen Schuhe/Socken) denken. Für die Verpflegung, Getränke und evtl. einen trockenen Pullover bzw. Schuhe zum Wechseln eignet sich ein kleiner Rucksack. Die Gruppengröße ist auf 30 Personen beschränkt.

Hinweise

Eine Wattwanderung sollte man nie auf eigene Faust, sondern nur in Begleitung eines ortskundigen Wattführers unternehmen! Denn das Watt birgt Gefahren. Gewitter (bei Gewitterlage werden geführte Wanderungen vorsorglich abgesagt), plötzlich heraufziehender Seenebel, der die Orientierung erschwert, oder stark strömende Priele, die bei einsetzender Flut unerwartet schnell volllaufen und den Rückweg abschneiden, sind nicht zu unterschätzen. Zudem ist der Spareffekt eher gering, wenn man allein unterwegs ist (oder sich in gebührender Entfernung einer Gruppe anschließt, die vom Festland nach Norderney wandert). Die Preise für Linienbusse und Fähren sind nicht viel niedriger als der Gesamtpreis einer Wattführung, und die ist nicht zuletzt meist sehr unterhaltsam und informativ – schade, wenn man das verpasst.

Info/Preise Die 4 km langen **Rundgänge im inselnahen Watt** (1:30–2:30 Std.) kosten für Erw. ca. 5 €, für Kinder 4 €, die Busfahrt hin und zurück für Erw. 3,20 €, für Kinder 2,30 €. Hunde werden nicht mitgenommen.

Die **Streckenwanderung** vom bzw. zum Festland erfolgt über Neßmersiel, das von Norddeich mit dem Bus zu erreichen ist. Man läuft von Neßmersiel etwa 2:30 Std. (gut 5 km) übers Watt und nach einer Rast weitere 50 Min. (3,5 km) zur Bushaltestelle. Insgesamt ist man rund 7 Std. unterwegs. Preis inkl. Fähr- und Bustickets Erw. 25–33 €; Kinder (8–13 J.) 18–20 €. Bitte beachten Sie, dass Kinder unter 8 J., Herz-, Kreislauf- und Asthmakranke sowie Hunde auf den Festlandquerungen nicht zugelassen sind.

Wattführer Die Angebote der Wattführer(innen) hängen in speziellen Schaukästen aus, z. B. vor der Grundschule (Jann-Berghaus-Str. 56) oder in der Tourist-Information (Conversationshaus).

Nationalparkhaus, spezielle Wattausflüge für Kinder (und Eltern), → S. 120. Am Hafen 1, Anmeldung unter ✆ 04932-2001.

Eduard Fokken, Wattrundgänge sowie Wanderungen von Neßmersiel nach Norderney. Luciusstr. 22, ✆ 04932-991155 (abends) oder 0170-4313709, www.wattwanderung-ney.de.

Wattführerin Brigitte, v. a. Wattrundgänge. Treffpunkt an der Grundschule (Jann-Berghaus-Str. 56), dort gibt's auch die aktuellen Termine. Anmeldung ist nur bei Gruppen ab 15 Personen erforderlich. Winterstr. 9, ✆ 04932-2116 (abends).

Kapitän Hugo Martens, meist Führungen vom bzw. zum Festland. Anmeldung erforderlich. ✆ 04932-990466 (abends).

Bernhard Onnen, ✆ 04932-2795 oder 0171-6777775.

Wer auf der Insel keinen Termin für seine Festlandquerung findet, kann sich auch an eine Reihe staatlich geprüfter Wattführer auf dem Festland (Neßmersiel) wenden. Die Kontaktdaten sind unter www.wattfuehrergemeinschaft.de zu finden.

Wassersport: Wind- und Kitesurfen, Segeln, Wellenreiten, Paddeln

Norderney gilt als ein schönes, wenn auch nicht ganz ungefährliches Segel- und Surfrevier; ideale Winde sind fast immer garantiert. Zahlreiche bunte Segel und auch gelegentlich die Lenkdrachen der Kitesurfer kreuzen vor der Insel – vor allem bei starkem Wellengang zeigen die Profis gerne, was sie können. Das gilt

Beliebtes Stehrevier: Surferbucht am Hafen

insbesondere für die Windsurfer; immerhin ist der 16-fache deutsche Meister und Windsurfweltmeister Bernd Flessner ein waschechter Norderneyer.

Aber man muss kein Fortgeschrittener sein, um auf Norderney der Faszination des Wassersports zu erliegen. Für Anfänger bietet die Surferbucht hinter dem Jachthafen nahezu ideale Bedingungen, denn diese ist (bei Flut) ein flaches (Steh)gewässer. Hier residiert Deutschlands größte Windsurfschule mit einem breiten Kursangebot. Wegen der strengen Auflagen der Nationalparkverwaltung ist eine Kiteschulung in diesem Gebiet allerdings nur eingeschränkt möglich: Maximal fünf Schirme können für Schulungszwecke in einem abgegrenzten Bereich genutzt werden. Darüber hinaus kann man auch geführte Kanu- oder Kajakkurse bzw. begleitete Touren buchen oder die Trendsportart Stand-up-Paddeling (S.U.P.) erlernen.

Anspruchsvolles Segelrevier: Das Wattenmeer

Natürlich kann vor der Insel auch mit Jollen oder Jachten gesegelt werden. Die Segelschule befindet sich auf dem im Hafen festgemachten, schon 1895 erbauten und ehemals in DDR-Diensten stehenden Oldtimer-Dampfer „MS Freundschaft“ (der alte Name „Deutsch-Sowjetische Freundschaft“, den das Schiff zwischen 1951 und 1990 trug, ist noch unter dem neuen Lack erkennbar).

Zudem gibt es auf Norderney Einsteigerkurse im Wellenreiten, denn bei geeignetem Wetter ist der Januskopf einer der wenigen deutschen Strände, die sich als Surfspot eignen. Auf dem weiten Strand im Inselosten kann man bei Wind und Wetter sogar gelegentlich Strandsegler (und Buggykiter) beobachten. Aus Sicherheitsgründen ist das Strandsegeln jedoch i. d. R. nur im Winterhalbjahr gestattet (Infos beim Seglerverein Norderney e.V. unter www.norderney-hafen.de bzw. bei der Kiteschule Norderney unter www.sehstuecke.de).

Tauchen kann man vor der Insel übrigens nicht. Das durch Schwebeteilchen eingetrübte Wasser und starke Strömungen lassen Tauchaktivitäten nicht zu.

Happy-Surf, hinter dem Jachthafen an der flachen Bucht gelegen (auf Stelzen stehende Holzhütten an einem eigenen kleinen Strand), hier auch Kitesurfing, Surfbrett- und Kajakverleih. Am Hafen 17, ✆ 04932-648, www.surfschule-norderney.de.

Treffpunkt Segelschule, Kurse im Opti (nur für Kinder), auf Jollen und Katamaranen, Verleih. Stützpunkt ist die „MS Freundschaft“. Dieses Schiff verfügt über 25 Kojen, sodass Jugendgruppen und andere Übernachtungsgäste hier auch wohnen können. Am Jachthafen, ✆ 04932-766, www.treffpunktsegelschule.de.

Friesensport: Boßeln und Klootschießen

Im Winter kann es passieren, dass man mitten auf der Landstraße zwischen dem Kiefernwäldchen und dem Ostbadestrand Weiße Düne plötzlich auf eine Gruppe von Boßlern trifft. Denn **Boßeln** ist ein uralter und nach wie vor außerordentlich populärer ostfriesischer Mannschaftssport, der auch auf Norderney gerne gespielt wird. Gewöhnlich treten zwei Teams von jeweils fünf bis 15 Spielern gegeneinander an. Das plattdeutsche Wort „Boßel" bedeutet ganz einfach „Kugel". Abwechselnd wird beim Boßeln eine gut 1 kg schwere Gummi-, Hartholz- oder Kunststoffkugel von 10 bis 12 cm Durchmesser in Kegeltechnik und aus vollem Lauf die Straße entlanggeworfen. Die Kugel landet dann irgendwo im Graben und wird mit langen Stangen herausgefischt. Es gewinnt die Mannschaft, die nach einer vorher festgelegten Zahl von Würfen die Boßel über die längste Strecke treiben konnte, wobei leicht ein Weg von 5 bis 10 km zurückgelegt wird.

Lange war auf der Insel auch der ostfriesische Nationalsport **Klootschießen** beliebt. Zwar führt er gegenwärtig auf Norderney ein Schattendasein, auf dem nahen Festland wird das Klootschießen jedoch nach wie vor betrieben, wenn auch weniger häufig als das Boßeln – dafür aber umso athletischer und gewissenhafter. Laut Friesischem Klootschießerverband ist das Klootschießen sogar der älteste Sport der Welt. Der Begriff kommt ursprünglich vom niederdeutschen „Kluten", was „Erdklumpen" heißt, oder auch allgemein von „Kloote" (Kugeln). Der Legende nach haben die Küstenbewohner schon die Römer mit kleinen Wurfkugeln das Fürchten gelehrt. Heute geht es darum, eine faustgroße und mit Blei gefüllte Hartholzkugel mit 20 m Anlauf und mit Hilfe eines Sprungbretts möglichst weit zu werfen. Damit die Kugel nicht auf Nimmerwiedersehen im Matsch verschwindet, wird das traditionell als Feldkampf durchgeführte Klootschießen nur bei Frostwetter ausgetragen und ist somit für die Ostfriesen der einzig wahre Wintersport. Es wird als Mannschaftssport mit sieben Werfern gespielt, die mit insgesamt 28 Würfen eine möglichst weite Strecke über die zugefrorenen Wiesen und Äcker zurücklegen müssen. Von allerlei Ritualen begleitet, kann sich so ein Wettkampf über Stunden und mehrere Kilometer hinziehen.

Ostfrieslands Nationalsport

Organisiert sind die Klootschießer und Boßler Ostfrieslands und Oldenburgs im Friesischen Klootschießerverband e. V. Gespielt wird zumeist auf Kreisverbandsebene, aber es gibt auch größere Feldkämpfe. Höhepunkt ist der traditionelle Feldkampf der „Nationalmannschaft" des Landesverbandes Ostfriesland gegen das benachbarte Oldenburg. Der Wettkampf wird (Frostwetter vorausgesetzt) einmal im Jahr ausgetragen und lockte 2012 immerhin etwa 2500 Zuschauer an (in früheren Zeiten waren es häufig über 10.000 Besucher). Darüber hinaus wird eine Europameisterschaft im Boßeln und Klootschießen ausgerichtet, an der auch Mannschaften aus den Niederlanden, Irland und Italien teilnehmen.

Infos bei der Boßelvereinigung Norderney, ✆ 04932-2742. Mitunter – wenn auch selten – wird ein „Gastboßeln" veranstaltet.

Wohlfühltempel: Thalasso-Meerwasserbad

Wellness

Dass ein Aufenthalt an der Nordsee gesundheitsfördernd sein kann, ist hinlänglich bekannt. Das Zusammenspiel von Seeklima, Sand(stränden) und Salzwasser ist wie geschaffen, um das ein oder andere Zipperlein zu kurieren oder einfach die Seele baumeln zu lassen. Das wusste man schon im Altertum, und auch heute setzt die Tourismusindustrie (wieder) auf Altbewährtes.

Norderney möchte sich europaweit als die **Thalasso-Insel** schlechthin positionieren. Immerhin ist das größte öffentlich zugängliche Thalasso-Haus Deutschlands mit dem **bade:haus** am Kurplatz schon vorhanden. Und auch einige Hotels sind auf den Thalasso-Zug aufgesprungen und warten mit eigenen Angeboten auf (z. B. das Strandhotel Georgshöhe, Hotel Seesteg, Hotel Nordseehaus). Doch nicht nur in Badehäusern oder Hotel-Wellnessbereichen findet Thalasso statt. Beim Thalasso-Gedanken geht es vielmehr um einen ganzheitlichen Gesundheitsansatz, der auf dem Zusammenspiel maritimer Naturkräfte basiert – und wo wäre dieser besser umzusetzen als auf einer Insel? Seit man vor über 200 Jahren die schon seit dem Altertum bekannte gesundheitsfördernde Wirkung des Meerwassers wiederentdeckte, nutzt man diese auf den Nordseeinseln zur Steigerung des körperlichen und seelischen Wohlgefühls. Im Grunde genommen ist schon der bloße Aufenthalt auf der Insel eine Art Thalasso-Kur. Überall kann man den Einfluss des Meeres spüren: Luft, Wasser, Sand, Schlick und nicht zuletzt das Salz – all diese Elemente gelten als gesundheits- und entspannungsfördernd.

Das gesunde und erfrischende **Klima** der Nordsee lässt sich am besten bei einem Spaziergang am Flutsaum auskosten, wenn Sie tief die aerosolhaltige Seeluft einatmen – Luft, die fein zerstäubtes Meerwasser mit einem hohen Salzgehalt enthält. Wer sich dann mit der Zunge über die Lippen fährt, schmeckt die sich darauf ablagernden winzigen Salzkristalle. Dabei gilt: Je näher am Wasser, desto höher konzentriert ist das Aerosol in der Luft. Der Aufenthalt am Meer wirkt somit wie eine Intensivkur für die Atemwege. Nebenhöhlen und Lunge werden von Schleimablagerungen befreit und die Schleimhäute gepflegt. Auch der Haut tut die Seeluft gut: Kleinste Sandpartikel in der Luft haben einen regelrechten Peelingeffekt, der Wind fördert eine stärkere Durchblutung und sorgt so für einen gesunden Teint.

bade:haus

Norderneys Schwimmbad, genauer gesagt Thalasso-Meerwasserbad, liegt zentral am Kurplatz und bezieht sein Wasser natürlich aus der Nordsee: Es wird am Weststrand aus dem Meer gepumpt, gefiltert und selbstverständlich erwärmt. Auch der für bestimmte Anwendungen zum Einsatz kommende Schlick wird direkt aus dem Wattenmeer gewonnen. Auf insgesamt 8000 m² Fläche bietet Deutschlands größtes Thalasso-Kurbad allerlei Verwöhn-, Entspannungs- und überhaupt höchst angenehme Badeerlebnisse. Zahlreiche Thalasso-Angebote können gebucht werden, wie beispielsweise ein Meersalz-Milchbad, Meersalz-Algenbad, Meerwasser-Teebad oder ein Bad mit Sanddornöl, verschiedene Massagen oder ein Meersalz-Peeling. Das bade:haus besteht aus drei Abteilungen:

Wasserebene: Zentrum der hohen Schwimmhalle ist das Bewegungsbecken (32 °C) aus dunkelgrünem Naturstein. Drum herum finden sich ein Salzbad mit einem Salzgehalt wie im Toten Meer (36 °C), ein Heißbad (42 °C), ein Kaltbad (14 °C), ein 34 °C warmes Außenbecken samt Terrasse, ein Solarium, ein Ruheraum mit Wasserbetten und heißen Steinen sowie einige Räume für Massagen und Anwendungen. Eindrucksvoll sind die hohen Wasserfallduschen, bei denen das Wasser aus sechs Metern Höhe herunterprasselt. Und natürlich gibt es auch eine Lounge (mit Speisen und Getränken).

Feuerebene: Gewissermaßen ist sie der Bereich des Schwimmbades, in dem man Wärme in allen Formen genießen kann. Von der Dampfsauna über die Bio-Sauna (55 °C) und die 90-Grad-Sauna bis zur Außensauna auf der Dachterrasse sowie Solarien ist hier alles geboten. Auch ein Schlammbad (mit original Norderneyer Schlick) kann man hier buchen. Einen Ruhebereich (mit Kamin) und einen Zugang zur Lounge gibt es natürlich auch.

Familien-Thalassobad: Seit dem Umbau im Jahr 2012 präsentiert Norderney hier das Thema Thalasso auch speziell Familien mit Kindern. Das Schwimmbad mit Meerwasser-Brandungsbecken bietet ein kindgerechtes Badeerlebnis in Wattenmeer- und Inselambiente. Viele Naturmaterialen wurden verwendet; und so gibt es einen mit Dünenkulissen, Spielinseln und einem Piratenschiff ausgerüsteten Außenbereich. Sogar eine Erdsauna findet sich hier. Höhepunkt für die Kinder ist aber sicher die Röhrenrutsche, die sich wie ein riesiger Wattwurm vom Dach bis hinunter ins Becken schlängelt. Beim Rutschen spüren die Kinder das Wasser von allen Seiten und in all seinen Formen – als Brause, Strahl oder Nebel.

Die sog. **Thalassomanufaktur** im selben Gebäude bietet unter dem Motto „Prima Klima" Mo–Fr um 11.30 Uhr (oder nach Absprache) sachkundig betreute klimatherapeutische (Bade)spaziergänge zum Westbadestrand an. Ansprechpartnerin ist Frau Rass, Klimatherapeutin nach Prof. Dr. Menger. Auskünfte unter ✆ 04932-891356, Treffpunkt ist der Eingang der Thalassomanufaktur am Südeingang des bade:haus.

Öffnungszeiten/Kontakt Tägl. 9.30–21.30 Uhr (Familienbad nur bis 18 Uhr). Am Kurplatz 3, ✆ 04932-891400, www.badehaus-norderney.de.

Eintritt Preise für jeweils 4 Std.: **Wasserebene** 16 € (Bewegungsbecken, Salzbad, Außenbecken usw.); **Feuerebene** 22 € (Saunalandschaft, Mi 14–21.30 Uhr Damensauna); alternativ kann man auf diesen beiden Ebenen (nur für Erwachsene!) auch Abendkarten oder Zeitkarten buchen (10, 20 u. 40 Std.), die dann minutenweise „verbraucht" werden.

Familien-Thalassobad Erw. 10 €, Kinder (4–17 J.) 7 €, Familie mit einem Kind 23 €, (Brandungsbecken, Wattwurm-Rutsche, Außenbereich usw.).

Thalasso – Heilung durch die Kraft des Meeres

Thalasso ist abgeleitet vom altgriechischen „thálassa" (= Meer) und bezeichnet ganz allgemein die Nutzung der maritimen Naturkräfte wie Meerwasser, aerosolhaltige Luft, Algen, Sand oder Schlick zur Steigerung des Wohlbefindens und zur Behandlung von Krankheiten.

Schon in der Antike erkannte man die heilende Kraft des Meerwassers und von Thermalquellen, woraus sich im antiken Griechenland und bald darauf im Römischen Reich eine umfangreiche Badekultur entwickelte; die römischen Badehäuser als gesellschaftliche Institution sind geradezu legendär.

Mit den Römern gelangte die Kultur der Badehäuser auch in die Gebiete nördlich der Alpen, geriet jedoch ab dem späten Mittelalter zur Zeit der großen Seuchen (Pest, Syphilis) und wegen sich wandelnder Moralvorstellungen aus der Mode. Erst durch eine Doktorarbeit des britischen Arztes Richard Russel (1700–1771) kam es um 1750 gewissermaßen zu einer Renaissance der Thalasso-Therapie. Russel erkannte und beschrieb in seiner Doktorarbeit die Heilwirkung des Meerwassers bei Lymphknotenschwellungen. In der Folge wurden – zunächst in England – Seebäder gegründet, und man gelangte zu der Erkenntnis, dass eine Thalasso-Therapie auch bei vielen anderen Krankheiten wie Rheuma oder chronischen Haut- bzw. Atemwegserkrankungen hilft.

Heute ist der Begriff Thalasso nicht geschützt; vielerorts werden Anwendungen unter diesem Label angeboten. Sie unterscheiden sich letztlich nicht von anderen Behandlungen, die wiederum ganz allumfassend unter Wellness laufen. Auf Norderney aber bekommt man mit Sicherheit das Original.

Thalasso-Kurwege

Die Norderneyer Tourismusorganisation Staatsbad Norderney GmbH hat zur therapeutischen Dosierung der klimatischen Reize zehn Thalasso-Kurwege ausgewiesen: fünf Rundtouren durch die Stadt und fünf Streckentouren, die etappenweise an der Nordküste der Insel entlangführen. Die Wege sind mit N gekennzeichnet (N1–N10) und zwischen 2,2 km (ca. 0:30 Std.) und 13,4 km (ca. 3:30 Std.) lang. Eine detaillierte Beschreibung dieser genau dosierbaren Thalasso-Kurwege finden Sie auf Hinweistafeln (z. B. am Kurplatz), in einem Flyer bei der Tourist-Information im Conversationshaus und im Internet unter www.norderney.de/wellness-thalasso. Es wird empfohlen, die Dosierung bzw.

die Länge der Touren langsam zu steigern und das Vorgehen mit dem Bade- oder Kurarzt abzusprechen.

Strandsauna

Am FKK-Strand (→ S. 79), etwa 6 km nordöstlich der Stadt Norderney, gibt es eine Strandsauna. Sie befindet sich auf dem Dach des containerartigen Servicegebäudes mitten im Zentrum des breiten Strandes und besteht aus lediglich einem schönen Saunaraum (mit großem Fenster für einen Panoramablick zur See hin) und einer Sonnenterrasse mit Liegestühlen. Und damit der Flüssigkeitshaushalt direkt wieder ausgeglichen werden kann, gibt es auch eine Beachbar vor Ort.

April bis Okt. tägl. 11–16 Uhr (im Hochsommer auch bis 17 Uhr). Wegen des begrenzten Platzangebots ist eine vorherige Anmeldung ratsam, ✆ 04932-474. Tageskarte 15 €, Leihgebühr Saunatuch 5 €. Buslinie 4 bis zur Endhaltestelle „Oase" (in der Hauptsaison etwa stündlich, in der Nebensaison etwa alle 2 Std.).

BIOMARIS-Trinkkurhalle

Dass das (maßvolle) Trinken von Meerwasser eine gesundheitsfördernde Wirkung haben kann, ist schon seit der Antike bekannt. Mit der Meerwasser-Trinkkurhalle des Kosmetikherstellers BIOMARIS direkt am Westbadestrand wird dieser Erkenntnis Rechnung getragen. Die Firma BIOMARIS mit ihrem „Meerwasser-Kurgetränk" besteht schon seit 1937, und bereits 1946 wurde auf der ostfriesischen Insel Borkum die erste BIOMARIS-Trinkkurhalle eröffnet. Mittlerweile gibt es diese Einrichtung in über 30 bekannten Nord- und Ostseebädern. Die Bandbreite der Getränke reicht vom reinen Meerestiefwasser über BIOMARIS-Limonade bis hin zu verschiedenen Meerwasser-Säften. Eine große Auswahl an Meereskosmetikprodukten rundet das Gesundheitsangebot ab.

Walking vor der Trinkkurhalle

Das verwendete Meerwasser wird aus den eisigen Tiefen des Nordatlantiks gepumpt, fernab von jeglichen schädlichen Umwelteinflüssen. Im BIOMARIS-Firmensitz in Bremen wird das Wasser dann aufwendig auf umweltbelastende Substanzen (z. B. auf Schwermetalle) untersucht, mehrstufig gefiltert und so von Mikroorganismen und anderem unerwünschten Inhalt gereinigt – die Bekömmlichkeit des erfrischenden Getränks ist also gewährleistet.

In der Hauptsaison tägl. 10–18 Uhr (Nebensaison 10–13 und 15–18 Uhr). Am Weststrand 2, ✆ 0178-7302506.

Unumstrittenes Nationalgetränk: Drei Tassen Tee sind Ostfriesenrecht!

Essen und Trinken

→ Karte hinterer Umschlag

Meistens kommt auf den Tisch, was Touristen so erwarten – und das ist auf Norderney neben den gängigen Fleischgerichten wie Schnitzel oder Rumpsteak vor allem Seefisch. Die Gerichte unterscheiden sich im Regelfall nicht wesentlich von den gängigen Fischspezialitäten anderer deutscher Küstenregionen. Und Berufsfischer gibt es auf Norderney ohnehin keine mehr. Die vor der Insel fischenden Kutter landen fast alle am Festland an. Doch auch in den Küstenhäfen Ostfrieslands geht die Zahl der Fisch- und Krabbenkutter kontinuierlich zurück. Die Nachfrage nach Fisch übersteigt zur Hochsaison jedenfalls erheblich das regionale Angebot, weshalb Scholle, Butt, Dorsch und anderes Meeresgetier, das auf den Tellern landet, zumeist genauso tiefgekühlt von großen Fangschiffen per Lkw auf die Insel gelangt wie auch im Rest der Republik.

Typisch friesische Kost

Passend zum rauen Klima wird vorwiegend deftige Hausmannskost gegessen. Leider wird dabei viel zu selten die ursprüngliche friesische Küche aufgetischt, obwohl diese doch einige Spezialitäten zu bieten hat. Nationalgericht der Ostfriesen ist der Grünkohl, der als **Ostfriesenpalme** vor allem in der Variation Grünkohl mit Pinkel, also mit einer herzhaften Grützwurst (Leber-, Blut- oder Kochmettwurst), verzehrt wird. Die Grünkohlsaison beginnt, wenn der erste Frost gekommen ist, denn dieser wandelt die Bitterstoffe des Grünkohls in Zucker um. Passend zur kalten Jahreszeit gibt es den Grünkohl nicht nur mit Koch- bzw. Grützwurst, sondern auch mit Schweinebacke oder Rauchfleisch.

Ein kulinarischer Klassiker ist auch der **Snirtjebraa,** ein scharf angebratener und dann im Brattopf geschmorter Nacken- oder Schulterbraten vom Schwein, den es früher vor allem bei häuslichen Schlachtfesten gab. Gerne verzehrt wird auch der **Grön Hein,** ein Eintopf aus grünen Bohnen mit Birnen und reichlich Speck.

Typisch für die Region ist zudem das **Labskaus,** das wohl bekannteste Seemannsgericht. Ursprünglich handelte es sich um ein typisches Resteessen, mittlerweile ist dessen Zusammensetzung natürlich standardisiert: Matjes, gepökeltes Fleisch, Rote Bete und Kartoffeln werden vermengt und mit einem Spiegelei gekrönt. Wenn Sie gerne frischen **Matjes** essen, also den einige Tage in eine milde Salzlauge eingelegten Hering, dann ist dafür der Frühsommer die beste Zeit, denn die Matjes-Heringe werden wegen des erhöhten Fettgehalts vor ihrer Fortpflanzungszeit nur Ende Mai bis Anfang Juni gefischt – dann aber in allen Variationen angeboten.

Obwohl die **Miesmuschel** nicht traditionell zu den Lieblingsspeisen der Insulaner gehört (sie galt als Arme-Leute-Essen), ist sie natürlich überall zu haben; stammt aber meist nicht von einer Abfischung im Wattenmeer, sondern aus Zuchtbetrieben. Dennoch sollte man Miesmuscheln nur in Monaten mit „r" (also von September bis April) essen, weil sich in den warmen Sommermonaten wegen der Algenblüte giftige Stoffe in den Muscheln anreichern können (vor allem das sehr schädliche Nervengift Saxitoxin). Zudem laichen die Muscheln im Sommer und schmecken daher weniger gut. Sehr selten stehen Pazifische Felsenaustern auf dem Speiseplan, obwohl das Wattenmeer voll von diesen scharfkantigen Muscheln ist, die aus der Zuchtanlage vor Sylt ausgebüxt sind und sich – ohne natürliche Feinde – prächtig vermehren. Diese Austern kann man übrigens auch als Grillspezialität (bzw. auf dem Grill gedünstet) genießen.

Was den Nachtisch angeht, so ist eine Speise in ganz Norddeutschland überhaupt nicht wegzudenken: Die aus verschiedenen Beeren zubereitete **Rode Grütt** (Rote Grütze), die gerne mit Vanillesoße serviert wird. Auch **Riesbree** (Reisbrei), also Milchreis mit Rosinen oder Beeren kann man häufig bestellen. Typisch und vielerorts im Angebot ist auch die **Friesentorte,** die es in verschiedenen Varianten gibt. Zumeist besteht sie aus dünnen Schichten von Blätter-

Panoramablick: Café Marienhöhe

teig (oder Brandteig), reichlich Sahne, Pflaumenmus und Nüssen oder Mandeln. Fast überall bekommt man auch frische **Waffeln** mit warmen Sauerkirschen und Sahne. Beliebt als Teegebäck ist der **Friesenkeks** (auch Jeversche Leidenschaft), eine zartes Backwerk aus süßem Blätterteig. Wird ostfriesische **Bohntjesopp** (oder Sienboonsupp) angeboten, so handelt es sich keinesfalls um eine kräftige Bohnensuppe, sondern um ein zum Dessert aufgetischtes Getränk, das oft zum Vanilleeis gereicht wird. Für die Bohntjesopp werden Rosinen (die „Bohnen") drei Tage lang in Branntwein mit Kandiszucker angesetzt und dann aus einer henkellosen Tasse stilecht mit dem Teelöffel „verzehrt". Traditionell wird sie weniger in den Kneipen und Restaurants, sondern eher bei Kindstaufen und Hochzeiten gereicht. Und dann wäre da noch ostfriesischer **Klütje mit Beernstipp,** ein im Wasserdampf – in ein Leinentuch gehüllt – gegarter Hefekloß mit Birnensoße oder mit ein paar leckeren Birnen und Vanillesoße.

Krabben an der Costa Granata

Wenn man es genau nimmt, ist es ein Etikettenschwindel. Die Nordseekrabbe ist nämlich gar keine Krabbe, sondern die kleinste Speisegarnele der Welt. Die hochwertige Delikatesse mit süßlich-nussigem Aroma wird in Ostfriesland Granat genannt – ja die ganze ostfriesische Küste heißt in Anspielung auf die leckeren Krabben Costa Granata.

Noch an Bord der Krabbenkutter werden die Garnelen nach dem Fang in Seewasser gekocht und bekommen dadurch ihre typische rotbraune Farbe. Am besten kauft man sie frisch vom Kutter und pult sie dann selber. Doch obwohl direkt vor der Nordwestküste von Norderney noch einige Krabbenkutter ihre beutelartigen Grundschleppnetze (sog. Baumkurren) auslegen, laden sie ihren Fang meist direkt am Festland in Norddeich ab und machen nur selten im Norderneyer Hafen fest, um ihren frischen Granat an Touristen zu verkaufen.

Denn wegen der Lohnkosten wird der überwiegende Teil der in Ostfriesland gefangenen Krabben gleich zum Pulen nach Marokko (und zu einem kleinen Teil auch nach Polen) gebracht. Krabbenpulmaschinen haben nie die erforderliche Effizienz erreicht. So ist es sehr wahrscheinlich, dass die Krabben auf einem angeblich frischen Fischbrötchen oder in der frischen Krabbenpfanne schon den langen Weg per Kühllaster von Ostfriesland nach Afrika und wieder zurück hinter sich haben – haltbar gemacht mit Konservierungsstoffen. Eine holländische Firma beherrscht diesen Markt. Das nennt man dann Globalisierung!

Sollten Sie doch einmal etwas frischen Granat erstehen können, dann brauchen Sie ein wenig Fingerfertigkeit zum Pulen. Am besten, Sie nehmen den Kopf einer gekochten Garnele zwischen Daumen und Zeigefinger der einen Hand und zupfen mit einem leichten Drehen mit dem Daumen und Zeigefinger der anderen Hand das Hinterteil ab. Das wohlschmeckende Fleisch wird auf diese Weise gewissermaßen zum Anbeißen freigelegt. Doch der Schwund ist beträchtlich: 1 kg ungepulte Krabben ergibt nur ca. 200 g gepulte Krabben.

Von Tee und Toten Tanten

Zur Kaffeezeit gibt es zwei Besonderheiten, den Pharisäer und die Tote Tante. Der **Pharisäer** verdankt seine Entstehung angeblich dem „Sündenfall“ einer nordfriesischen Inselgemeinde im 19. Jahrhundert (auf Nordstrand). Dort nämlich soll der Pastor heftig gegen die schlechte Angewohnheit seiner Gläubigen gewettert haben, Alkohol zu trinken. Also nahmen die Einwohner ihre tägliche Ration Rum heimlich zu sich, indem sie ihn in den Kaffee schütteten, den sie mit einer als Geruchsbremse dienenden Sahnehaube garnierten. Als man dem Pastor irrtümlich auf einer Feier auch eine Tasse dieses „Kaffees“ servierte, flog der Schwindel auf und der Geistliche rief daraufhin entrüstet: „Ihr Pharisäer!“ Von da an hatte das Getränk, das vor allem an kalten Tagen auch heute noch gerne getrunken wird, seinen Namen. Bei der **Toten Tante,** die in anderen Regionen eher als Lumumba bekannt ist, wird im Unterschied zum Pharisäer Kakao statt Kaffee verwendet und die Sahnehaube mit Schokostreuseln verziert.

Nationalgetränk der Insulaner ist jedoch – ganz klar – der **Tee.** Er gehört für die Ostfriesen zum täglichen Leben. Mindestens drei Minuten muss die ostfriesische Mischung aus kräftigen Assamsorten ziehen, und mindestens drei Tassen (pro Mahlzeit) sind Ostfriesenrecht, so heißt es. Bis zu sechsmal am Tag wird eine Teepause eingelegt. Etwa ein Viertel des in ganz Deutschland konsumierten Tees wird in Ostfriesland getrunken: 2,5 kg pro Kopf jährlich, zehnmal mehr als der Bundesdurchschnitt. Da reichen noch nicht mal die britischen Verhältnisse heran, das ist sogar Weltrekord. Denn ein Ostfriese trinkt damit durchschnittlich 290 Liter Tee pro Jahr, während es die Briten nur auf 213 Liter jährlich bringen.

Ostfriesische Teezeremonie

Natürlich gibt es ein festes Zeremoniell beim Teetrinken: Serviert wird die dünnwandige Kanne immer mit Stövchen. Zuerst kommt der echte Kluntje (Kandiszucker) in die Tasse, dann bringt der heiße, goldbraune Tee den Zucker zum Knistern. Nun wird mit dem silbernen Löffel die Sahne in den Tee geschüttet. Die kalte Sahne läuft im heißen Tee nach unten und steigt dann wieder – warm geworden – auf. Keinesfalls darf man den Tee umrühren! Das wäre wahrer Frevel und würde einen sofort als Dilettanten entlarven. Der Insulaner genießt seinen Tee gewissermaßen dreistöckig: zunächst die milde Sahne, dann den herben Tee und schließlich den süßen Kandiszucker. Ganz entscheidend für den Geschmack des Tees ist auch die Wasserqualität: je kalkärmer das Wasser, desto besser das Aroma.

Das, so sagt man, zweitliebste Getränk der Ostfriesen ist der **Grog,** also Rum, heißes Wasser und Zucker. Er schmeckt vor allem an kalten, stürmischen Wintertagen und wärmt von innen. Manchmal gießt der Ostfriese auch einfach Rum in seinen Tee. Der Grog ist aber keineswegs eine ostfriesische Erfindung, sondern hat seinen Ursprung in der englischen Seeschifffahrt des 18. Jahrhunderts, als zur Erhaltung der Moral an Bord große Mengen Rum verteilt wurden. Dies allerdings hatte eine zunehmende Trunkenheit auf den Schiffen zur Folge. Ein gewisser Admiral Vernon ordnete daher an, den Rum mit Wasser zu strecken, was den Matrosen gar nicht gefiel, und weil dieser Admiral angeblich stets ein wasserfestes Gewand aus derbem Grogramstoff trug, wurden er und später dann das Getränk „Old Grog“ genannt. Vielleicht kommt der Name aber auch einfach vom englischen *groggy*, denn zu viel von dem leckeren, aus Zuckerrohr hergestellten Alkohol macht auf Dauer wirklich müde.

Gerne stärken sich die Insulaner auch mit einem kräftigen **Teepunsch,** also einem mit Zucker oder Kandis gesüßten Tee mit Köm (Kümmel bzw. Aquavit). Und natürlich wird auch hierzulande nach dem Essen schon mal ein **Kruiden** (Kräuterschnaps) zur Verdauung gereicht.

Einkehrvielfalt

Das Angebot an Restaurants und Cafés auf Norderney ist ausgesprochen vielfältig, wenngleich der Übergang zwischen beidem auf der Insel fließend ist. Denn fast alle Cafés haben auch (kleine) Speisen im Angebot, und die meisten Restaurants nehmen gerne auch das nachmittägliche Cafégeschäft mit. Kein Wunder – die Mieten sind stattlich und die Hochsaison ist schnell vorüber, da kommt es natürlich darauf an, in relativ kurzer Zeit mächtig Umsatz zu machen.

Um die Saison voll auszunutzen, sind die meisten Lokalitäten in der **Hochsaison** mittags, nachmittags und natürlich abends geöffnet. Immer häufiger wird schon am frühen Vormittag geöffnet, um auch Frühstück anbieten zu können. Die Öffnungszeiten der genannten Einkehrmöglichkeiten sind nur

Treffpunkt beim Sonnenuntergang: Milchbar

dann angegeben, wenn diese außergewöhnlich sind bzw. wenn es einen Ruhetag gibt. In der **Nebensaison** muss man fast überall mit eingeschränkten Öffnungszeiten rechnen. Vielfach werden im Winter ein oder zwei Ruhetage eingeführt, teilweise ist nur am Wochenende geöffnet, mitunter wird das Lokal auch für einige Monate ganz geschlossen. Um sicher zu gehen, sollte man gegebenenfalls im Restaurant anrufen (und reservieren).

Touristenfallen mit fettigen Schnitzeln oder Bratfischgerichten und ebensolchen Pommes gibt es immer weniger. Der Gast wird anspruchsvoller, weshalb mehr und mehr gute Gaststätten, gelegentlich sogar **Spezialitätenrestaurants** eröffnen. In Letzteren kann man neben den üblichen Fischgerichten beispielsweise Gourmetküche (z. B. im N'eys), regionale Gerichte (z. B. im De Leckerbeck) oder Grillspezialitäten (z. B. im Restaurant zur Mühle) genießen. Gerade in der Hochsaison gilt jedoch: Eine Reservierung ist unbedingt notwendig, vor allem abends!

Und natürlich gibt es auf Norderney – im Gegensatz zu den anderen Ostfriesischen Inseln – auch eine veritable **Kneipenszene,** die von der Bierstube (z. B. Norderneyer Brauhaus) über Bars im Stile einer Hafenkneipe (z. B. Goode Wind) bis hin zur Musikkneipe (z. B. Rock-Café) reicht.

Der kleine Luxus

N'eys 5 Gourmetrestaurant des Strandhotels Georgshöhe. Gespeist wird im komfortablen, aber dennoch funktionell-klaren Wintergarten an festlich gedeckten Tischen mit schönem Nordseeblick. Erfolgreich schafft die Gourmetküche den Spagat zwischen friesischen Gerichten und elegant-mediterraner Leichtigkeit; wöchentlich wechselnde Karte. Nur abends geöffnet. Kaiserstr. 24, ✆ 04932-898404.

De Leckerbeck 34 Der ostfriesische Name bedeutet so viel wie „das Leckermäulchen". Tatsächlich gibt es hier v. a. ostfriesische Spezialitäten mit frischen Zutaten, zudem hat sich die Küche auf Allergiker (gluten- und laktosefreie Speisen) und Diabetiker eingestellt. Für jeden Geschmack ist also etwas dabei, z. B. als Hausspezialität eine (vielleicht etwas essiglastige) Senfcremesuppe und Snirtjebraa (deftiger Schweinebraten mit Zwiebeln), ostfriesische dicke Bohnen oder natürlich Labskaus, aber auch lecker zubereiteter Fisch oder argentinisches Rumpsteak. Restaurant auf zwei Ebenen, dessen Einrichtung durch (vorwiegend grüne) Accessoires aufgelockert wird. Kaum etwas erinnert daran, dass diese stufig verwinkelten Räume bis 1933 als Synagoge für die jüdischen Bade- und Kurgäste genutzt wurden. Es gibt auch Tische vor dem Haus, noch schöner sitzt man aber in den Korbstühlen der Dachterrasse. Mo Ruhetag. Schmiedestr. 6, ✆ 04932-990753. ■

Mathilde am Meer 65 Gehobenes Restaurant des Strandhotels Pique mit regionaler und maritimer Küche, ruhig, ein klein wenig von der Promenade zurückversetzt und dennoch mit tollem Blick von der seitlich verglasten Seeterrasse. Zur Kaffeezeit kann man hier auch einen ausgesprochen schmackhaften, selbst gebackenen Kuchen genießen (ohne Konservierungsstoffe). Am Weststrand 3–4, ✆ 04932-93930.

Leib & Seele 53 Restaurant des Inselhotels König. Innen modern mit in Acryl gegossenen, beleuchteten Stilelementen an den Wänden; außen sitzt man im Sommer wunderschön in bestem Kurbadambiente unter einer alten Kastanie auf der großen Terrasse (vor dem Hotel zwischen Kurplatz und Fußgängerzone). Abwechslungsreiche Karte mit vielen schmackhaften Fisch-, Fleisch- und v. a. Steakgerichten, aber auch leichter Küche. Sehr aufmerksames Personal. Vorab gibt es ein wenig Brot mit Olivenöl. Frühstücksbüfett auch für Nicht-Hausgäste. Bülowallee 8, ✆ 04932-8010.

››› Mein Tipp: **Restaurant zur Mühle 45** Nett und friesisch-gemütlich mit den typischen weiß-blauen Delfter Kacheln geschmückt und in der einzigen Mühle der Ostfriesischen Inseln untergebracht. Schöne

Essen und Trinken

Friesisch gemütlich: Restaurant zur Mühle

Gartenterrasse. Es gibt ein reiches Fischangebot, Grillspezialitäten und natürlich ostfriesische Spezialitäten wie z. B. Grünkohl mit Hafergrütze. Lecker sind auch die Steaks vom Norderneyer Gallowayrind und ostfriesisches Deichlamm. Mi Ruhetag. Marienstr. 24, ✆ 04932-2006. «««

»»» Mein Tipp: **Meersalz** **49** Restaurant in ruhiger Lage mitten in der Stadt: zwei Ebenen mit großer Fensterfront, davor eine einladende Terrasse mit Korbstühlen; im Innern schnörkelloses, gepflegtes Ambiente. Die mediterran angehauchte Küche ist nicht gerade preiswert, aber sehr schmackhaft. Alle Zutaten sind frisch, je nach Saison wechselt die Karte mit den edlen Vorspeisen und raffiniert zubereiteten Fisch- und Fleischgerichten; es gibt auch leckere Flammkuchen. Durch die große Anrichte ist ein Blick in die (offene) Küche möglich. Junges Team, guter Service. Bäckerstr. 4, ✆ 0172-7478733. «««

Für jeden Tag

Scheerer's Restaurant **17** Sozusagen auf zwei Ebenen gibt es hier in vielleicht zunächst etwas kühl wirkender Einrichtung gute Vorspeisen, aber v. a. prima Steaks und Fisch vom Lavagrill sowie ein Salatbüfett. Ansprechende Weinauswahl. Sie können dem Chef auf der oberen Ebene beim Kochen zuschauen (müssen dafür aber evtl. Küchengerüche in Kauf nehmen). Kinderfreundliches (Spielecke) und auch hundefreundliches Restaurant. Sie finden auch ein paar Tische vor dem Haus. Bismarckstr. 11, ✆ 04932-548537.

»»» Mein Tipp: **Das „kleine" Fischrestaurant** **37** In diesem hellen, etwas engen, aber nicht überladen wirkenden Speiselokal mit Korbstuhl-Ambiente können Sie in zwei kleinen Gasträumen (und unter nostalgischen Lampen) eine gutbürgerliche Küche im besten Sinne des Wortes genießen, v. a. geschmackvoll zubereiteten Fisch (z. B. eine Edelfischplatte und Fischsuppen), aber auch Steaks oder Vegetarisches. Eine Kinderkarte gibt es auch. Unkompliziertfreundliches Personal; auch ein paar Tische vor dem Haus. Di Ruhetag. Schmiedestr. 16, ✆ 04932-927790. «««

Land & Meer **33** Kleines, helles und gemütliches Fischrestaurant mit Korbstühlen und nur etwa 30 Sitzplätzen (sowie zwei Tischen vor dem Haus). Alle Fischgerichte (aber auch Fleischspezialitäten und Vegetarisches) werden frisch und schmackhaft zubereitet. Natürlich gibt es auch eine Kinderkarte. Nebenan befindet sich ein zum Haus gehörendes Fischgeschäft bzw. der Fischimbiss Norderneyer Fischbörse (→ „Schnelle Küche"). Jann-Berghaus-Str. 11, ✆ 04932-9910971.

Osteria Amici 38 Gut besuchter Italiener mit schmackhafter (aber nicht preiswerter), manchmal ein wenig knoblauchlastiger Küche (keine Pizzeria!). Im Erdgeschoss eines Appartementhauses aus den 1980ern gelegen; innen und außen gemütlich verwinkelt. Jann-Berghaus-Str. 4, ✆ 04932-991880.

Da Sergio 54 Modernes Ambiente, immer gut besucht. Frische und daher wechselnde, aber immer ausgesprochen leckere Fisch- und Fleischspezialitäten oder Pasta (Pizzas gibt es keine). Die Bedienung wirkt ob des regen Betriebs manchmal etwas schroff, dann wieder überfreundlich. Lobenswert ist der separate, kleine Kinderspielraum. Damenpfad 12, ✆ 04932-700.

La Grotta 24 Von außen etwas unscheinbar, aber von innen eine stilvolle Pizzeria, die mit Rundbogenambiente ihrem Namen alle Ehre macht. Die angebotenen Gerichte sind alle frisch zubereitet und damit geschmackvoll, z. B. die hausgemachte Pasta. Kinderfreundlich; mit stimmigem Preis-Leistungs-Verhältnis. Jann-Berghaus-Str. 25 (gegenüber der Grundschule), ✆ 04932-934843.

Old Smuggler 2 Große, überdachte, seitlich verglaste Terrasse (bei Bedarf mit wasserdichter Markise), innen ein rustikales Speiselokal mit einem großen, bootsförmigen Tresen. Solide, ehrliche, eher deftige Küche mit großer Auswahl und ordentlichen Portionen. Familienfreundlich. Birkenweg 24 (in der Nordhelmsiedlung), ✆ 04932-3568.

Meierei 8 Wegen seiner Lage am Ortsrand ein traditionelles Ausflugscafé und Restaurant bzw. auch geeignet als Abschluss einer (Fahrrad)tour durch den Inselosten. Große Terrasse, innen eher schlichtes Ambiente. Leckere Pfannkuchen, aber auch akzeptable (Fisch)gerichte. Lippestr. 24, ✆ 04932-81824.

Schnelle Küche

Bootshaus 63 Restaurant und Café in schöner Lage an der rückwärtigen Seite des Hafens im geräumigen Haus des Seglervereins Norderney. Pragmatisches, fast kantinenhaftes Interieur mit großer Fensterfront und ebensolcher Terrasse; Blick auf den Jachthafen und das Wattenmeer. Von der Terrasse können Sie auch den nebenan gelegenen, schönen Kinderspielplatz des Seglervereins einsehen. Vergleichsweise einfache Küche; die Bierstube Aalkuhle befindet sich im gleichen Haus. Am Hansendamm 1, ✆ 04932-2850.

Giftbude 68 Traditionsreiches Strandrestaurant und Café am Westbad. Durch die erhöhte Terrasse ist ein toller Strandblick garantiert, insbesondere bei Sonnenuntergang. Innen eher schmucklose Einrichtung (und beim Besuch des Autors nicht der beste Service). Von leckerem Kuchen über Pizza bis zum Lammrücken gibt es hier so ziemlich alles – ausgenommen Gift, der besorgniserregende Name rührt vom niederdeutschen Wort für „geben". Am Weststrand 2, ✆ 04932-991372.

Norderneyer Fischbörse 36 Hier lässt es sich gut speisen (auf Barhockern) – oder reichlich Fisch kaufen und in der Ferienwohnung zubereiten. Nebenan befindet sich das kleine Fischrestaurant Land & Meer (→ „Für jeden Tag"). Jann-Berghaus-Str. 11.

Café Cornelius 1 Neu errichtetes Strandrestaurant direkt am Nordbadestrand in exponierter Lage mit Ausblick, wo schon seit den 1920er-Jahren ein Strandcafé stand. Freundliche Lounge-Atmosphäre und eine schöne Terrasse (wenngleich beim Besuch des Autors der Service nicht überzeugte). Restaurant- und Bistroküche sowie Café; abends Cocktailbar. Am Seiteneingang befindet sich ein Fischimbiss mit Außer-Haus-Verkauf, bei dem es auch leckere Fischbrötchen gibt. Am Nordstrand 3, ✆ 04932-935111.

Café Friedrich 19 Café im gepflegten französischen Brasserie-Stil, also in puristischer Eleganz mit hellen Grautönen. Hier gibt es Frühstück, Mittagssnacks (leckere Pasta), Kuchen, und abends ist das Friedrich Restaurantkneipe mit großer Fensterfront und Tischen in der Fußgängerzone. Tischreservierung nicht möglich. Friedrichstr. 18, ✆ 04932-868980.

Gosch Norderney 58 Seit Mai 2013 gibt es in allerbester Lage am Kurplatz neben dem bade:haus nun auch auf Norderney eine Filiale des Sylter Fischpapstes Jürgen Gosch. Und natürlich achtet man auch hier auf Qualität. Innenplätze vorhanden, aber auch ein großer Außenbereich mit Blick auf das Conversationshaus. Dieser Standort hat Tradition: Schon 1923 wurde das ehemalige Wohnhaus mit Ladengeschäften zum Café Hag umgebaut (weshalb „Café Hag"-Schriftzüge noch immer an der schönen Stuckdecke erhalten sind), ab 1936 residierte hier das Central-Café. Wilhelmstr. 1.

››› Mein Tipp: **Le Pirate** 29 Seit Jahrzehnten der Fischimbiss schlechthin auf der Insel. Im Grunde genommen ist Le Pirate aber viel mehr als nur eine Fischbude mit vorwiegend Backfisch, eher schon eine kleine Fischspezialitätengaststätte mit wenigen, imbissartigen Sitzplätzen (z. B. auf der Mini-Terrasse seitlich des Lokals). Leckere Fischbrötchen gibt es natürlich auch. Winterstr. 12, ✆ 04932-934956. ‹‹‹

››› Mein Tipp: **Powers Fischkiste** 64 Vollkommen einfacher, aber leckerer Fischimbiss an der Kaimauer vor dem Jachthafen, der von Holger Rosenboom (genannt Power) betrieben wird. An Stehtischen mit Imbisshockern kann man gute Fischbrötchen, aber auch verschiedene warme Fischgerichte wie Backfisch mit Bratkartoffeln, Bratkartoffeln mit Krabben und Spiegelei oder auch eine gute Fischsuppe genießen. Auch Kaffee und kalte Getränke. Am Hafen (gegenüber der Segelschule). ‹‹‹

Weisse Düne 6 Das lang gestreckte Holzhaus am Zugang zum Ostbadestrand hat schon lange so etwas wie Kultstatus. Luftig-geräumig, ruhige Musik. Auf der Holzterrasse Bänke, innen auch gemütliche Sofas im Lounge-Ambiente und ein Kaminfeuer. In der Saison sind allerdings kaum freie Plätze zu ergattern. Vom süßen Quark bis zum Zanderfilet ist alles zu haben. Es gibt hier sogar einen Strandshop mit geschmackvollen Mitbringseln bzw. Geschenkideen (tägl. außer Mi 11–17 Uhr). Ganzjährig geöffnet und daher auch im Winter ein lohnendes Ausflugsziel (warme Küche bis 21 Uhr, kein Ruhetag). Weiße Düne 1, ✆ 04932-935717.

Oase 10 Am FKK-Strand gelegen, aber weit außerhalb des textilfreien Bereichs, sodass sich das schön in den Dünen an der Endstation der Buslinie 4 liegende Café bzw. Restaurant auch als Ausflugsziel eignet. Daher oft gut besucht (v. a. wenn die Gäste der Inselrundfahrt hier Station machen). Hier gibt es die üblichen Speisen bzw. Kaffee und Kuchen. Riesige Terrasse mit überdimensionalen Schirmen; Kaminzimmer für kalte Tage (im Winter jedoch geschlossen). Kinderspielplatz gegenüber. Konkurrenzlos im Osten der Insel gelegen und damit nicht preiswert. Nähe Leuchtturm, ✆ 04932-462.

Cafés und Bars

Café Marienhöhe 39 1856 ließ sich Königin Marie von Hannover auf ihrem Lieblingsplatz der Insel, der Hohen Düne, eine Schutzhütte errichten. Heute befindet sich hier das achteckige Café Marienhöhe (→ Foto S. 42). Mit seinem schönen Panoramablick und den weithin sichtbaren gelben Sonnenschirmen ist es ein Wahrzeichen der Insel. Innen ein etwas in die Jahre gekommenes, klassisches Kaffeehausambiente. Vorwiegend reiferes Publikum (ohne Kinder), auch Restaurant (gehobene Preise). Damenpfad 42, ✆ 04932-686.

Milchbar Norderney 27 Unmittelbar an der Nordwestspitze der Insel gelegen, genießt die Milchbar Kultstatus. Auf der loungeartigen Terrasse oder direkt auf der Promenade trifft man sich bei entspannter Musik zum Sehen und Gesehenwerden, v. a. bei Sonnenuntergang (→ Foto S. 24). Da nimmt man schon einmal lange Schlangen in Kauf, denn es herrscht Selbstbedienung (an zwei Innen- und einer Außentheke). Natürlich gibt es Milchreis, aber auch Pfannkuchen, einen Suppeneintopf und andere kleine Speisen sowie leckere Getränke (z. B. Rhabarbersaftschorle) und selbstverständlich (ab 19 Uhr) alle gängigen Cocktails; alles gut, aber natürlich alles andere als preiswert. An kalten Tagen brennt ein offenes Kaminfeuer. Damenpfad 33, ✆ 04932-927344.

Surfcafé 3 Nette und helle Strandbar, aber auch abendliche Cocktailbar mit Blick auf den Nordbadestrand, natürlich mit geräumiger Terrasse, auf der man herrlich mit Musik den Sonnenuntergang genießen kann. Auch kleine Speisen (z. B. gebackener Ziegenkäse, gute Sandwiches) im Angebot. Surfer gibt es hier am Hauptstrand allerdings eher selten. Am Januskopf 9, ✆ 04932-935750.

Café Mumpitz 26 Nettes, einfaches Straßencafé mit leckeren Waffeln und natürlich hausgemachtem Kuchen sowie v. a. einem prima zubereiteten Kaffee. Snacks wie frisch belegte Baguettes oder Brötchen gibt es auch. Tische auch in der Fußgängerzone unter der schützenden Markise. Jann-Berghaus-Str. 20, ✆ 04932-8689779.

kurPalais 62 Café bzw. Gastronomie des Conversationshauses. Schöne Tische in der repräsentativen und betriebsamen Vorhalle oder vor der Eingangstreppe, von denen man schön auf den Kurplatz schauen oder dem nahen Kurkonzert lauschen kann. Innen ein loungeartiges Ambiente, auch kleine Mittagsspeisen (wie Suppen oder Frikadellen auf Kartoffeln); abends bis 23 Uhr Bar. Im Winter Do Ruhetag. Am Kurplatz 1, ✆ 04932-934833.

Rock-Café Norderney (Die Insel) 50 Nette Kneipe mit – wie der Name verspricht – rockig-guter Musik (und nicht mit Schlagern aus der Retorte). Dunkel-gemütliches Holzambiente mit (leider) integrierten Flachbildschirmen für Musik-DVDs. Publikum meist Ü30; ab und zu Livemusik. Veranda, auf der man im Sommer beobachten kann, was sich auf der belebten Fußgängerzone so alles tut. Wedelstr. 1, ✆ 04932-84255.

››› Mein Tipp: **Nordemeyer Brauhaus** 61 In einem frisch renovierten Gründerzeithaus von 1892 wurde im Jahr 2012 ein kleines Brauhaus mit Brauerei-Gaststätte eingerichtet. Gebraut werden ein gutes Pils sowie ein Weizen im Sudkessel der Veranda und im Keller. Innen schlicht-gemütlich; die backsteinernen Wände sind teilweise sichtbar und verbreiten mit den Holztischen und viel Kerzenlicht einen besonderen Charme. Damenpfad 5, ✆ 04932-935087. ‹‹‹

Die Cocktail-Schmiede 22 Man betritt die Bar durch einen langen Eingangsflur, denn sie befindet sich in der rückwärtig gelegenen ehemaligen Dorfschmiede, an die allerdings – außer der Name – in der eher modern eingerichteten Kneipe mit großer Theke nicht mehr viel erinnert (auch TV-Sportsbar). Man hat sich hier auf Cocktails und andere hochwertige Spirituosen spezialisiert (z. B. Whisky), es gibt aber auch frische Flammkuchen. Tägl. ab 18 Uhr, bis 22 Uhr kann man den kleinen Cocktail-Garten hinter dem Haus nutzen. Schmiedestr. 8, ✆ 04932-83823.

Goode Wind 44 So etwas wie eine Kultkneipe für den abendlichen Absacker; immerhin hat die Kneipe und Cocktailbar schon seit 1956 geöffnet. Das Interieur ist naturgemäß schon etwas in die Jahre gekommen, was der gemütlichen Atmosphäre keinen Abbruch tut; ebenso wenig wie einige Petroleumlampen, die hier die Ecken ausleuchten. In dieser Nichtraucherkneipe mit großem Tresen trifft man sich zum Klönen, Würfeln oder Kartenspielen, die Musik läuft in Unterhaltungslautstärke. Tägl. 17–1 Uhr, Sa/So auch 11–13 Uhr. Gartenstr. 58a, ✆ 04932-3262.

Haifischbar 43 Kleine (Raucher)kneipe mit viel Atmosphäre. Von außen leicht an dem überdimensionalen Piraten und dem blauen Haifischwandbild zu erkennen. Eine lange Mahagoni-Theke und ein paar Sitzgruppen bestimmen die Szenerie in der Kneipe, die über und über mit maritimem Krimskrams behängt ist. Osterstr. 6, ✆ 04932-934799.

Möpken 40 Große Kellerkneipe für den späten Abend; gemütliches Ambiente, im hinteren Teil Dart-Automaten, Kicker und eine lange Reihe von Billardtischen. Hier treffen sich v. a. junge Leute, gelegentlich auch Livemusik. Nachtküche, v. a. mit Baguettes und Salaten. Vergleichsweise gutes Innenklima, denn zum Rauchen geht man vor die Tür. Tägl. 19–2 bzw. 3 Uhr. Poststr. 10 (Eingang am Rand der Einkaufspassage), ✆ 04932-869269.

Kinder willkommen

Scheerer's Restaurant: kinderfreundliches Ambiente samt Spielecke, auch Hunde sind willkommen (→ S. 104).

Das „kleine" Fischrestaurant: extra Kinderkarte und ein erfrischend unkomplizierter Umgang mit Kindern (→ S. 104).

Land & Meer: spezielle Kinderkarte – vielleicht entdeckt Ihr Kind hier, wie lecker Fisch sein kann (→ S. 104).

Da Sergio: mit separatem, kleinem Kinderspielraum (→ S. 105).

La Grotta: kinderfreundliche Pizzeria (→ S. 105).

Old Smuggler: familienfreundliches Lokal mit besonderen Mahlzeiten für die Kleinen, z. B. Snoopys Traum oder Luke Skywalkers Leibgericht (→ S. 105).

Bootshaus: Kinderspielplatz nebenan im Seglerverein, von der Terrasse einsehbar (→ S. 105).

Oase: mit Kinderspielplatz direkt gegenüber (→ S. 106).

Luxusherberge am Nordwestkopf: Seesteg Norderney

Übernachten

→ Karte hinterer Umschlag

Norderney-Urlauber schlafen für gewöhnlich in Ferienwohnungen und -häusern, zudem gibt es etwa 40 Hotels, 20 Pensionen, aber nur noch sehr wenige Privatzimmer. Günstige Alternativen sind die vier Campingplätze, zwei Jugendherbergen und einige Ferienheime. Das heißt: knapp 28.000 Gästebetten mit jährlich etwa 3,2 Mio. Übernachtungen.

Besonders in der Hochsaison verwandelt sich die Insel – salopp formuliert – in eine einzige große Ferienwohnanlage, denn der Tourismus ist nun einmal die Haupteinnahmequelle der Insulaner. Natürlich ist ein gutes Quartier für den Erholungswert entscheidend und auch auf Norderney gilt wie überall: Besonders gute Lagen haben ihren Preis. Ohnehin ist ein Inselurlaub aufgrund der hohen Transportkosten für die Dinge des täglichen Bedarfs kein preiswertes Vergnügen, wenngleich die Fährkosten im Vergleich zu den Nachbarinseln sogar noch etwas günstiger sind. Zudem gibt es auf Norderney besonders viele Stammgäste, weshalb es ratsam ist, sehr frühzeitig zu buchen. In der Hauptreisezeit werden Sie ansonsten kaum eine Unterkunft bekommen. Die besten Ferienwohnungen sind für die Hauptsaison manchmal schon über Jahre hinaus reserviert. In Hotels und Pensionen können Sie aber auch kurzfristig Erfolg haben. In der Nebensaison übersteigt das Angebot dann auch auf Norderney die Nachfrage. Dann offerieren viele Vermieter Sonderpreise. Ein Unterkunftsverzeichnis erhalten Sie bei der Tourist-Information der Staatsbad Norderney GmbH. Sie können sich dieses Gastgeberverzeichnis auch zusenden lassen oder online einsehen (www.norderney.de).

Wenn Sie in der sehr verkehrsberuhigten Innenstadt mit ihren vielen Geschäften, Hotels, Restaurants und Kneipen wohnen, dann ist der Weg zum Hauptbadestrand, dem Nordbadestrand, relativ weit (800–1000 m). Nahe dem Nordbadestrand liegt die aus einem ehemaligen Kasernengelände entstandene Siedlung Nordhelm (mit vielen Ferienwohnungen), von hier aus ist es umgekehrt wiederum relativ weit bis in die Innenstadt. Beides, also einen Strand fast vor der Haustüre und dazu eine belebte Seebadatmosphäre, finden Sie nur in der Nähe des Westbadestrandes.

Hotels, Pensionen und Privatzimmer

Was die Hotellandschaft angeht, so verfügt Norderney mit etwa 40 Hotels und knapp 20 Pensionen eindeutig über das größte Angebot an der ostfriesischen Küste, allerdings geht der Trend hin zu nobel ausgebauten Wellnesshotels, die viel Wert auf eine schicke Einrichtung (und ein erlesenes Publikum) legen. Andererseits wurden in den letzten Jahren viele Hotels zu gehobenen Appartementanlagen umgebaut. Es gibt Stimmen, die Norderney (nach Sylt) schon als die zweitteuerste Insel der Republik bezeichnen. Dennoch gibt es sie noch, die vergleichsweise einfachen, aber ordentlich-gemütlichen Gästehäuser und Pensionen mit dem Charme der Gründerzeit. Privatzimmer hingegen gibt es nur noch wenige, sie sind vorwiegend den Saisonkräften vorbehalten. Die nachfolgenden Hotels und Pensionen stellen eine Auswahl dar. Die Preise gelten für eine Übernachtung von zwei Personen im Doppelzimmer inklusive Frühstück in der Hochsaison.

****S **Strandhotel Georgshöhe** 5 Große Resortanlage (230 Betten) in bester Lage am Nordbadestrand mit hervorragend und modern-funktional ausgestatteten Zimmern und Suiten. Riesiger 4000 m² großer Wellnessbereich (mit Fitness-Resort), mehrere Saunen, zwei Sanarien (jeweils mit Nordseeblick), Meerwasseraußenpool und -hallenbad; das Highlight: eine Schneekabine zum Abkühlen nach dem Saunagang. „Restaurant am Meer" und Gourmetrestaurant N'eys mit sehr schmackhafter Küche, umfangreiches Frühstücksbüfett. DZ 215–245 €. Kaiserstr. 24, ✆ 04932-8980, 📠 04932-898200, www.georgshoehe.de.

Seesteg Norderney 32 Sehr noble, gediegene Atmosphäre und ein architektonisch gelungenes Naturmaterialien-Design in der 1886 erbauten, ehemaligen Lagerhalle für den Norderneyer Seesteg, traumhafte Lage mit ebensolchem Ausblick am Nordweststrand. Luxushotel seit 2007 mit nur 16 grandiosen Zimmern (Studios, Lofts, Penthouse-Suiten), die allerdings überaus kostspielig sind. Außenpool auf dem Dach, Wellnessbereich im Nachbarhotel (Haus am Meer). Serviertes Frühstück à la carte. Gutes Restaurant mit Showküche. DZ 270–460 €. Damenpfad 36a, ✆ 04932-893600, www.seesteg-norderney.de.

**** **Hotel Haus am Meer** 31 Das Hotel besteht aus zwei Häusern: dem Rodehuus in Alleinlage mit Backsteinfassade und Panoramafenstern und dem nahe gelegenen Wittehuus (mit Bistro) inmitten der Häuserzeile der Kaiserstraße. Beide Häuser haben einen Logenplatz an der Nordwestspitze Norderneys. Innen ist alles gediegen und doch modern und zweckmäßig. Wellnessbereich (im Rodehuus), gutes Frühstücksbüfett, Restaurant nur im benachbarten Schwesterhotel Seesteg. DZ 180–270 €. Damenpfad 35 (Ecke Kaiserstraße), ✆ 04932-8930, 📠 04932-3673, www.hotel-haus-am-meer.de.

**** **Strandhotel Pique** 65 Historisches Gebäude in traumhafter Lage direkt am Westbadestrand. Hoher Komfort mit Schwimmbad und Sauna, wohnliche, geräumige Zimmer (nur 35 Betten). Gutes Restaurant mit abwechslungsreicher Küche (auch Vollwertkost) und windgeschützter Seeterrasse. Das Hotel ist eines der ältesten Gebäude am Weststrand und entstand aus den ehemaligen Strandvillen Mathilde und Olga, die 1974 durch einen Zwischenbau verbunden wurden. DZ 154–185 €. Am Weststrand 3–4, ✆ 04932-93930, 📠 04932-939393, www.hotel-pique.de.

**** **Inselhotel König** 53 Absolut zentrale Lage zwischen Kurplatz und Fußgängerzone. Historisches Gebäude aus dem Jahr 1868, von innen komplett neu gestaltet mit einer beeindruckend hohen, atriumartigen Eingangshalle. 48 in modernem Standard eingerichtete Wohn-Schlaf-Zimmer (und zwei sehr elegante Suiten). Kleine Saunalandschaft mit Sanarium und Dampfbad. Vielfältiges Frühstücksbüfett. Zwei Restaurants und eine Bar im Haus (mit entsprechender Geräuschkulisse). Aufmerksames Personal. DZ 180–190 €. Bülowallee 8, ✆ 04932-8010, 📠 04932-801125, www.inselhotel-koenig.de.

Zimmer mit Aussicht: Strandhotel Pique am Westbadestrand

››› Mein Tipp: **Hotel Haus Norderney** 48 Gepflegt-modernes Ambiente in einer denkmalgeschützten Villa (Baujahr 1927) hinter dem Kurtheater, die von reichlich Grün (Blumen und Stauden) umgeben ist. Absolut zentrale und dennoch ruhige Lage, nur zehn in Pastellfarben gehaltene, moderne Zimmer. Zum Entspannen setzt man sich ins Kaminzimmer im angebauten Pavillon (der auch als Frühstücksraum dient), auf die Sonnenterrasse oder in die Sauna. Fahrräder sind im Zimmerpreis enthalten. DZ 120–188 €. Janusstr. 6, ✆ 04932-2288, ℻ 04932-83617, www.hotel-haus-norderney.de. ‹‹‹

Haus Margarete am Meer 20 Tolle Lage direkt in der Häuserzeile der Kaiserstraße. Terrasse mit Meerblick (und geschützte Sonnenterrasse zur Landseite). Helle, freundliche Gästezimmer. Nichtraucherhotel, reichhaltiges Büfett im Frühstücksraum mit Holzvertäfelungen und Laminat, kein Restaurant. DZ 100–122 €. Kaiserstr. 2, ✆ 04932-92800, ℻ 04932-81443, www.haus-margarete-am-meer.de.

Landhuis am Denkmal 18 Kleines, familiäres Gästehaus hinter historischer Fassade, jedoch nicht im alten Stil, sondern geschmackvoll mit Naturholzmöbeln eingerichtet. Das gilt auch für die zwölf Landhausstil-Zimmer (mit bauartbedingt kleinen Bädern). Die Zimmer zum Hof sind deutlich ruhiger als die zur Fußgängerzone. Tagsüber auch ein nettes Café-Restaurant mit mediterraner Küche, Terrasse. DZ 110–170 €. Friedrichstr. 21, ✆ 04932-93830, ℻ 04932-938330, www.landhuis-norderney.de.

Hotel Ihnken 52 Traditionsreiches, familiengeführtes Hotel in zentraler Lage zwischen Stadt und Strand. Zunächst geht es eine steile Treppe zu den Zimmern im restaurierten Altbau hinauf; die (etwas hellhörigen) Zimmer sind daher nicht allzu groß. Reichhaltiges und gutes Frühstücksbüfett. Das Frühstück wird allerdings oft in dem in der Nähe liegenden Hotel Haus Cornelius serviert, das ebenfalls der Eigentümerfamilie gehört. Preise je nach Größe und Ausstattung (DZ 70–158 €), HP auf Anfrage. Vorkasse nicht unüblich. Damenpfad 14, ✆ 04932-93430, ℻ 04932-934321, www.hotel-ihnken.de.

››› Mein Tipp: ** **Haus Tjarks** 23 Zentral und dennoch ruhig gelegene Frühstückspension im Gründerzeitstil (21 Betten). Ordentliche, wegen der alten Bausubstanz ein wenig hellhörige Zimmer, leckeres Frühstücksbüfett, das kaum Wünsche offen lässt, gutes Preis-Leistungs-Verhältnis. Herr Tyarks führt das Haus mit Ruhe und Bedacht (und ohne E-Mail). DZ 82–92 €. Heinrichstr. 10, ✆ 04932-91190, ℻ 04932-84169, www.haustjarks.de (→ Foto S. 11). ‹‹‹

Pension Boomgaarden 11 Einfache, aber ordentliche Frühstückspension in einem schönen, klassischen Gästehaus mit kleiner Veranda, Waschbecken im Zimmer, aber Etagendusche. Nur von April bis Okt. geöffnet. DZ 61–63 €. Roonstr. 4 (in Nachbarschaft einer hohen Appartementanlage), ✆/📠 04932-2823, www.boomgaarden-norderney.de.

Caritas Inseloase 55 Eines von vier von der Caritas betriebenen Häusern auf Norderney (15 EZ und 22 DZ). In diesem 1928 erbauten und grundsanierten Gästehaus mit integrativem Charakter können sich behinderte und nicht behinderte Menschen, Familien oder Einzelreisende (auch Senioren) erholen, Gemeinschaft erleben und einmal richtig auftanken. HP und VP buchbar. Preis auf Anfrage (DZ ca. 90 €). Marienstr. 18, ✆ 04932-934110, www.caritas-gesundheitszentrum.de.

Haus am Weststrand 67 Von außen eine noble Gründerzeitvilla in Toplage direkt an der Weststrand-Promenade (→ Foto S. 63). Innen im Stil eines typischen Freizeithauses, denn ab den 1920er-Jahren wurde das Haus zunächst als Kinderheim genutzt, seit 1972 ist es Freizeit-, Erholungs- und Tagungshaus der evangelischen Kirche (Ev. Kirchenkreis Hattingen-Witten). 52 helle, aber vergleichsweise einfache Zimmer (mit Dusche und WC), einige Zimmer im Gästehaus. Zustell- bzw. Kinderbetten auf Anfrage. Vielseitige Vollwertkost, auch vegetarische oder Diätkost möglich. DZ inkl. VP 120–150 €. Auf Wunsch auch ÜF oder HP. Weststrand 1, ✆ 04932-84060, www.haus-am-weststrand.de.

Ferienwohnungen

Das Angebot an Ferienwohnungen ist riesig: Es gibt (vor allem im örtlichen Gastgeberverzeichnis) alle denkbaren Kategorien, vom Nobelappartement in Traumlage bis zur mehr oder weniger als Absteige zu bezeichnenden Unterkunft. Heruntergekommene Ferienwohnungen sind allerdings wirklich die Ausnahme; der Standard der meisten Ferienwohnungen ist nicht zu beanstanden. Wer gerne ein Ferienhaus möchte, sieht sich jedoch einer sehr beschränkten Auswahl gegenüber.

Wegen der wirklich unüberschaubaren Fülle von Ferienwohnungen wird im Folgenden auf entsprechende Hinweise verzichtet – jede Auswahl würde auf Zufall beruhen. Auf Norderney gibt es einen zentralen Gästeservice der Staatsbad Norderney GmbH, bei dem Sie jederzeit ein Gastgeberverzeichnis anfordern können. Wer entsprechende Angebote einholen möchte, ist hier an der richtigen Adresse. Es haben sich aber neben der Staatsbad Norderney GmbH auch noch einige andere Vermittlungsbüros auf der Insel etabliert – natürlich jeweils mit einer eigenen Homepage. Zudem gibt es auch eine Reihe von überregionalen Vermietungsportalen für Ferienwohnungen, die oftmals auch Norderney im Angebot haben. Manch Internetseite zu Norderney vermittelt auch Unterkünfte (→ S. 154). Bedenken Sie bitte, dass vor allem schön gelegene Ferienwohnungen schon frühzeitig gebucht werden müssen. In den Schulferien ist es ansonsten fast aussichtslos, kurzfristig noch eine adäquate Wohnung zu finden.

Zentraler Gästeservice **Staatsbad Norderney GmbH**, Tourist-Information im Conversationshaus, Am Kurplatz 3, 26548 Norderney, ✆ 04932-8910, www.norderney.de (sehr umfangreich und informativ).

Zimmervermittlung ✆ 04932-891300, E-Mail: zimmervermittlung@norderney.de.

Private Zimmervermittler **Norderney-Zimmerservice**, Vermittlung von etwa 150 Ferienwohnungen (aber auch Hotelzimmern), v. a. online buchbar. Jann-Berghaus-Str. 59, ✆ 04932-3371, www.norderney-zimmerservice.de.

He! Norderney, Online-Such-&-Buch-Service der Fischpresse GbR (und der Medienagentur Kai Lahme) mit einem guten Angebot an Ferienwohnungen, Hotels und Pensionen. Winterstr. 6, ✆ 04932-991899, www.he-norderney.de.

Norderney Adressen, Online-Quartiervermittlung mit mehreren Hundert Angeboten von Ferienwohnungen, Hotels oder Pensionen (keine telefonische Buchung möglich). Schmiedestr. 12, ✆ 04932-1488, www.norderney-adressen.de.

Norderneyer Wohnungs-Service, Vermietung und Verwaltung von Ferienwohnungen und -häusern seit 1997. Roonstr. 7, ✆ 04932-927656, www.ferienwohnung-norderney.de.

Logisservice Norderney, Ferienwohnungsportal mit zahlreichen Angeboten. Viktoriastr. 12, ✆ 04932-542, www.logisservice.de.

Appartementservice Wiezer, Vermittlung von Wohnungen in etwa 10 Appartementhäusern der Stadt. Luisenstr. 25, ✆ 04932-83599, www.appartementservice-wiezer.de.

Ferienwohnung Vermittlung Krebs, Vermittlung von etwa 20 Ferienwohnungen bzw. -häusern. Poststr. 2, ✆ 04932-860045, www.wohnungen-norderney.de.

Norderneyer Vermietbüro, kostenlose Vermittlung von etwa 30 Ferienwohnungen bzw. einigen wenigen Hotels und Pensionen. Knyphausenstr. 15, ✆ 04932-92999, www.norderney-vermietbuero.de.

Jugendherbergen

Auf Norderney gibt es zwei Jugendherbergen, eine davon mit Zeltplatz. Vor allem Jugendgruppen kommen hier unter, die Herbergen können aber von allen Altersgruppen und somit auch von Familien gebucht werden (Ein- und Zweibettbelegung möglich). Eine Jugendherberge liegt zentrumsnah, die andere vergleichsweise einsam in der Inselmitte. Beide sind gut mit den öffentlichen Bussen erreichbar. Voraussetzung für die Übernachtung ist ein gültiger Jugendherbergsausweis (bis 26 J. 12,50 € pro Jahr, ab 27 J. und Familien 21 € pro Jahr). Infos unter http://jugendherbergen-nordwesten.de.

Jugendherberge Norderney Nordsee **35** Relativ zentrumsnah nahe dem Wasserturm gelegen; eingerichtet in dem Gebäude, das bis 2007 die Inselklinik war. 262 Betten in renovierten Ein- bis Achtbettzimmern; klimaneutral zertifizierte Jugendunterkunft. Innenstadt, Strand und Hafen sind etwa gleich weit (bzw. nah) entfernt. Ausschließlich VP mit Lunchpaket ab 34,50 €. Mühlenstr. 1, ✆ 04932-840900, 04932-840477, www.jugendherberge.de/Jugendherbergen/Norderney700/Portraet. ■

Jugendherberge Norderney Dünensender **9** Etwa auf halber Strecke zwischen

Einsame und schöne Lage: Campen auf dem Jugendzeltplatz Dünensender

Stadt und Leuchtturm (Flugplatz) im Dünenrand gelegen. 210 Betten in Zwei- bis Zehnbettzimmern. 20 Min. zu Fuß zum Strand, in die Innenstadt zu Fuß 1 Std. (Busverbindung). Großer Jugendzeltplatz anbei (dieser ist von Mai bis Sept. geöffnet, kein Selbstversorgerzeltplatz). Ausschließlich VP mit Lunchpaket ab 32,20 €. Am Dünensender 3, ✆ 04932-2574, ✆ 04932-83266, www.norderney-duenensender.jugendherbergen-nordwesten.de.

Campingplätze

Im Gegensatz zu manch anderen Ostfriesischen Inseln sind auf Norderney auch Campingfreunde gern gesehen. Auf der Insel gibt es gleich mehrere Campingplätze, die auch Wohnmobile aufnehmen. Nur einer der Campingplätze befindet sich in der Stadt, die anderen liegen im ruhigen Inselosten. Die Jugendherberge Dünensender verfügt über einen eigenen Zeltplatz.

Camping Booken **4** Ein vielleicht ein wenig steril wirkender Platz im Nordosten der Stadt (am Kiefernwäldchen), nur 350 m vom Nordbadestrand entfernt. Ganzjährig geöffnet. Zelt 5–15 €, Caravan/Wohnmobil 7,50–15 €, Erw. 7 €, Kinder bis 7 J. 3 €, Abfallgebühr 0,75 € pro Pers. Waldweg 2, ✆ 04932-448, ✆ 04932-478, www.camping-booken.de.

Campingplatz Um Ost **12** In den Salzwiesen neben dem Golfplatz am Rande der Dünen mit herrlichem Blick aufs Wattenmeer und das Festland. Etwa 4 km vom Ortszentrum entfernt (Bushaltestelle). Zelt 5 €, Caravan/Wohnmobil 6 €, Erw. 6 €, Kinder 2,50 € (2–5 J.) bzw. 4 € (6–14 J.). Am Golfplatz 3, ✆ 04932-618 und 710, ✆ 04932-84155, www.campingplatz-umost.de.

Campingplatz Domäne Eiland **15** 1 km hinter dem Leuchtturm wunderschön ruhig im Inselosten am Rande einer Dünenlandschaft gelegen. Bis in die 1970er-Jahre ein Milchwirtschaftbetrieb, seitdem Camping- und Reisemobilplatz. Badestrand (auch FKK) hinter den Dünen (15 Min. Fußweg), Kiosk. 7 km zur Ortsmitte (Bushaltestelle). Zelt ab 4 €, Caravan/Wohnmobil 7 €, Erw. 6 €, Kinder bis 14 J. 4 €. Am Leuchtturm 10, ✆ 04932-2184, ✆ 04932-83588, www.camping-eiland.de.

Camping Spilak **7** Der Campingplatz für Pferdefreunde, da eine Pferdepension mit Stallungen angeschlossen ist. 7 km zur Stadt, nahe dem Leuchtturm gelegen. Zelt kostenlos, Wohnmobil 3–5 €, Erw. 9 €, Kinder bis 12 J. 4,50 €. Am Leuchtturm 9, ✆ 04932-2174, ✆ 04932-990674, www.camp-ney.de.

Kletterspaß am Weststrand: Abenteuerspielplatz und Hochseilgarten

Norderney mit Kindern

Sand und Kinder, das passt eigentlich immer und sorgt für einen unbeschwerten Familienurlaub. In der Ferienzeit zieht es daher zahlreiche Familien auf die Insel. Und es gibt einiges zu entdecken: zunächst natürlich die Strände und die obligatorischen Spielplätze, aber auch kommerzielle Highlights – wenn auch weniger als in anderen Urlaubsregionen – wie z. B. ein Freizeitbad, einen Hochseilgarten und das Nationalparkhaus. Man kann im Watt wandern oder einen Ausflug zu den Seehundbänken unternehmen. Nicht zuletzt im Interesse stressgeplagter Eltern gibt es aber auch ein spezielles Aktions- und Animationsprogramm sowie eine Kinderbetreuung, bei der die lieben Kleinen ein paar Stunden abgegeben werden können. Außerdem kann man spezielle Kinderarrangements buchen, und eine eigene Kinderkurdirektorin kümmert sich um die Belange von Kindern. Alles in allem bemühen sich die Verantwortlichen sichtlich, auch für die Kleinsten die Attraktivität der Insel zu erhöhen, um so mehr Familien anzuziehen. Schließlich sind die Urlaubskinder von heute die Stammgäste von morgen.

Wenn die Sonne lacht …

Bei schönem und trockenem Wetter ist der Strand ein riesiges Spielparadies; Sand und Meer laden dann zum Burgenbau und Badefest ein. Und wer genug gebuddelt und Muscheln gesammelt hat, kann sich bei zahlreichen weiteren Angeboten austoben.

Strandpiraten und Badenixen

Der Uferstreifen von Norderney gleicht am West- und am Nordbadestrand teilweise einer einzigen riesigen Sandkiste. Mit Eimer und Schaufel ausgestattete Kinder spielen dort oder bauen Sandburgen; ringsherum reihen sich blauweiße Strandkörbe aneinander, von denen aus die Eltern immer einen Blick auf die Kleinen haben. Zudem hat Norderney sehr flache und feinsandige Strände, an denen die Kinder im flachen Wasser planschen können.

Aber Vorsicht, vor allem am Nord- und am Ostbadestrand ist die Brandung gelegentlich erheblich. Und in tieferem Wasser kommt noch eine relativ starke Strömung hinzu. Deshalb ist an den Stränden das Baden nur in speziellen bewachten Badezonen erlaubt (→ S. 76). Das gesicherte Badefeld ist mit großen, von Fähnchen gekrönten Holzpfosten markiert, zwischen denen ein Seil gespannt ist. Die Strandrettung signalisiert durch eine gehisste grüne Flagge, dass der Posten besetzt und das Badefeld bewacht ist. Dennoch müssen Eltern natürlich auf ihre Kinder achten. Wegen der hohen Wellen und vor allem wegen der starken Strömungen sollten sich Kinder auch nicht zu weit vom Ufer entfernen. Am besten ist es, wenn die Kinder bei auflaufendem Wasser baden.

Luftmatratzen und ähnliche Schwimmutensilien haben allenfalls am Strand, auf dem Wasser aber nichts zu suchen. Sie sind in der Nordsee geradezu gefährlich. Durch Wind und Strömung wird man nur allzu schnell in gefährliche Gewässer abgetrieben. Zurückschwimmen ist dann oft nicht mehr möglich. Auch Flossen oder Schnorchel kann man getrost zu Hause lassen. Die teils heftigen Wellen am Nordbadestrand und das durch Sedimente oft ein wenig trübe Wasser am Westbadestrand machen beides im Grunde genommen überflüssig.

Von Mai bis September gibt es täglich (außer mittwochs) um 12.15 Uhr am Nordbad Kinderspaß am Strand, eine gute Gelegenheit, mit Gleichgesinnten herumzutoben und neue Freunde kennenzulernen. Angeboten werden z. B. Strand-, Lauf-, Staffel- und Kreisspiele oder auch Spiele mit dem Sprungtuch. Eine Anmeldung ist nicht erforderlich (im Zweifel zur Strandaufsicht gehen), und die Teilnahme ist kostenlos.

Rutsche, Schaukel und Co.

Einfach auf den Spielplatz gehen, das ist auf Norderney eigentlich kein Problem; überall in der Stadt finden sich kommunale Kinderspielplätze. Direkt im Sand des Westbadestrands gibt es einen riesigen Abenteuerspielplatz; weitere schöne Spielplätze sind über die Stadt verteilt, und am neuen Kurpark finden Sie den kostenlosen In- und Outdoor-Spielpark Kap Hoorn. Die Kinderspielplätze sind im Kinder-Stadtplan (→ S. 116/117) verzeichnet.

Piratenspielplatz am Weststrand: sehr beliebter Platz mit Kletterschiff, Schaukeln und Rutschen. Nebenan befindet sich die Trampolinanlage (→ S. 118).

Spielplatz am Kap: großer Abenteuerspielplatz mit Bolzplatz gegenüber dem Norderneyer Wahrzeichen. Nebenan gibt es ein privates, ein wenig skurriles Kleintiergehege (mit Einwurf für eine Futterspende), das recht eigenwillig mit Gartenzwergen, Puppen und einer Modellbaulandschaft geschmückt ist. Bürgermeister-Willi-Lührs-Straße.

Spielplatz am Nordstrand: Auch am Nordbadestrand sorgen einige Spielgeräte für Spiel- und Kletterfreuden.

Kap Hoorn: Kinderspielhaus (→ S. 122).

Spielplatz an der Grundschule: einige, frei zugängliche Spielgeräte auf dem Schulhof der Grundschule, in der etwa 200 Kinder unterrichtet werden. Jann-Berghaus-Str. 56.

Spielplatz Up Süderdün: kleiner Spielplatz im Wohngebiet.

Spielplatz Südhoffstraße: ebenfalls ein nur kleiner Platz im Wohngebiet.

Zudem gibt es noch einige private Plätze bzw. Klettergeräte an Schul- und Freizeitheimen sowie anderen Einrichtungen. Schön ist beispielsweise auch der **Kinderspielplatz am Jachthafen** (beim Restaurant Bootshaus).

Dem Wattwurm auf der Spur

Eine Wattführung auf dem matschigen Meeresboden ist gerade für Kinder ein besonderes Naturerlebnis. Denn entgegen dem ersten Eindruck gibt es immer etwas Neues zu entdecken – nicht nur Muscheln und Krebse. Das Wattenmeer ist so etwas wie ein Naturwunder, das man unbedingt einmal erleben sollte. Einige Anbieter veranstalten spezielle Wattführungen für Kinder. Insbesondere das Nationalparkhaus bietet daneben weitere Aktivitäten wie das Beobachten von Vögeln oder den Blick durchs Mikroskop auf die Wattbewohner (→ S. 121). Längere Wanderungen, z. B. vom Festland (Neßmersiel) nach Norderney, sind allerdings erst für Kinder ab acht Jahren geeignet. Alles Wissenswerte zum Thema Wattwandern wie Veranstalter, Ausrüstung und Routen finden Sie auf S. 90/91.

Ausflug zu den Seehundbänken

Für das Erlebnis einer kleinen Seereise braucht es keinen langen Tagesausflug zu einer der Nachbarinseln (→ „Ausflüge“, S. 126). Bei Familien ist stattdessen die Fahrt zu den Seehundbänken beliebt: sozusagen eine kleine Raubtiersafari mit fachkundigen Erläuterungen über die Seehundpopulation im niedersächsischen Wattenmeer. Los geht es meist bei Niedrigwasser, weil dann die Sandbänke der Seehunde deutlich aus dem Wasser ragen. Das Ausflugsschiff MS Frisia X fährt zunächst südlich der Insel zu einer Sandbank etwa in Höhe des Leuchtturms – dort liegt normalerweise ein Rudel Seehunde hübsch gleichmäßig verteilt. Für die genauere Beobachtung empfiehlt sich ein Fernglas (oder ein starkes Teleobjektiv). Anschließend dreht das Schiff je nach Wind- und Wetterbedingungen noch eine Runde um den Westteil der Insel,

Spielparadies für Kinder: Seehund am Kap Hoorn, Strand und Wellen …

damit Sie die Skyline Norderneys auch einmal von der See aus bewundern können. Insgesamt ist die Frisia X ca. 1:30 Stunden unterwegs.

Anbieter der Erlebnisfahrten zu den Seehunden ist **Cassen-Tours**, eine Tochtergesellschaft der AG Reederei Norden-Frisia. Erw. 14 €, Kinder (4–11 J.) 7 €. Fahrkarten gibt es ca. 30 Min. vor der Abfahrt direkt am **Touren-Treff** (Container) am Hafen oder auch im **Haus Schiffahrt**, Bülowallee 2, ✆ 04932-9131313 und im **Reisebüro Norderney**, Am Kurplatz 3, ✆ 04932-8689991. Infos und Fahrplan unter www.cassen-tours.de oder unter www.reederei-frisia.de.

Hochseilgarten: Kletterspaß am Meer

Wer für ein paar Stunden Tarzan spielen möchte, hat hierzu im Hochseilgarten Norderney Gelegenheit. Auf dem Gelände des früheren Freibades ist für Groß und Klein (ab acht Jahren) ein beeindruckender Kletterpark entstanden. Insgesamt 25 große Nadelholzstämme wurden errichtet, zwischen denen Seilbrücken und Wackelbalken gespannt sind.

Kinder und Erwachsene können hier sieben verschiedene Kletterwege (mit jeweils zwölf Elementen) in unterschiedlichen Schwierigkeitsgraden und in variierenden Höhenstufen erklimmen. Und das alles bei einer wirklich tollen Aussicht auf Stadt, Strand und Meer. Die höchsten Plateaus sind in der luftigen Höhe von 12 m angebracht. Wer sich zum ersten Mal an den Parcours heranwagt, erhält eine gründliche Einweisung in die Gerätschaften und Verhaltensregeln; dem Kletterspaß für die ganze Familie steht dann nichts mehr im Weg.

Während der Sommerferien Mo–Sa 10–20 Uhr, So ab 13.30 Uhr. Die Kletterzeit beträgt 3 Std. Erw. 18,50 €, Kinder 13,50 € (bis 12 J.) bzw. 15 € (13–17 J.). Kinder von 8 bis 12 J. nur in Begleitung eines Erwachsenen. Das Bistro am Kletterpark hat tägl. 10–20 Uhr geöffnet. Am Weststrand 11, ✆ 0541-99899841 (Servicebüro), www.teamotion.de.

Trampolin: Große Sprünge für junge Hüpfer

Trampolinspringen ist für Kinder eine wunderbare Möglichkeit, sich hemmungslos auszutoben. Direkt an der Promenade am Westbadestrand (beim Spielplatz) befindet sich eine schöne Anlage mit zehn Sprungfeldern, gesprungen wird barfuß bzw. mit Socken. Kinder mit der NorderneyCard dürfen hier sogar einmal kostenlos trampolinspringen. Am Nordbadestrand steht wäh-

… „Klettern" am Deckwerk der Promenade und Spaß beim Minigolf

rend der Hochsaison (von Juni bis August) zudem ein Bungee-Trampolin. Kinder (und Erwachsene) können dort an einem Bungee-Seil in einem Sitzgurt hängend riesige Sprünge wagen und einen Salto versuchen.

Trampolin Westbadestrand, 6 Min. 1,50 € (Mittagspause von 13 bis 15 Uhr); **Bungee-Trampolin Nordbadestrand**, 7 Min. 6 €, 10er-Karte 40 € (nur für Personen von 15 bis 80 kg).

Minigolf für kleine Golfer

Es gibt zwei Minigolfplätze auf der Insel. Einzigartig ist der 18-Loch-Minigolfplatz in den Vordünen der Georgshöhe am Januskopf. Während des Spiels auf dieser turniergerechten Anlage hat man einen wunderbaren Blick über den Nordbadestrand und das Meer. Der zweite, wesentlich einfachere Platz mit ebenfalls 18 Bahnen befindet sich auf dem Gelände von Charly's Freizeitcenter beim Gewerbegebiet (hier gibt es auch einige mit Wertmarken betriebene Kinderspielgeräte wie z. B. Elektroboote oder Elektromotorräder). Beide Plätze werden vom gleichen Betreiber unterhalten.

Tägl. 10 bis etwa 17 Uhr. Erw. 3,50 €, Kinder (bis 10 J.) 2,50 €. Minigolfplatz an der Georgshöhe oder bei Charly's Freizeitcenter (auch Fahrrad- und Gokart-Verleih), Im Gewerbegelände 1, ✆ 04932-2858, www.norderneyfahrradverleih.de.

Das größte Glück der Erde …

… liegt auf dem Rücken der Pferde! Norderney ist eine reiterfreundliche Insel (→ S. 85). Natürlich gibt es auch spezielle Reitkurse bzw. Reitunterricht für Kinder. Und es dauert gar nicht lange, da können die Nachwuchsreiter schon ihren ersten Ausritt zum Ostbadestrand unternehmen.

Reitschule Junkmann, Ausbildungsbetrieb mit Reithalle, Freiplätzen, Gästeboxen und Weiden. Lippestr. 23 (im Osten der Stadt bei der Meierei), ✆ 04932-92410, www.reitschule-junkmann.de.

Frischer Wind und bunte Drachen

Immer wieder ein Erlebnis – und zudem ein preiswertes – ist das Drachensteigenlassen. Der beständige Wind macht es jederzeit möglich. Also den Drachen nicht zu Hause lassen!

Einen normalen Einleinerdrachen können Sie im Grunde genommen (fast) überall am Strand steigen lassen. Anders sieht dies bei den Lenkdrachen aus. Um andere nicht zu verletzen, sind sie nur an speziellen Strandabschnitten zugelassen. Verboten sind sie auf den Promenaden, an den Badestränden und auf den Liegewiesen (Kaiserwiese). Abseits der Badestrände, beispielsweise im Norden oder Südwesten der Insel, laden weite Flächen und kräftiger Wind zum Drachensteigenlassen ein. Allerdings ist es zum Schutz der (brütenden) Vögel in der Ruhe- und Zwischenzone des Nationalparks (Zone 1 und 2) generell nicht gestattet.

Schietwetter-Programm

Kinder möchten auch auf Entdeckungstour gehen, wenn die Sonne mal streikt oder Petrus gar die himmlischen Schleusen öffnet. Solange es nicht in Strömen regnet, bietet sich dann natürlich eine Fahrradtour durch die herrliche Inselnatur an (→ S. 81). Darüber hinaus gibt es auf der kinderfreundlichen Insel Norderney noch einige wetterunabhängige Angebote und Erlebnisstationen, die nicht nur den Kindern, sondern auch den begleitenden Erwachsenen Freude machen.

Nationalparkhaus

Bei der Ankunft auf Norderney kommt man schon gleich am Nationalparkhaus vorbei; es liegt nämlich direkt neben dem Fähranleger. Besucher können sich über die Fische und Krebse im Watt, über die Vogelwelt der Insel und über die Strandungen von großen Pottwalen vor Norderney informieren. Und es gibt nicht nur Texte, Fotos und ausgestopfte Tiere zu sehen, sondern auch einige Meerwasseraquarien, in denen Fische und Krabben zu bewundern sind. Und in einem „Streichelbecken" können Kinder Strandkrabben, Miesmuscheln, Seepocken und Seesterne hautnah erleben. Besonders beliebt ist der schon recht betagte Hummer Waldemar (die von Feinschmeckern geschätzten Tiere können über 100 Jahre alt werden, wenn sie nicht vorher in irgendeinem Kochtopf landen). Eigentlich ist Waldemar ein Weibchen, aber das wurde erst nach der Namensgebung festgestellt, und so behielt die Hummerdame ihren Namen. Kinder können außerdem Muscheln, Schnecken oder Federn unter dem Mikroskop untersuchen. Alle halbe Stunde wird im Kinoraum ein Film über das Wattenmeer gezeigt. Das Nationalparkhaus bietet auch eine Reihe schöner Veranstaltungen für Kinder und Familien an (persönliche oder telefonische Anmeldung meistens erforderlich).

Öffnungszeiten/Eintritt/Kontakt Das Nationalparkhaus ist im Sommerhalbjahr Mo–Fr 9–18 Uhr, Sa/So 13–18 Uhr geöffnet, im Winterhalbjahr montags geschlossen und sonst bis 17 Uhr geöffnet. Eintritt Erw. 2 €, Kinder (4–18 J.) 1 €, Familien 5 €. Am Hafen 1, ✆ 04932-2001, www.nationalparkhaus-norderney.de.

„Watt für Kids" (bis 8 J.) Watt für Zwerge: kinderfreundlicher Wattausflug in der nahen Surferbucht. Dauer 1:30 Std. Erw. 5 €, Kinder 3 €, Familien 13 €.

Watt für kleine Forscher: Familien mit kleinen Kindern können sich selbstständig in der nahen Surferbucht auf Entdeckungstour begeben. Dauer 1:30 Std. Erw. 5 €, Kinder 3 €, Familien 13 €.

Piepmätze unterwegs: Entdeckungstour für kleine Vogelforscher, die im Watt und in den Salzwiesen verschiedene Vögel (mit dem Fernglas) beobachten und die erspähten Arten in Listen eintragen können. Dazu weitere Spiele und Rätsel. Dauer 1:30 Std. Erw. 5 €, Kinder 3 €, Familien 13 €.

1, 2, 3 – Wattpolizei: ein Kindertheater zum Mitmachen, in dem das Wattenmeer mithilfe eines Musikpädagogen den Kindern spielerisch nähergebracht wird. Dauer 50 Min. 4 €.

„Wild auf Watt" (ab 8 J.) Watt intensiv: klassischer Wattenmeerspaziergang, bei dem das Watt mit allen Sinnen erlebt wird. Treffpunkt bei den Bänken an der Westseite des Campingplatzes Um Ost. Dauer 2 Std. Erw. 6 €, Kinder 4 €, Familien 16 €.

Meereskunde für Anfänger: Zunächst wird im Wattenmeer mit einem traditionellen Schiebenetz Krabben und kleinen Fischen nachgestellt. Anschließend werden die Tiere bestimmt und unter dem Mikroskop untersucht. Zudem wird ggf. das Krabbenpulen geübt. Dauer 2:30 Std. Erw. 6 €, Kinder 4 €, Familien 16 €.

Hausrallye – Rätseltour durchs Nationalparkhaus: Nach einer kleinen Einführung zum Thema „Nationalpark Wattenmeer" stöbern die Kinder durch das Haus und müssen einen thematischen Fragebogen ausfüllen. Zum Abschluss wird ein altersgerechter Film gezeigt. 2 € pro Kind (inkl. Eintritt).

„Watt-Uni" Wattforschertag: Im Wattlabor wird der Fang ausgewertet, der zuvor von den Teilnehmern traditionell mit einem Schieber gefangen wurde. Dauer: Strandfischerei 2 Std., Laborarbeit 2:30 Std. Erw. 8 €, Kinder 6 €, Familien 22 €.

Zudem werden ebenfalls unter dem Label „Watt-Uni" (für Gruppen bzw. bei entsprechender Nachfrage) je nach Jahreszeit zahlreiche weitere Veranstaltungen, geführte Radtouren und Wanderungen angeboten, z. B. **Vortrag Weltnaturerbe**, **Tour de Ney**, **Norderneyer Piepschau**, **Wandel(n) im Wilden Osten** und anderes mehr.

Während der „Zugvogeltage" im Frühjahr und Herbst gibt es auch besondere Veranstaltungen zum Thema Vogelzug. Einen Terminplan vom Programm gibt es im Nationalparkhaus oder bei der Tourist-Information.

Walskelett im Nationalparkhaus

Sternwarte und Planetenweg

In den Dünen neben dem Kinderspielplatz am Kap steht die **Wilhelm-Dorenbusch-Sternwarte.** Hier erfährt man so einiges über Sonne, Mond und Sterne. Begeisterte Hobby-Astronomen bieten (bei jedem Wetter!) im Rahmen regelmäßiger abendlicher Führungen spannende Vorträge über die Welt der Sterne an und führen Besucher durch die kleine Kuppel der Sternwarte. Bei klarer Sicht kann man sogar selbst einen Blick in die Sterne wagen. Die Führungen sind für Kinder ab sieben Jahren geeignet; besser sind die Kinder aber zwischen neun und zwölf Jahre alt.

Auf dem 3,6 km langen **Planetenweg** kann man (entlang des Wanderwegs Alter Postweg am Südstrandpolder) zudem unser Sonnensystem „durchwandern" oder mit dem Fahrrad „durchqueren". Inmitten einer einzigartigen Landschaft sind hier die neun Planeten und die Sonne in einem Maßstab von 1 : 1.000.000.000 nachgebildet. Neben den Miniaturplaneten informieren Tafeln über Durchmesser, Umlaufzeit um die Sonne, Temperatur sowie Sonnen- und Erdabstand.

Besichtigung (und Führung) der Sternwarte jeden Dienstag (März bis Okt.) um 20 Uhr. Eintritt 4 € pro Pers. Dauer ca. 1:30 Std. Eine Anmeldung zu den Führungen ist nicht nötig! Nur im Winterhalbjahr muss man sich für Sonderführungen bei Ralf Ulrichs anmelden, ✆ 04932-8619893, Eintritt dann 5 €. Die Warte liegt in Spielplatznähe östlich der Bürgermeister-Willi-Lührs-Straße (Hinweisschild), www.sternwarte-norderney.de.

Familien-Thalassobad im bade:haus

Gerade bei schlechtem Wetter ist das schöne Freizeitbad einen Besuch wert, wenngleich es hier dann recht voll werden kann. Das neugestaltete Familien-Thalassobad ist in das bade:haus am Kurplatz integriert. Beim Umbau wurde Wert auf die Schaffung eines Wattenmeer- und Inselambientes gelegt: Kinder (und Eltern) können im Meerwasser-Brandungsbecken sowie in einem Planschbecken baden. Es gibt eine nordseefrische „Waschstraße" mit unterschiedlichen (Regen)duschen zum Thema „Wasser und Wattenmeer" und die feuchtfröhliche Plateaulandschaft Hohe Plate. Highlight ist sicherlich die lange Wattwurm-Rutsche, die sich vom Dach hinunter ins Becken schlängelt. Bei rasanter Fahrt in der Röhre erleben die Kinder das Wasser von allen Seiten als Nebel, Tropfen, Brause oder Strahl. Zudem gibt es einen mit Naturmaterialien gestalteten Außenbereich mit Piratenschiff und Spielinseln sowie – für die Erwachsenen – einer Erdsauna.

Tägl. 9.30–18 Uhr geöffnet. Für 2 Std. (bzw. 4 Std.): Erw. 7,50 € (10 €), Kinder (4–17 J.) 5 € (7 €), Familie mit einem Kind 17,50 € (23 €). Eine Verlängerung der Badezeit kostet je 30 Min. 1,50 € pro Pers. Am Kurplatz 3, ✆ 04932-891400, www.badehaus-norderney.de.

Spielpark Kap Hoorn

Im Jahr 2010 ist das Kinderspielhaus Kap Hoorn auf dem Gelände bzw. in der Halle einer ehemaligen Ponyranch am neuen Kurpark entstanden. Der Spielpark ist ein kostenloser Indoor- und Outdoorspaß für Kids und vor al-

Rettungskreuzer für die Kleinen: Spielpark Kap Hoorn

lem an Regentagen ein guter Platz, um sich auszutoben. Der gesamte Hallenboden ist mit Sand bedeckt. Der Spiel-Seenotrettungskreuzer Lüttje Johann und viele Klettergeräte mit Rutschen laden gerade kleinere Kinder zum Klettern und Turnen ein; größere Kinder können Tischtennis spielen. Draußen vor der Halle gibt es ebenfalls ein paar Klettergeräte, eine große Seilrutsche und eine betonierte Skaterfläche mit ein paar Sprungelementen und einer kleinen Halfpipe. Die Erwachsenen können es sich derweil in einem der aufgestellten Strandkörbe bequem machen und den lieben Kleinen zuschauen, sich am kleinen Kiosk vor der Halle stärken oder im benachbarten neuen Kurpark spazieren gehen.

Tägl. ab 11 Uhr geöffnet. Eintritt frei. Mühlenstraße, Ecke Marienstraße, ✆ 04932-891900.

Puppentheater Purzelbaum

Norderney hat sein eigenes kleines Puppentheater in der Schmiedestraße. Die ausgebildete Puppenspielerin Mirjam Barty hat sich hier nach mehrjähriger Tourneeerfahrung in Deutschland und den angrenzenden Nachbarländern selbstständig gemacht. In den künstlerisch niveauvollen Vorführungen geht es oft um märchenhafte Tiergeschichten wie etwa bei der Erzählung vom guten Wolf oder bei der Geschichte vom kleinen Tiger, der seine Angst überwindet. Alle etwa 40-minütigen Vorstellungen sind für Kinder ab drei Jahren geeignet. Gespielt wird fast das ganze Jahr über; der Theaterraum, in dem die Kinder auf bunten Bänken sitzen, umfasst maximal 50 Plätze.

Vorstellungen in der Sommersaison meist Di, Do und So um 16 Uhr sowie Sa um 11 Uhr (Vorstellung ab 10 Kindern), im Winter i. d. R. Do, Sa/So 16 Uhr. Darüber hinaus gibt es auch gelegentlich Vorstellungen im Conversationshaus. Häufig wird auch Puppenbasteln angeboten. Eintritt 5 €. Schmiedestr. 1a, ✆ 04932-9345826 oder 0173-9711589. Spielplan unter www.puppentheater-purzelbaum.de.

Auf einen Blick

Arrangements

Auf Norderney sind spezielle Kinderarrangements buchbar (ab 7 Tagen). Es kann zwischen verschiedenen Angeboten gewählt werden, z. B. „Strandabenteuer", „Single mit Kind(ern)" oder „Urlaub mit dem Enkelkind". Infos gibt's bei der Zimmervermittlung der Staatsbad Norderney GmbH (→ S. 160).

Bollerwagenverleih

Gerade für den Weg zum Strand empfiehlt sich für kleine Kinder der altbewährte Bollerwagen. Diesen müssen Sie nicht mit auf die Insel bringen, sondern können ihn bei einigen Fahrrad-Verleihstationen ausleihen. Die Leihgebühr für einen Bollerwagen beträgt im Regelfall 3 € pro Tag.

Dicki Bike-Center, Jann-Berghaus-Str. 62, ✆ 04932-3378, www.papenfuss-norderney.shop.co.

Kurt's Fahrradshop, Nordhelmstr. 73, ✆ 04932-935530, www.kfs-norderney.de.

Andere Fahrradverleiher, → S. 82.

Buchtipp

Das von Joachim Krause mit viel Liebe zum Detail illustrierte Bilderbuch „Mein Insel-Wimmelbuch Norderney" über die Graugans Guntje auf Norderney-Entdeckungsreise ist etwas für die ganz Kleinen (2–6 J.). Das Buch ist 2012 im Willegoos Verlag erschienen.

Essen & Trinken

Eine Liste mit familienfreundlichen Einkehrmöglichkeiten finden Sie im Kapitel „Essen & Trinken" (→ Kasten S. 107).

Gokart-Verleih

Für Kinder immer ein besonderes Vergnügen: Tret-Gokarts. Ausleihbar sind die (zum Teil schon recht betagten, aber ziemlich robusten) Vehikel stunden- oder tageweise. Normalerweise sind es Viersitzer, es gibt aber auch Ein-, Zwei- oder sogar Achtsitzer. Die Leihgebühr für ein Gokart beträgt 8 € pro Std., 35 € pro Tag. Je nach Saison und Wetter sind die Preise aber auch verhandelbar.

Molli (guter Service), Luciusstr. 13 (Ecke Jann-Berghaus-Str. 72), ✆ 04932-3449.

Charly's Freizeitcenter, Im Gewerbegelände 1, ✆ 04932-2858, www.norderney fahrradverleih.de.

Dicki Bike-Center, Jann-Berghaus-Str. 62, ✆ 04932-3378, www.papenfuss-norderney.shop.co.

Reinke's Fahrradverleih, Hafenstr. 1 (direkt am Hafen), ✆ 04932-1326.

Kinderarzt/Krankenhaus

Sollte Ihr Kind wider Erwarten im Urlaub erkranken bzw. ärztliche Hilfe benötigen, so ist auf der Insel für die medizinische Betreuung bestens gesorgt.

Dr. Jörg Wehner (Kinderarzt, Lungenheilkunde, Allergologie, Badearzt), Mühlenstr. 1 (bei der Jugendherberge), ✆ 04932-1013.

Krankenhaus Norderney, Lippestr. 9–11, ✆ 04932-911.

Sonstige Arztadressen, → S. 144.

Kinderbetreuung

Wenn Mama und/oder Papa mal ein paar Stunden für sich brauchen, können sie den Nachwuchs in einer Art Halbtageskindergarten abgeben. Die Kleine Robbe ist eine Spieloase im Stil eines Kindergartens, in der Kinder von 3 bis 11 J. vormittags oder nachmittags unter fachkundiger Betreuung spielen, malen und basteln können. Die Kinderbetreuung erfolgt in Kooperation mit dem Verein Kükennest, der nebenan eine Frühfördergruppe betreibt.

In der Saison Mo–Fr 10–13 und 14–17 Uhr geöffnet. Preis für ein Kind 5 € pro Vor- bzw. Nachmittag (Geschwisterkind 2,50 €). Am Weststrand 11 (direkt neben dem Bademuseum), ✆ 04932-935495.

Kinderkurdirektorin

Seit 2011 hat Norderney sogar eine eigene (10–11-jährige) Kinderkurdirektorin, die sich um die Wünsche von Kindern kümmert (und jeweils für ein Jahr gewählt wird). Mit einem zur Verfügung stehenden Budget von immerhin 10.000 € kann sie besondere Veranstaltungen initiieren (u. a. Kinderfeste, Kino für Kids & Teens oder Kinderdisco), die dann von der Kurdirektion umgesetzt werden. Die Kinderkurdirektorin nimmt gerne Wünsche und Anliegen der kleinen Gäste bzw. für die kleinen Gäste entgegen. Sie „residiert" in einem allerdings nur selten besetzten bunten Container im Kinderspielpark Kap Hoorn (Sprechzeit ist nur Mi 15–16 Uhr).

Veranstaltungen

Einen Überblick über spezielle Kinderveranstaltungen, oft auch wetterunabhängige, finden Sie im Veranstaltungskalender der Staatsbad Norderney GmbH (www.norderney.de) unter der Rubrik „Kinder". Dabei handelt es sich um Veranstaltungen wie Kinderkonzerte, Theatervorstellungen, Clown- oder Puppentheatervorstellungen, die häufig im Conversationshaus oder im Kurtheater stattfinden, oder auch die Kinderveranstaltungen des Nationalparkhauses. Eine Voranmeldung bzw. ein Ticketkauf ist in der Regel erforderlich.

Vögelfüttern

An der Waldkirche (Napoleonschanze) gibt es einen schönen Teich mit Steg, an dem die Kinder Enten, Gänse oder auch Lachmöwen füttern können. Hier ist es möglich – ansonsten ist das Füttern der Tiere nicht gern gesehen.

Vorsicht! Auf der Insel und besonders am Strand gibt es große, fast riesige Silbermöwen, die gerne den Kindern ihre Leckereien aus der Hand stehlen. Listig kommen sie meist von hinten angeflogen und picken ein Stück aus der Eiswaffel oder schnappen sich einen Keks, sehr zum Schrecken vieler Kinder.

Bestes Inseltransportmittel: Das Fahrrad

Ausflüge

Wer Abwechslung zum Norderneyer Inselalltag sucht, muss nicht weit in die Ferne schweifen: Von der Promenade am Weststrand wird Ihr Blick unweigerlich auf die nur 3 km Luftlinie entfernte Insel **Juist** fallen. Ein Tagesausflug dorthin oder zum östlichen Nachbarn **Baltrum** bietet sich an und wird auf den folgenden Seiten genauer beschrieben.

Ein Besuch des modernen Norder Ortsteils **Norddeich** (→ S. 136) auf dem ostfriesischen Festland dagegen lässt sich ideal in die Hin- oder Rückfahrt einer Norderney-Reise integrieren, da die Überfahrt zur Insel und zurück zum Festland ohnehin über den Fährhafen in Norddeich erfolgt.

Die Nachbarinseln kann man bequem mit einem Ausflugsschiff der Cassen-Tours (eine Tochter der Frisia-Reederei) erreichen. Das Fahrgastschiff „MS Frisia X“ fährt im Rahmen eines Tagesausflugs in der Hauptsaison fast täglich nach Juist oder Baltrum, seltener auch nach Langeoog oder Spiekeroog (alle übrigens autofrei!). Die Abfahrtszeiten sind tidenabhängig und wechseln dadurch täglich; demzufolge ist auch die Dauer des Aufenthalts auf den Nachbarinseln unterschiedlich. Erlebnisfahrten zu den Seehunden stehen ebenfalls regelmäßig auf dem Programm, Näheres zu diesen etwa ein bis eineinhalb Stunden dauernden Mini-Kreuzfahrten finden Sie im Kapitel „Norderney mit Kindern“ (→ S. 117).

Information und Fahrkarten Es gibt drei Fahrkarten-Verkaufsstellen der Cassen-Tours (AG Reederei Norden-Frisia) auf Norderney: im **Haus Schiffahrt**, Bülowallee 2, ✆ 04932-9131313; im **Reisebüro Norderney**, Am Kurplatz 3, ✆ 04932-8689991; oder ca. eine halbe Stunde vor der Abfahrt direkt am **Touren-Treff** (Container) am Hafen. Infos und Fahrplan unter www.cassen-tours.de oder unter www.reederei-frisia.de.

Tarife und Fahrzeiten Tagesfahrt nach Juist: Erw. 19 €, Kinder (4–11 J.) 9,50 €. Einfache Fahrtzeit etwa 1:15 Std.

Tagesfahrt nach Baltrum: Erw. 19 €, Kinder (4–11 J.) 9,50 €. Einfache Fahrtzeit etwa 1:15 Std.

Tagesfahrt nach Langeoog: Erw. 24,50 €, Kinder (4–11 J.) 12,50 €. Einfache Fahrtzeit etwa 1:45 Std. Die Fahrt mit der Inselbahn in den Ort ist im Preis inbegriffen.

Tagesfahrt nach Spiekeroog: Erw. 26,50 €, Kinder (4–11 J.) 13,50 €. Einfache Fahrtzeit etwa 2:15 Std.

Tagesausflug zur Insel Juist

→ Karte S. 128/129

Die lange, schmale Insel – an manchen Stellen ist sie nur 500 m breit! – wird von ihren Bewohnern nicht ohne Stolz als „schönste Sandbank der Welt" bezeichnet, und der endlose Sandstrand liegt immer nur ein paar Schritte entfernt. Zum besonderen Inselflair gehört auch, dass die einzigen Verkehrsmittel hier gemächliche Pferdekutschen oder Fahrräder sind. Von der Kurverwaltung als „Töwerland" (= Zauberland) vermarktet, bietet Juist Einsamkeit pur und gehört zu den beliebtesten Ausflugszielen ab Norderney. Die Gezeiten erlauben normalerweise nur einen etwa dreistündigen Aufenthalt auf der Insel; das ist aber genug Zeit, um das kleine Töwerland zu erkunden.

Hat man das Ausflugsschiff bestiegen, ist schon nach weniger als einer halben Stunde der sog. **Kalfamer** erreicht (der Name bedeutet auf Altfriesisch so viel wie „Kälberwiese"), die Ostspitze des Eilands, wo sich oft Seehunde auf den Sandbänken tummeln. Aber noch ist man nicht am Ziel, denn nun macht die Fähre eine Kehre und manövriert langsam und in vielen Kurven 45 weitere Minuten durch das flache Fahrwasser des Juister Watts, das nur bei Flut passierbar ist. Der Inselort mit dem Hafen liegt genau in der Mitte der Insel und wird quasi von der Südseite her angesteuert.

Der kleine **Leuchtturm Memmertfeuer** am Hafen stammt ursprünglich vom Südende der Vogelinsel Memmert. Dieses von Prielen durchzogene Eiland zwischen Juist und Borkum wurde schon 1924 zum Vogelschutzgebiet erklärt; 1986 hat man den überflüssig gewordenen Leuchtturm dort abgerissen. Die Laterne jedoch wurde gerettet und befindet sich seit 1992 am Juister Hafen auf neuem Unterbau. Das Licht des Memmertfeuers darf die Schifffahrt nicht irritieren und erstrahlt daher im 13-Sekunden-Takt lediglich in Längsrichtung zur Insel. Der nur 15 m hohe Turm enthält eine kleine Leuchtturmausstellung und ist nur in den Sommermonaten mittwochs zwischen 15 und 17 Uhr zugänglich (Eintritt 1 €).

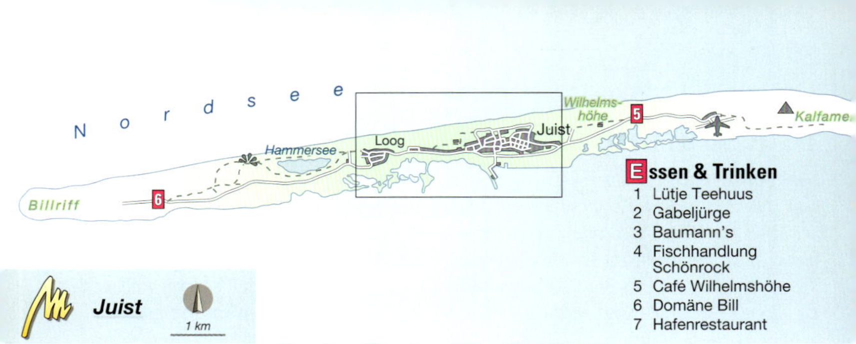

Im Jahr 2008 ist noch ein weiteres Wahrzeichen am Hafen entstanden: ein 17 m hoher segelförmiger **Stahlturm** mit (frei zugänglicher) Aussichtsplattform, von der man einen schönen Blick auf den Hafen und die einfahrenden Schiffe hat.

Am Juister Hafen fallen außerdem die vielen Kofferkarren auf (sog. Wippen), die von Vermietern dort deponiert werden, damit die Urlauber ihr Gepäck selber bis zum Quartier befördern können. Hier locken außerdem Pferdekutschen die Tagesgäste zur einstündigen Inselrundfahrt (6 € pro Person). Der Ort selbst lässt sich selbstverständlich auch gut zu Fuß erkunden. Oder aber Sie leihen sich bei einem der vielen Anbieter ein Fahrrad – damit schaffen Sie es auf jeden Fall, die insgesamt 17 km lange Insel vom Hauptort aus zumindest in eine Richtung zu erkunden: den Inselwesten jenseits des Ortsteils Loog mit dem Hammersee und dem Ausflugslokal Domäne Bill oder den Inselosten mit Flugplatz (!) bzw. auf halbem Weg dem Ausflugslokal Wilhelmshöhe und dem Otto-Leege-Naturpfad samt Aussichtsplattform.

Information Kurverwaltung Juist, Strandstr. 5, Postfach 1464, 26571 Nordseebad Juist, ✆ 04935-809-106 und -107, www.juist.de.

Einkaufen Kees un Botterfatt. Kleiner, aber sehr gut bestückter Käseladen, in dem auch Voll- und Buttermilch zum Selbstabfüllen, Juister Sanddornbeerenkonfitüre und andere Spezialitäten angeboten werden. Am Beginn der Strandstraße etwas versteckt im Souterrain des Hotels Friesenhof gelegen. Mi–Sa 8.30–12.30 und 15.30–18 Uhr, So 10–12 und 17–18 Uhr.

Fahrradverleih Auf der Insel gibt es zahlreiche Anbieter, die die Räder im Regelfall auch stundenweise vermieten (z. B. 2 Std. für 3 €). Eine kleine Auswahl: Fahrrad G. Ahrens, Billstr. 21, ✆ 04935-1645; Juist-Pirates Bike-Center, Mittelstr. 7b, ✆ 04935-1894; Frische Brise, Wilhelmstr. 17, ✆ 04935-1061; Haus Meeresrauschen, Mittelstr. 18, ✆ 04935-402; Fliegender Holländer, Wilhelmstr. 58, ✆ 04935-914914; Fahrradvermietung Schwips, Loogster Pad 10, ✆ 04935-8171.

Kurkonzert In der Saison spielt i. d. R. tägl. (außer Mo) um 10.30, 16.30 und 20.15 Uhr ein ungarisches Kurorchester auf dem Kurplatz oder im Haus des Kurgastes.

Essen & Trinken Gabeljürge **2** Kellerrestaurant im Hotel Kurhaus. Das Interieur ist relativ schlicht, das Essen jedoch überdurchschnittlich gut. Hier gibt es leckeren Fisch (auch frischen Hummer und Austern), französische Küche und ostfriesische Spezialitäten; gute Weine. Fr, Sa und So 12.30–13.30 Uhr und ab 17.30 Uhr, Mo, Di und Do nur abends, Mi Ruhetag. Gräfin-Theda-Str. 3, ✆ 04935-1007.

››› **Mein Tipp:** Hafenrestaurant **7** Helle Gaststätte im ersten Stock des Hafengebäudes und damit in unmittelbarer Nähe der Anlegestelle des Ausflugsschiffs, von der Terrasse hat man selbstverständlich Blick auf den Hafen. Hier wird guter Fisch mit frischen Salaten, aber auch leckerer Lammrücken oder sogar Inselwild gereicht. So etwas spricht sich rum, meist ist das Restaurant gut besucht. An den Wänden hängen reichlich alte Fotos von Schifffahrt und Seenotrettung in Juist. Nachmittags zwischen 14 und 17 Uhr geschlossen, Do Ruhetag. ✆ 04935-1363. ‹‹‹

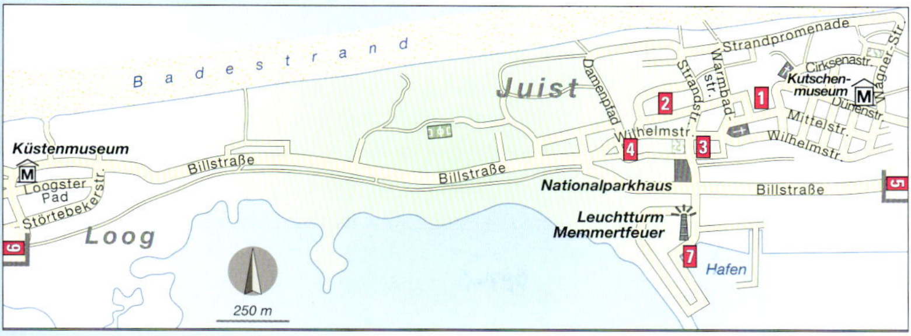

Baumann's 3 Geräumiges Café mit großer Freitreppe zur Empore und Kaffeehausatmosphäre. Von der Balkonterrasse mit Blick Richtung Kurplatz oder Hafen lässt es sich vor der Abfahrt des Ausflugsschiffs in der Abendsonne oder tagsüber während des Kurkonzerts gut aushalten. Auch kleine Speisen und Salate im Angebot. Tägl. (außer Mo) 10.30–22 Uhr. Bahnhofstr. 4 (direkt am Kurplatz), ✆ 04935-990233.

Lütje Teehuus 1 Tolles, als friesische Stube mit Kamin eingerichtetes Teehaus, Terrasse im Grünen vor und hinter dem Gebäude. Natürlich gibt es hier Tee, aber auch Kaffee und Kuchen und sogar herzhafte Speisen. In der Hauptsaison tägl. 11–22 Uhr (Di bis 18 Uhr), in der Nebensaison tägl. (außer Di) 11–20 Uhr. Etwas versteckt im Januspark gelegen, ✆ 04935-8402.

››› Mein Tipp: **Fischhandlung Schönrock** 4 Wenn Sie Lust auf ein Fischbrötchen bekommen, sollten Sie diesen etwas versteckt gelegenen, sehr leckeren Fischimbiss mit schöner, kleiner Terrasse aufsuchen. Auch Frischfischverkauf und warme Küche (diese nur 11.30–14 und 16.30–19 Uhr). Geöffnet tägl. (außer So) 9.30–14 und 16–19 Uhr. Wilhelmstraße, Ecke Rosengang. ‹‹‹

Domäne Bill 6 Ausflugslokal ganz im Westen der Insel (etwa 7 km von der Ortsmitte entfernt), sehr gemütliche Gaststube mit Selbstbedienung. Spezialität ist hier der sog. Stuten, ein Hefeteigbrot, das entweder süß mit Rosinen oder deftig mit grober Leberwurst serviert wird. Tägl. (außer Mi) 11–17 Uhr. ✆ 04935-1212.

Café Wilhelmshöhe 5 Ausflugslokal in den Dünen im Inselosten auf halber Strecke zum Flugplatz (etwa 2 km von der Ortsmitte entfernt). Freundlicher Gastraum, windgeschützte Terrasse mit Blick aufs Watt. Hier gibt es Kuchen und Milchreis, aber auch einfache herzhafte Speisen. Tägl. (außer Di) 11–19 Uhr. ✆ 04935-249.

Durch den Inselort

Hinter dem Deichdurchlass steht man praktisch schon mitten im Ort, wo Cafés und Geschäfte zum Bummeln einladen. Auf dem kleinen **Kurplatz** spielt in den Sommermonaten (außer montags) zwei- bis dreimal täglich das Juister Kurorchester. Rings um den östlich der Strandstraße gelegenen **Janusplatz** mit seinem kleinen Park sind noch einige wenige alte Insulanerhäuser erhalten. In einem davon, dem Haus Siebje, ist ein Glasatelier, in einem anderen mitten im Park eine sehr gemütliche Teestube untergekommen. Vom Platz aus führt ein Pfad in die nördlichen Dünen zum Haus des Kurgastes und weiter zum Meerwasser-Erlebnisbad, das natürlich auch auf Juist nicht fehlen darf. Hier oben auf der Düne erhebt sich auch der 1928 erbaute **Wasserturm.** Von dieser höchsten Stelle des Ortes hat man einen schönen Blick hinunter auf Dorf, Watt, Strand und die weite See.

Von jeder Stelle des Ortes – ja, von jeder Stelle der Insel – ist in nur wenigen Minuten über enge Pfade der traumhaft weite **Strand** erreicht. Dabei muss man immer die schmale, hohe Schutzdüne überwinden. Nur unmittelbar vor dem

Haus des Kurgastes ist der Strandzugang etwas breiter. Von hier führt auch eine Strandpromenade – auf Juist nichts anderes als ein breiter Dünenweg – in Richtung Inselwesten und -osten.

Etwa 2,5 km westlich des heutigen Hauptortes liegt der Ortsteil **Loog**, was auf Friesisch schlicht „Dorf" bedeutet – ein Indiz dafür, dass Loog lange Zeit das einzige Dorf auf der Insel war. Von einem Aussichtspunkt auf der Stranddüne hat man einen schönen Blick auf Loog und die Dünen. Einen Besuch wert ist dort v. a. das Küstenmuseum.

Sehenswertes

Nationalparkhaus: Auch auf Juist kann man mehr über den Nationalpark Niedersächsisches Wattenmeer erfahren. Die liebevoll arrangierte Ausstellung wurde 1990 im alten Inselbahnhof eingerichtet und informiert über die Tier- und Pflanzenwelt in Watt und Meer, in den Salzwiesen und Dünen der Insel. Wer genau hinschaut, entdeckt in kleinen Meerwasseraquarien den ein oder anderen Bewohner des Wattenmeers. Zu bestaunen gibt's auch das alles andere als kleine, 9,20 m lange Skelett eines Zwergwals. Das Meeressäugetier strandete – angeschossen von Waljägern – im Oktober 2001 am Billriff im Westen der Insel. Interessant ist auch die 2,50 m hohe Gezeitensäule vor dem Nationalparkhaus, an der Sie den aktuellen Wasserstand im Juister Watt ablesen können.

Zum Greifen nah: Zwergwalskelett

April bis Okt. Di–Fr 9.30–12.30 und 15–18 Uhr, Sa/So nur 15–18 Uhr, Nov. bis März nur Mi 15–18 Uhr. Fast tägl. werden zudem interessante Führungen in den Nationalpark und naturkundliche Vorträge angeboten. Eintritt frei (Spende erbeten). Carl-Stegmann-Str. 5, ✆ 04935-1595, www.nationalparkhaus-juist.de.

Kutschenmuseum: Im 1899 erbauten ehemaligen Rettungsschuppen der Deutschen Gesellschaft zur Rettung Schiffbrüchiger im Ostdorf hat Familie Munier einige historische Kutschen ausgestellt, darunter auch eine Schlittenkutsche und einen doppelstöckigen Pferdebus. Zu bewundern sind daneben auch andere Exponate sowie Kunst rund um das Thema Pferd.

Nur Mai bis Okt. Mi und Sa 16–18 Uhr, Eintritt frei (kleine Spende erbeten). Karl-Wagner-Straße, Ecke Dünenstraße.

Küstenmuseum: Wie der Name schon sagt, dreht sich in den elf Ausstellungsräumen dieser ehemaligen Schule im 2,5 km vom Hauptort entfernten Ortsteil Loog alles um die Themen Küste, Insel und Meer. Man erfährt hier einiges

Inselrundfahrt per Pferdekutsche

über die friesische Schifffahrt, das Seenotrettungswesen, über Deichbau und Küstenschutz sowie die Fauna und Flora der Insel; auch die Juister Inselgeschichte wird hier thematisiert.

April bis Okt. Di–Fr 9.30–13 und 14.30–17 Uhr, Sa 9.30–13 Uhr, So 14.30–17 Uhr. Nov. bis März Di und Sa 14.30–17 Uhr. Erw. 2,50 €, Kinder und Jugendliche (bis 18 J.) 1,50 €, Familienkarte 6 €. Im Loog, Loogster Pad 29, ✆ 04935-1488, www.kuesten museum-juist.de.

Mit dem Rad in den Inselwesten

Die von vielen Fahrradfahrern genutzte Straße zur Westspitze der Insel, genannt Bill, führt hinter Loog zunächst am **Hammersee** vorbei. Hier gibt es ein kleines Wäldchen mit sog. Windloopern, also schief gewachsenen Bäumen, denen der Wind die Wuchsrichtung vorgibt. Der in den 1920er-Jahren angelegte Wald bietet scheuem Rotwild Unterschlupf und eine gewisse Sicherheit – allerdings nicht verlässlich, denn das ein oder andere Restaurant der Insel hat Wild als Spezialität im Angebot ...

Wer noch weiter bis zur Westspitze radelt, der trifft kurz vor dem Westkopf auf die **Domäne Bill,** einen Bauernhof mit Ausflugsrestaurant (etwa 7 km von der Ortsmitte entfernt). Ein befestigter Weg führt von dort noch ein Stück weiter zum alten Rettungsschuppen und bis zum Strand. „Bille“ bedeutet auf Friesisch so viel wie Hintern und bezieht sich auf die wohlgeformten Rundungen der Sandbänke rund um die Westspitze der Insel. Das **Billriff** bietet bei Niedrigwasser einen beeindruckenden Anblick: eine wüstenartige Sandlandschaft, so weit das Auge reicht.

Mit dem Rad in den Inselosten

Auf dem Weg Richtung Ostspitze der Insel befindet sich das nur 2 km vom Ortskern entfernte Ausflugslokal **Wilhelmshöhe** und der dort beginnende **Otto-Leege-Pfad.** Dieser führt vom Hauptweg als auf Holzstelzen gebauter Bohlenweg über eine **Aussichtsplattform** und weiter als künstlerisch gestalteter Naturlehrpfad durch die Ostdünen bis zu den Goldfischteichen und zu einer Schutzhütte, an der auf einer Schautafel Leben und Werk des Naturforschers Otto Leege dargestellt sind. Von hier verläuft ein Weg zu einer weiteren Aussichtsplattform in den Dünen.

Wer noch weiter in den Inselosten vorstößt, trifft bald auf den 4 km vom Inselort entfernten **Flugplatz** mit kleinem Café. Bei schwierigen Wetterverhältnissen ist er für die sehr tideabhängige Insel oft die einzige Verbindung mit der Außenwelt. Hier herrscht durchaus verhältnismäßig reger Flugverkehr, täglich finden Personen- und Gütertransporte von und nach Norddeich statt. Die An- und Abreise der Gäste zum und vom Flughafen erfolgt auf gemächliche Art mit Pferdekutschen, denen Sie unterwegs immer wieder begegnen werden.

Vom Flugplatz aus dürfte man jetzt nur noch zu Fuß weiter durch die geschützten Dünenfelder laufen bis zum Ostende der Insel, dem Kalfamer. Bis dorthin sind es aber noch einmal gut 2,5 km, weshalb die Strecke für Tagesgäste kaum machbar sein wird.

Tagesausflug zur Insel Baltrum

→ Karte S. 133

Die kleinste Ostfriesische Insel nennt sich selbst „Dornröschen der Nordsee“, und tatsächlich geht es hier märchenhaft ruhig zu. Selbst Fahrradfahren ist weitgehend tabu; einer bequemen Erkundung zu Fuß steht also nichts im Wege. Baltrum ist nicht nur die kleinste, sondern auch die festlandnächste Ostfriesische Insel, vielleicht kommen deshalb v. a. an warmen Sommertagen die Tagesausflügler in Scharen, nicht nur von Norderney, sondern vor allem auch mit der Fähre aus Bensersiel. Doch die Urlaubsgäste verteilen sich auf der nur 5 km langen und nur 1,5 km breiten auto- und sogar elektrokarrenfreien Insel überraschend schnell, sodass sich auch dann der Trubel in Grenzen hält.

Das Ausflugsschiff steuert Baltrum wegen der Untiefen im flachen Wattenmeer im Zickzackkurs an, sodass man unmittelbar an der Ostspitze von Norderney vorbeikommt, wo auf der vorgelagerten Sandbank fast immer einige Seehunde liegen, die sich von der Fähre kaum stören lassen.

Wie in Juist werden auch auf Baltrum Kofferkarren benutzt (sog. Wippen), die vom Vermieter am Hafen deponiert werden, damit ankommende Urlauber ihre Koffer selbst ins Feriendomizil ziehen können. Andere Verkehrsmittel gibt es nämlich kaum, lediglich Pferdefuhrwerke sieht man hier und dort. Ihnen kommt auf der Insel eine zentrale Bedeutung zu – der gesamte Warentransport wird damit erledigt, und selbst vor die Müllabfuhrwagen sind Pferde gespannt. Auch Gäste auf Fahrrädern sind unerwünscht, nur die Einheimischen huschen hier und da einmal mit dem Drahtesel vorbei. Ganz Baltrum ist quasi eine Fußgängerzone.

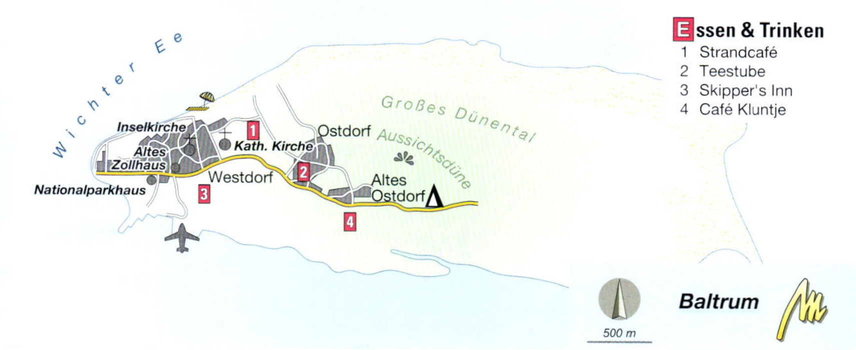

Auf der nur 6,5 km² kleinen Insel wohnen die Menschen in drei Siedlungen: dem größeren **Westdorf,** dem kleinen **Ostdorf** und dem **Alten Ostdorf,** die allerdings fast nahtlos ineinander übergehen. Alte Bausubstanz findet sich nur noch selten auf Baltrum, am ehesten sieht man die flachen Friesenhäuser noch im Alten Ostdorf. Auch Straßennamen sucht man auf Baltrum vergeblich. Alle Häuser sind in der Rangfolge ihrer Entstehung nummeriert. Von der Hafenmole gelangt man schnell zu Fuß in das Westdorf mit der üblichen Infrastruktur eines gepflegten Nordseebades.

Wenn Sie nicht direkt ins Dorf laufen, sondern den kleinen Umweg am westlichen Ufer entlang wählen, dann können Sie gut erkennen, wie sich das Dorf rundherum mit einem mächtigen Deich absichert. Zudem wird die Insel an der Westseite durch gewaltige Buhnen vor den Fluten und der Kraft der Brandung geschützt. An der Nordseite der Insel geht das promenadenartige, breite Deckwerk aus Stein und Beton in sanfte Dünen über, hinter denen sich ein breiter und feinsandiger **Badestrand** verbirgt. Er ist das Kapital der familienfreundlichen Insel, ein Eldorado für Sandburgenbauer und Strandwanderer. Baden ist nur bei auflaufendem Wasser gestattet (damit man nicht hinausgetrieben wird). Bei Niedrigwasser kann man durch das flache Wasser zur gegenüberliegenden Sandbank waten. Auf einem vor den Fluten sicheren, leicht erhöhten Strandstreifen stehen die obligatorischen Strandkörbe und bieten Sonnenhungrigen Schutz und Komfort. Längst haben auch Kitesurfer den flachen Strand für sich entdeckt. Weiter östlich wird es einsam am weiten Strand. Er gehört hier denjenigen Spaziergängern und Badegästen, die Ruhe und Abgeschiedenheit bevorzugen.

An der östlichen Spitze Baltrums geht der Sandstrand in ein flaches Dünengelände über, und den südlichen Teil der Insel bilden Salzwiesen, die sich bis zum Hafen ziehen. Für eine **Wanderung** eignet sich besonders das **Dünental** im Osten Baltrums nördlich des Ostdorfs. Für die meisten Tagesausflügler wird diese Runde – hin und zurück ca. vier Stunden – jedoch zu weit sein. Alternativ bietet sich vom Ostdorf aus ein Spaziergang zur einen Kilometer entfernten Aussichtsdüne an, von der man einen schönen Rundblick über das kleine Eiland hat. Wer nicht so weit laufen möchte oder kann, sollte den malerischen Blick auf Meer und Strand von **Willy's Utkiek** aus genießen. So nennt sich eine (ziemlich unterhöhlte) Holzplattform am Badestrand gegenüber dem Schwimmbad.

Skyline der kleinen Nachbarinsel: Baltrum

Information Kurverwaltung Baltrum, Haus Nr. 130, Postfach 1355, 26574 Baltrum, ✆ 04939-8028, www.baltrum.de.

Essen & Trinken Teestube **2** Gepflegtes Haus mit großer Terrasse auf dem Deich Richtung Wattenmeer. Innen alles in friesischen Blautönen gehalten. Nicht nur Teestube mit selbst gebackenem Kuchen, sondern auch Restaurant (leckere Fischerpfanne), in der Woche auch Mittagstisch. Gewöhnlich tägl. 11–21 Uhr geöffnet (in der Nebensaison Do Ruhetag). Westdorf 149, ✆ 04939-600.

Skipper's Inn **3** Nettes Kneipenrestaurant, in dem es ab 11 Uhr ein prima „Late-Frühstück" gibt. Auch Mittagstisch sowie Kaffee und Kuchen. Abends saisonale Küche, gerne auch mit biologischen und Fair-Trade-Produkten. Gemütlich, sauber und, wie es sich gehört, mit Schiffsparkett und allerlei Seemannskram geschmückt. Auch ein großes Whisky-Angebot. Tägl. ab 11 Uhr, im Winter Mo Ruhetag. Westdorf 50, ✆ 04939-910933. ■

Strandcafé **1** Wie der Name schon sagt, holt man sich in diesem großen, gemütlichen Selbstbedienungsrestaurant mit großer Auswahl den Imbiss für den Strand (z. B. einen leckeren Mohnkuchen). Außen Biergarnituren und einige Strandkörbe, innen Holztische. Am Hauptbadestrand gelegen. Nur im Sommerhalbjahr von Ostern bis in den Herbst von früh bis spät geöffnet. Haus Nr. 70, ✆ 04939-200.

››› **Mein Tipp:** Café Kluntje **4** In einem der letzten alten Insulanerhäuser ganz versteckt in den Dünen gelegen. Die vier gemütlichen, kleinen Stuben des alten Kapitänshauses mit Kamin und Holzdielen sind originalgetreu restauriert. Auch Tische sowie ein kleiner Sandspielplatz vor dem Haus. Es gibt neben Kaffee/Tee und sehr leckeren Kuchen auch kleine Speisen wie Rührei mit Krabben oder belegte Baguettes. Im Sommerhalbjahr tägl. (außer Mi) 11–18 Uhr. Im Alten Ostdorf, Haus Nr. 29, ✆ 04939-419. ‹‹‹

Der Baltrumwal

Im November 1994 fanden Fischer auf der nördlichen Sandbank vor Baltrum einen noch lebenden, etwa sechs Jahre alten Pottwal. Das 15 m große und etwa 40 Tonnen schwere Tier war gestrandet. Alle Versuche, ihn wieder ins offene Meer zu ziehen, scheiterten. Der Wal verendete und wurde von einem Seenotrettungsboot nach Norddeich geschleppt.

Es wird berichtet, dass das blutgetränkte Wasser um das tote Meeressäugetier regelrecht brodelte. Aus dem Mund des Tieres entwichen nämlich große Mengen heißer Faulgase, die beim sofort einsetzenden Verwesungsprozess freigesetzt wurden.

Schnellstmöglich wurde der Wal an Land gehievt und zerlegt. Dabei wurden die riesigen Organe von Gunther von Hagens entnommen und mit derselben Technik plastiniert, die bereits bei der umstrittenen Ausstellung „Körperwelten" zum Einsatz gekommen war. Besichtigen kann man das Ergebnis im Wattenmeerhaus Wilhelmshaven.

Sehenswertes

Nationalparkhaus: Auf dem direkten Weg vom Hafen ins Dorf kommen Sie zwangsläufig am Nationalparkhaus vorbei, das in einem ehemaligen Schuppen der Inselreederei untergebracht ist. Ein Blick hinein lohnt sich, erfährt man doch einiges über die Ökologie von Wattenmeer, Salzwiesen und Dünen sowie über die sturmflutgefährdete Insellage Baltrums. Präparierte Vögel und Seehunde sind ebenso zu sehen wie kleine Aquarien. Eine interessante Gezeitensäule verdeutlicht den jeweiligen Wasserstand auf der Insel, denn Ebbe und Flut sind Schwerpunktthema der Ausstellung.

Mitte März bis Ende Okt. Di–Fr 9.30–18 Uhr, Sa/So 10–12 Uhr und 15–18 Uhr. Der Eintritt ist frei. Westdorf, Haus Nr. 177, ✆ 04939-469, www.nph-baltrum.de.

Alte Inselkirche mit Inselglocke: Die evangelische Kirche mit dem Wahrzeichen der Insel wurde 1826 erbaut. Nur der Vorraum ist immer geöffnet, aber durch eine Glastür kann man sich den einfach ausgestatteten und in kräftigen Blautönen gehaltenen Innenraum anschauen. Im hölzernen Glockenturm hängt die Inselglocke, die einst bei Sturmflut an Land gespült wurde. „Turm“ ist aber eigentlich eine glatte Übertreibung, zutreffender wäre „Glockengalgen“, denn die vergleichsweise kleine Glocke hängt an einem Holzgerüst neben der Kirche. Dennoch ist die Inselglocke das Wahrzeichen Baltrums, selbst das Inselwappen zeigt sie, und auch die Inselzeitschrift für Gäste und Einheimische trägt mit Stolz diesen Namen.

In der Hauptsaison finden Mo und Fr häufig Abendandachten in der Alten Inselkirche statt. Hauptkirche der evangelischen Gemeinde ist jedoch die große Inselkirche (Baujahr 1930) mitten im Westdorf.

Kleinod: Inselkirche Baltrum

Katholische Kirche St. Nikolaus: Das Gotteshaus ist dem Schutzpatron der Seefahrer geweiht und wurde 1957 erbaut. Den Kern des ausgeklügelt konstruierten Gebäudes bildet ein reetgedeckter Rundbau, der als Winterkirche dient. Ihm wurde ein Vorhof in Form eines Tortenstücks hinzugefügt. Öffnet man die Verbindungstüren, haben im Sommer auf diese Weise 300 Gläubige dort Platz und quasi von außen freien Blick auf den muschelförmigen Altar. Umschlossen wird der Hof von einem ebenfalls reetgedeckten Umgang. Bekannt wurde die am Weg Richtung Ostdorf gelegene Kirche auch durch ihre 14 kräftig bunten Glasfenster der Künstlerin Margarete Franke.

Die im Osten des Westdorf gelegene Kirche (Haus Nr. 34) ist tägl. geöffnet.

Altes Zollhaus: Im Haus Nr. 18 am südlichen Dorfende wurden Mitte des 19. Jahrhunderts zwei Zöllner stationiert, um gegen Schmuggler vorzugehen. Später war das Haus Schwestern- bzw. Wöchnerinnenstation, und heute gehört es dem Heimatverein, der hier ein interessantes Museum eingerichtet hat. Das Zollhaus ist in der alten ostfriesischen Hausform des sog. Bummert gebaut – ein Doppelhaus, bei dem gewissermaßen zwei Friesenhäuser im Wohnbereich zusammengebaut sind und wo sich an beiden Enden ein etwas breiterer Stallbereich anschließt. Nicht nur auf den Inseln, sondern in ganz Ostfriesland haben nur sehr wenige Häuser dieses Typs die Zeit überdauert. In dem liebevoll mit Leihgaben der Insulaner eingerichteten Heimatmuseum wird der Besucher mittels einer Hörführung durch die Räume geleitet und erfährt allerlei Interessantes über die Vergangenheit Baltrums.
In den vier Räumlichkeiten wird anschaulich über das Leben und Sterben der Schiffer, die Wohnkultur und über die Entwicklung des Baltrumer Tourismus informiert. Zu sehen gibt es beispielsweise auch einige Strandfunde, wie das Steuerrad eines Heringsloggers oder einen großen angespülten Bernsteinbrocken. Auf ein tragisches Schicksal weist der Fund einer Zigarrenkiste mit dem Notizbuch, einem Bleistift und dem Halstuch des 21-jährigen Tjark Ulrich Honken Evers hin. Dieser wurde einen Tag vor Heiligabend versehentlich auf einer Sandbank vor seiner Heimatinsel abgesetzt und ertrank jämmerlich in den unweigerlich nahenden Fluten. Zuvor schrieb er noch ergreifende Abschiedsworte an seine Familie in sein Notizbuch, dass zusammen mit der Zigarrenkiste auf Wangerooge angespült wurde. Der junge Baltrumer jedoch wurde nie gefunden.
Mitte März bis Ende Okt. tägl. (außer So) 10–12 und 15–18 Uhr. Erw. 3 €, Kinder (6–18 J.) 1,50 €, Familien 5,50 €. ✆ 04939-910630, www.baltrum.org.

Unterwegs auf dem Festland: Norddeich

Nordens moderner Ortsteil Norddeich liegt quasi vor Norderneys Haustür. Für Betrieb sorgt in dem Nordseeheilbad vor allem der größte Fährhafen Ostfrieslands, denn von hier aus wird der rege Fährverkehr zu den Inseln abgewickelt. Beliebt und weithin bekannt ist zudem die Seehundaufzuchtstation.

Früher führte die stark befahrene Bundesstraße 72 schnurgerade in den Ort hinein; seit dem Bau einer Umgehungsstraße wurde es hier deutlich ruhiger. Dennoch sucht man die Beschaulichkeit eines kleinen Fischerdorfes, das Norddeich früher einmal war, vergebens. Ostfrieslands größter Küstenbadeort ist mehr oder weniger zweckmäßig auf die Feriengäste und den Inselverkehr eingestellt. Ein wenig Kutteratmosphäre gibt es aber dennoch, und zwar am Osthafen. Dieser ist nicht nur ein beliebter Jachthafen für etwa 400 Boote, hier haben immerhin noch mehr als ein Dutzend Krabbenkutter ihren Liegeplatz. Auch im Westhafen sorgen ein paar Gastkutter (aus Greetsiel) sowie historische Segelschiffe zuweilen für etwas Idylle. Westlich davon sorgen ein breiter, künstlich angelegter **Sandstrand** sowie ein mit Strandkörben belegter **Rasenstrand** für Badefreuden. Auf dem den Ort schützenden Deich kann man hervorragend spazieren gehen und dem bunten Treiben mit ein wenig Abstand zuschauen.

Information Kurverwaltung Norden und Norddeich, Dörper Weg 22, 26506 Norddeich, ✆ 04931-986-200, www.norddeich.de.

Parken Großparkplätze finden sich in der Nähe der Seehundaufzuchtstation bzw. des Erlebnisbades. Ein Parkleitsystem lotst Norddeich-Besucher auf schnellstem Weg direkt dorthin.

Essen & Trinken **Fährhaus** **2** Edles Restaurant im Wintergarten des markanten Hotels Fährhaus direkt am Hafen. Hier kann man in gehobenem Ambiente v. a. frischen Fisch genießen, aber auch Schwein, Rind und Lamm sowie Vegetarisches. Warme Küche tägl. 12–14 und 18–21.30 Uhr. Hafenstr. 1, ✆ 04931-98877.

Zum Störtebeker **4** Fischlokal mit zumeist deftigen Gerichten der Aal- und Fischräucherei Walter Evers, auch Fischgeschäft (mit Fischbrötchen), rustikales Ambiente samt Biergarten. Tägl. 8–20 Uhr. Norddeicher Str. 219, ✆ 04931-8790.

Das Pfannkuchenhaus **3** Einfach, aber freundlich eingerichtet, Terrasse vorm Haus. Hier gibt es nicht nur deftige Pfannkuchen, sondern auch Schnitzel oder Bratfisch. Tägl. (außer Di) 11–14 und 17.30–21.30 Uhr. Norddeicher Str. 204 (Nähe Hafenstraße), ✆ 04931-917550.

››› Mein Tipp: **De Beer** **1** SB-Fischrestaurant mit allen Variationen von fangfrischem

Fisch. Windgeschützte Terrasse, etwas versteckt in einer ehemaligen Lagerhalle am Osthafen gelegen. Innen größer und gemütlicher, als es von außen den Anschein hat. Tägl. bis 20 Uhr geöffnet. Hafenstr. 6, ✆ 04931-932830. «««

Sehens- und Erlebenswertes

Seehundstation/Nationalparkhaus: Hier werden jedes Jahr 30–90 junge Heuler aufgepäppelt, die ihre Mutter auf den Sandbänken des Wattenmeeres verloren haben. Die kleinen Seehunde sollen auch unter menschlicher Aufsicht so wenig wie möglich gestört werden, und deshalb sind sie nur durch eine Glasscheibe (sowohl unter Wasser als auch außerhalb ihres Lieblingselements) zu betrachten. Im Sommer drängeln sich hier die Besucher in Scharen. Das Gebäude ist aber v. a. auch Nationalparkhaus mit allerlei Wissens- und Sehenswertem rund um die Tier- und Pflanzenwelt des Nationalparks Niedersächsisches Wattenmeer und natürlich mit einer Ausstellung über das Leben der Seehunde.

Tägl. 10–17 Uhr, Fütterung der Seehunde 11 und 15 Uhr. Erw. 5 €, Kinder (4–17 J.) 3 €, Familien 14 € (Kombikarte mit dem Waloseum Erw. 9 €, Kinder 5 €, Familien 20 €). Die Station finanziert sich ausschließlich über Eintritts- und Spendengelder. Dörper Weg 22, ✆ 04931-8919, www.waloseum.de.

Erlebnisbad Ocean Wave: Gleich neben der Seehundstation lockt das größte Erlebnisbad an der ostfriesischen Küste mit einem 15 m hohen Leuchtturm, von dem eine 103 m lange Riesenrutsche ins mit Nordseewasser gefüllte Becken führt. Ein großes Meerwasser-Wellenbecken, zwei Saunadecks mit großem Saunagarten sowie die üblichen Wellness-Angebote runden das Ganze ab.

Mo–Fr 10–21 Uhr, Sa/So 10–20 Uhr. Erw. für 4 Std. 9,50 €, Kinder (4–17 J.) 7,50 €, Sauna 14 €. Dörper Weg 22, ✆ 04931-986300, www.ocean-wave.de.

Norddeich: Segelschiff im Westhafen

Automobil- und Spielzeugmuseum: 5 km östlich von Norddeich an der Landstraße Richtung Neßmersiel kündigen ein Eingangstor aus vier alten Porsche-Fahrzeugen sowie eine überdimensionale Doornkaat-Flasche und ein alter Krabbenkutter unübersehbar dieses sehenswerte Museum an. In der dahinterliegenden ehemaligen Scheune eines alten Gulfhofs kann man besichtigen, was der auto- und motorradbegeisterte Stuttgarter Museumsgründer Michael Klein in seiner Sammelleidenschaft so zusammengetragen hat. Die rund 50 beeindruckenden Oldtimer und die vielen Motorräder sind fast ausschließlich Fahrzeuge mit einer ganz eigenen Geschichte, dienten beispielsweise als Staatskarosse oder Rennwagen. In der relativ kleinen Spielzeugabteilung auf der Empore ist vor allem technisches Spielzeug zu bewundern.

Ein Muss für Oldtimerfans

April–Okt. tägl. 11–18 Uhr, in den Wintermonaten nur So und feiertags geöffnet. Erw. 5,50 €, Kinder (4–17 J.) 2,50 €, Familien 12,50 €. Im mit Emailleschildern verzierten Museumscafé Boxengasse (mit Gastgarten) gibt es auch kleine Speisen. Ostermarscher Str. 29, ✆ 04931-9187911, www.automuseum-nordsee.de.

Waloseum: Das organisatorisch, aber nicht räumlich mit der Seehundstation verbundene Museum wurde ca. 5 km östlich von Norddeich in den Räumen der ehemaligen Sendestation von Norddeich-Radio eingerichtet. In der Empfangshalle steht ein Modell der ostfriesischen Küste, das alle 15 Minuten Ebbe und Flut simuliert. Die eigentliche Ausstellung informiert über die Evolutionsgeschichte der schwimmenden Säugetiere. Auf Bildschirmen und in einem Kinosaal werden Filme vorgeführt, die Wale in ihrer natürlichen Umgebung zeigen. Highlight ist das in einem abgedunkelten Raum effektvoll in Szene gesetzte Skelett eines 15 m langen und ehemals 40 Tonnen schweren Pottwales, der Ende 2003 vor Norderney gestrandet war. Beeindruckenderweise macht der Kopf dieses Tieftauchers ein Drittel seiner Gesamtlänge aus. Im Untergeschoss gibt es auch eine Ausstellung über die Vogelwelt der Küste zu sehen. Auf dem Gelände befinden sich zudem eine (nicht öffentlich zugängliche) Vogelpflegestation und eine Quarantänestation für (kranke) Robbenbabys. Durch ein Fenster können Sie jedoch einen Blick auf die kleinen Heuler werfen.

Tägl. 10–17 Uhr. Erw. 5 €, Kinder (4–17 J.) 3 €, Familien 14 € (Kombikarte mit der Seehundstation 9 €, Kinder 5 €, Familien 20 €). Audio-Guide 2 € (für Familien 5 €). Kleines Café und Museumsshop. Osterlooger Weg 3 (hinter dem Automobil- und Spielzeugmuseum links ab), ✆ 04931-8919, www.waloseum.de.

Abschied vom Festland: Fährhafen Norddeich

Norderney von A bis Z

Anreise

Egal ob man sich für die Anreise per Auto oder Bahn entscheidet – in jedem Fall führt der Weg nach Norderney über **Norddeich,** den modernen Norder Stadtteil, der den größten Fährhafen Ostfrieslands besitzt und schon an sich durchaus einen Besuch wert ist. Wer noch ein paar Stunden bis zur Abfahrt der Fähre oder auf der Heimreise Zeit hat, sollte sich zumindest die Seehundstation in Norddeich nicht entgehen lassen (→ „Unterwegs auf dem Festland“, S. 136).

… mit dem Auto

Auf Norderney sind Autos grundsätzlich erlaubt. Da man aber auf der Insel nicht unbedingt einen fahrbaren Untersatz benötigt, kann man ihn getrost in Norddeich oder Norden auf einem der bewachten Parkplätze stehen lassen. Alle Anbieter haben einen Shuttleservice zum Fähranleger. Wer sein Auto mit auf die Insel nehmen möchte oder muss, setzt mit der Autofähre über (→ S. 144).

Hinweise zum Autoverkehr auf Norderney: Gerade in den Sommermonaten ist der Kraftfahrzeugverkehr stark reglementiert, dazu ist Norderney-Stadt in drei Verkehrszonen eingeteilt. Der Kernbereich (Zonen 1 und 2) ist von Ende März bis Anfang November und in den Weihnachtsferien grundsätzlich für Motorfahrzeuge gesperrt. Zudem gilt ein ganzjähriges Halteverbot sowie Tempo 30. In vielen Straßen des östlichen Stadtbezirks (Zone 3) darf nachts nicht gefahren werden.

Am An- und Abreisetag (bei Reservierung der Rückfahrt) erhalten Sie eine 1-stündige Ausnahmegenehmigung, um zu Ihrem Urlaubsquartier fahren zu können – beim Be- und Entladen in den ansonsten autofreien Straßen ist eine Parkscheibe notwendig! Falls Ihr Quartier über keinen Parkplatz verfügt, stehen am Ortseingang drei große, gebührenpflichtige und bewachte Parkplätze (A, B, C) zur Verfügung. Da auf fast allen öffentlichen Straßen Parkverbot herrscht, ist es nahezu unmöglich, zentrumsnah zu parken.

Parkplatzanbieter auf dem Festland **Frisia Groß-Garagen** in Norddeich, 2000 Stellplätze auf drei Parkplätzen (P1, P2 und P3), 4,50 € pro Tag, Einzelbox 5,50 € pro Tag. Shuttlebus zum Hafen 1 € pro Pers. Reservierung für P3 schriftlich möglich (Formular zum Ausdrucken unter www.norderney.de oder im Gastgeberverzeichnis). ✆ 04931-987-0 und 987-1167, www.reederei-frisia.de.

Nordseegaragen im Gewerbegebiet von Norden (nördlicher Ortsausgang, neben Expert Bening), 4 € pro Tag (überdacht 5 € pro Tag), Shuttlebus zum Hafen 5 € (zum Flugplatz 7 €). ✆ 04931-934041.

Parkplatzbetrieb Kannegiesser in Norden, 4 € pro Tag (Halle 5 € pro Tag). Zubringergebühr zum Hafen 5 € (zum Flugplatz 7 €). ✆ 04931-9567088.

Parkplätze auf Norderney **Parkplatz A** (Marienstraße) ist lediglich ein Kurzzeitparkplatz (1 € pro Std.). Auf dem gegenüberliegenden **Parkplatz B** (2,50 € pro Tag) können Sie sogar eine Reservierung vornehmen (✆ 04932-991282). Der sehr große **Parkplatz C** liegt in Hafennähe (je Ausfahrt 2 €).

Zudem finden Sie an der Mühle mit Parkplatz D noch eine weitere (allerdings kleine) Parkmöglichkeit (2 € pro Tag).

Nur Fliegen ist schöner

Die wenigsten werden auf diese Weise anreisen, dennoch ist es möglich, Norderney direkt anzufliegen. Immerhin gibt es auf der Insel schon seit dem Ersten Weltkrieg einen – zunächst vorwiegend militärisch genutzten – Flughafen. Der heutige Flugplatz in der Inselmitte wurde allerdings erst 1970 in Betrieb genommen und verfügt über eine Landebahn von 1000 m Länge.

Von Norden-Norddeich verkehrt täglich nach Bedarf ein Lufttaxi der **FLN-Frisia-Luftverkehr** GmbH (Flugzeit 5 Min.). Wegen der 2011 eingeführten Luftverkehrssteuer (und den damit verbundenen Mehrkosten) gibt es derzeit keinen festen Flugplan. Bedarfsflüge sind telefonisch zu vereinbaren (✆ 04931-93320, Infos unter www.fln-norddeich.de). Hin und zurück: Erw. 120 €, jede weitere Person 70 €; Kinder bis 11 J. 35 €; jeweils plus 20 € Luftverkehrssteuer.

Air Hamburg bietet täglich einen (recht kostspieligen) Charterflugdienst von Hamburg bzw. Uetersen nach Norderney an (✆ 040-70708817; Infos unter www.air-hamburg.de). Tagestourpreis ab 799 € (ab Uetersen 200 € weniger).

Rundflüge auf Norderney sind schon ab 50 € buchbar. Zudem werden regelmäßig **Tages(aus)flüge** nach Juist (89 €), nach Helgoland (150 €) oder auf Wunsch auch zu einer der anderen Inseln angeboten.

Anfahrt/Parken: Der Flugplatz Norden-Norddeich befindet sich nordöstlich von Norddeich (am Kreisel die Ostermarscher Straße in Richtung Bensersiel, nach 2 km links in den Westerlooger Strohweg). Flugplatzgaragen sind vorhanden (4,50 € pro Tag). Check-in spätestens 15 Min. vor Abflug (✆ 04931-93320, www.fln-norddeich.de).

... mit der Bahn

Die Bahn ist eine echte Alternative für eine entspannte Anreise nach Norderney, denn die Züge rollen in Norddeich direkt auf die Mole. Von dort sind es dann nur wenige Schritte bis auf die Fähre – praktischer geht's eigentlich kaum.

Von Niedersachsen aus kann man mit dem Niedersachsen-Ticket anreisen (gilt auch für Bremen und den Großbereich Hamburg) und mit bis zu fünf Personen einen Tag lang (ab 9 Uhr) alle Nahverkehrszüge der Bahn nutzen (erste Person 22 €, bis zu vier Mitfahrer jeweils 4 €). Zudem gibt es gerade für Frühbucher zahlreiche Sparangebote.

Auf Norderney gibt es keine Inselbahn, dennoch wurde für den Fahrkartenverkauf und die Gepäckabfertigung vor über 100 Jahren ein Bahnhof gebaut (heute Haus Schiffahrt), in dessen Seitenflügel die Bahn AG noch immer einen regulären Fahrkartenschalter betreibt.

Infos und Sparangebote der Bahn unter www.bahn.de/nordseeinseln.

Tipp: Bahnreisende erhalten gleich eine durchgehende Fahrkarte bis Norderney. Das Ticket gilt dann nicht nur im Zug, sondern auch auf der Fähre und bei der An- und Abreise sogar im Linienbus! (Am Hafen Norderney muss man sich noch zur Kurbeitragsabrechung die erforderliche NorderneyCard aushändigen lassen.)

Gepäckbeförderung: Wer aufs Kofferschleppen verzichten möchte, kann z. B. den Haus-zu-Haus-Gepäcktransport der Bahn in Anspruch nehmen (DB-Kuriergepäck, nur in Verbindung mit einem Bahnticket). Gepäcktransport ist auch über die Deutsche Post AG (DHL, ✆ 01805-3452255) und den Hermes-Reisegepäck-Service (✆ 0900-1311211) in Verbindung mit der Inselspedition Johann Fischer (Am Hafen 5, ✆ 04932-601) möglich.

Fährverbindungen

Der Fährtransport nach Norderney liegt ausschließlich in Händen der Reederei Norden-Frisia. Die Überfahrt erfolgt unabhängig von den Gezeiten nach einem festen Fahrplan (Fahrtzeit 45–60 Minuten). Am Hafen in Norddeich wird auch der (gezeitenabhängige) Verkehr nach Juist geregelt. Die Fähren nach Norderney machen rechts vom Terminal fest, jene nach Juist verkehren von der Westseite der Mole.

Personenfähre: Wer mit öffentlichen Verkehrsmitteln anreist oder das eigene Auto in Norddeich parkt, benötigt keine Reservierung und kommt mit jeder (Auto)fähre bequem auf die Insel. Fahrkarten gibt es im Reedereigebäude am Hafen (die Öffnungszeiten sind an den Schiffsfahrplan gekoppelt). Eilige können ihr Ticket auch direkt auf der Fähre lösen; ein Schalter an Bord hat dafür kurz nach dem Ablegen geöffnet. Es handelt sich in jedem Fall nicht um eine klassische Fahrkarte, sondern um die sog. NorderneyCard. Eine Art Fähr- und Kurkarte, deren Kurbeitragsanteil vor der Rückreise an einem der auf der Insel verteilten Automaten beglichen werden muss (→ S. 157). Auf der Insel wird beim Passieren des Drehkreuzes automatisch das Anreisedatum auf der NorderneyCard gespeichert.

Nach Ankunft der Fähren in Norderney stehen die Busse der Linien 1–3 (→ S. 146) schon am Hafen bereit. Sie können aber auch ein Taxi (→ S. 160) nehmen oder – sofern Ihr Gepäck das zulässt – am Hafen ein Fahrrad leihen oder gleich zu Fuß über die Weststrandpromenade ins Zentrum gehen.

Gespannte Vorfreude: Fähre nach Norderney

Autofähre: Mit dem eigenen Auto fährt man in Norddeich – wie an einer Mautstation – an den Schalter und erwirbt ein Ticket. Für die Hinfahrt ist eine Vorbestellung bzw. Platzreservierung nicht möglich. Abgefertigt wird in der Reihenfolge des Eintreffens. Man wartet am Fähranleger dann einfach auf das nächste Schiff (was in der Hochsaison längere Wartezeiten bedeuten kann). In Stoßzeiten fahren die Fähren abends so lange, bis alle Fahrzeuge in Norderney sind.

Für die Rückfahrt nach Norddeich allerdings können und sollten Sie unbedingt frühzeitig eine Platzreservierung vornehmen (im Haus Schiffahrt, Bülowallee 2). 20 Minuten vor Abfahrt der Fähre sollten Sie auf dem Aufstellungsplatz am Anleger eintreffen.

Tarife & Takt Ab **Norddeich** verkehrt die Fähre von 6.15 bis 20.30 Uhr etwa stündlich (in der Hauptsaison meist zur vollen Stunde). Ab **Norderney** fährt die Fähre in der Hauptsaison stündlich ab 6.15 Uhr bis 19.15 Uhr. Der Ticketschalter am Fährhafen hat tägl. 5.45–19 Uhr geöffnet. Die Fahrtzeit beträgt 45–60 Min. Fahrpläne gibt es unter www.reederei-frisia.de. AG Reederei Norden-Frisia, Am Hafen, 26506 Norden-Norddeich, ✆ 04931-9870.

Tarife: Rückfahrkarte Erw. 18,50 €, Kinder (6–13 J.) 9,30 €; Hund 6,50 €, Fahrrad 9 €.

Die Tarife für die Kfz-Mitnahme variieren je nach Höhe und Länge des Fahrzeugs und liegen zwischen 68 und 86 €. Kfz-Heckgepäckträger (inkl. Fahrräder) 15 €. Motorrad oder Windsurfingausrüstung 17 €. Anhänger/Wohnwagen/Pferdeanhänger zwischen 58,50 und 102 €.

Vorbestellservice Das Fährticket, der Kurbeitrag sowie eine eventuelle Strandkorbreservierung, eine Parkplatzreservierung auf P3 (in Norddeich) und sogar ein Gepäckservice können vorbestellt werden (Formular zum Ausdrucken auf www.norderney.de oder im Gastgeberverzeichnis). Die Bestellung muss mind. 14 Tage vor Anreise schriftlich eingegangen sein (nachträgliche Änderungen: 10 € Stornogebühr). Sie erhalten dann per Post (mit Rechnung) eine NorderneyCard mit den entsprechend gebuchten Leistungen.

Ärztliche Versorgung

Die ärztliche Versorgung auf Norderney ist – trotz Insellage – rund um die Uhr gesichert und für eine Ostfriesische Insel außerordentlich gut. Auf Norderney gibt es bereits seit 1953 die Allergie- und Hautklinik (AKH), das heutige **Krankenhaus Norderney** stellt die medizinische Grund- und Regelversorgung der Insel sicher. Das 168-Betten-Haus hat eine chirurgische Abteilung, eine Innere Medizin sowie eine Dermatologie und auch ein Dialysezentrum. (Auch wenn das Krankenhaus Norderney seit Jahren zur Disposition steht, ist es mithilfe eines Fördervereins gelungen, seine Existenz vorerst noch zu sichern.) Die drei **Rehabilitationskliniken** decken verschiedene Kurbelange ab (AWO Kurzentrum, Caritas-Gesundheitszentrum für Frauen, Caritas-Fachklinik für Mutter-/Vater-Kind-Kur). Die Palette der zahlreichen **Arztpraxen** reicht von Allgemeinmedizinern und Badeärzten über Hautärzte, Internisten sowie einen Frauenarzt, einen Psychotherapeuten und einen Kinderarzt bis hin zu Zahnärzten und sogar einen Tierarzt. Auch Naturheilpraxen und eine Praxis für Traditionelle Chinesische Medizin sind auf der Insel vorhanden, ebenso wie zwei Fußpfleger. Darüber hinaus gibt es in der Stadt drei **Apotheken.**

Krankenhaus Krankenhaus Norderney, Lippestr. 9–11, ✆ 04932-911.

Ärzte **Thorsten Bomhard** (Frauenarzt), ✆ 04932-84266, und **Dr. Jörg Wehner** (Kinderarzt, Lungenheilkunde, Allergologie, Badearzt), ✆ 04932-1013. Beide Ärzte in der Mühlenstr. 1 (bei der Jugendherberge).

Dr. Klaus de Boer (Allgemeinmediziner und Badearzt) und **Wolfgang Götze** (prakt. Arzt und Badearzt), ✆ 04932-2388, Moltkestr. 8.

Dr. Frank Huwe (Allgemeinmediziner, Chirotherapeut, Badearzt), ✆ 04932-927083; **Barbara Junkmann-Brüggemann** (Haut- und Badeärztin, Allergologin), ✆ 04932-991300, sowie die Gemeinschaftspraxis **Roelf Robisch** (Internist, Gastrologie) und **Dr. Wilm Lahme** (Allgemein- und Notfallmediziner), ✆ 04932-404. Alle im Ärztehaus in der Adolfsreihe 2.

Dr. Peter Oswald (Allgemeinmediziner, Rettungsmediziner, Badearzt), ✆ 04932-3000, Wilhelmstr. 5.

Dr. Horst Schetelig und **Dr. Ulrike Schetelig** (Psychotherapie), ✆ 04932-2922, Emsstr. 25.

Zahnärzte **Björn Carstens**, ✆ 04932-991077, Janusstr. 2; **Beate Luis**, ✆ 04932-991201, Poststr. 1; **Dr. Hans-Günter Willms** und **Dr. Lale Cakir**, ✆ 04932-1313, Jann-Berghaus-Str. 26; **Dr. Ivan Zovko**, ✆ 04932-39999, Ellernstr. 8b.

Tierärzte **Dr. Karin Solaro** und **Dr. Karl-Ludwig Solaro**, ✆ 04932-82218, Fischerstr. 8.

Norderneyer Mitbringsel

Apotheken **Park-Apotheke am Kurplatz**, ✆ 04932-92870, Adolfsreihe 2; **Rathaus-Apotheke**, ✆ 04932-588, Friedrichstr. 12; **Kur-Apotheke**, ✆ 04932-927000, Kirchstr. 12.

Behinderte

Die Staatsbad Norderney GmbH versucht zunehmend, sich servicefreundlich auf behinderte Gäste, insbesondere auf Gehbehinderte und Rollstuhlfahrer einzustellen. Unterkünfte, die für Rollstuhlfahrer geeignet sind, wurden im Gastgeberverzeichnis mit einem entsprechenden Piktogramm versehen. Etwa zehn in der Stadt verteilte öffentliche Toiletten sind behindertengerecht ausgestattet. Im bade:haus gibt es für Behinderte einen Schwimmbadlift. Für das Badevergnügen im Freien steht am Nordbadestrand kostenlos ein spezieller Ballonrollstuhl zur Verfügung, mit dem man direkt ins Wasser fahren kann. Und daneben gibt es noch einen mit Solarzellen und Batterie betriebenen Strandrollstuhl namens cad.weazle, der Fahrten in unebenem Gelände ermöglicht. Außerdem ist der Kurbeitrag für Behinderte reduziert.

Auch die Anreise und das Autofahren auf der Insel werden erleichtert: Die Fähren sind aufgrund einer Rampe gut für Rollstuhlfahrer passierbar. Sollten Sie Ihr Auto auf der Insel benötigen, wenden Sie sich vor der Verladung des Fahrzeugs auf der Fähre an die Fahrkartenausgabe, damit Ihnen ein Platz zugewiesen wird, an dem Sie bequem die Türe aufmachen können, um während der Überfahrt aus dem Auto steigen zu können. Auf Norderney bekommen Sie auf Wunsch einen Platz auf den zentrumsnahen Parkplätzen A oder C zugewiesen. Für einen Strandbesuch dürfen Personen mit Mobilitätseinschränkung auch am Nordbadestrand (Aufgang Strandrestaurant Cornelius) sowie am Ostbadestrand (Aufgang Weiße Düne) parken.

Sollte es notwendig sein, dass Sie mit dem Auto direkt beim Quartier parken müssen (z. B. mit dem Kennzeichen „aG“ im Schwerbehindertenausweis), können Sie oder ein Familienmitglied beim Bürgerbüro einen Antrag auf Fahrerlaubnis stellen. Sie dürfen dann gegebenenfalls auf den ansonsten mit Fahr- bzw. Halteverbot belegten Straßen verkehren.

Vermietung von Rollstühlen: Es wird empfohlen, Ballonrollstuhl und cad.weazle sowie andere Rollstühle grundsätzlich vorab zu buchen bzw. zu reservieren – unter ✆ 04932-891126 (Herr Janssen) bei der Staatsbad Norderney GmbH.

Antrag auf Fahrerlaubnis: erhältlich beim Bürgerbüro der Stadt Norderney (Herr Bargstaedt oder Herr Bohlen) im Rathaus am Kurplatz, Mo–Fr 8.30–12.30 Uhr, Di und Do auch 15–16 Uhr, ✆ 04932-920213 oder 920214.

Bus

Der innerstädtische Busverkehr auf Norderney wird mit fünf Buslinien und einem zusätzlichen Ringbusverkehr geregelt. Die Linien 1–3 verkehren im Takt der fahrplanmäßigen Fährzeiten und stehen bei Ankunft der Schiffe am Hafen bereit. Fahrräder, Bollerwagen und Koffertransporter sind in den Bussen nicht erlaubt. Busfahrpläne liegen in der Tourist-Information aus oder sind unter www.norderney.de einsehbar.

Linie 1 fährt vom Hafen in einem Rundkurs durch den Westen der Stadt (das Gebiet zwischen Damenpfad und Winterstraße).

Linie 2 fährt vom Hafen in einem Rundkurs durch die Mitte der Stadt (das Gebiet zwischen Luciusstraße und Mühlenstraße).

Linie 3 fährt vom Hafen in einem Rundkurs durch den Osten der Stadt (das Gebiet zwischen Mühlenstraße und Lippestraße).

Linie 4 fährt vom Busbahnhof (Jann-Berghaus-Straße, Ecke Friedhof) in den Inselosten bis zum Leuchtturm, zum FKK-Strand (Oase) und – nur bei vorherigem Anruf (✆ 04932-927910) – sogar bis zum Ostheller.

Linie 5 fährt vom Busbahnhof (Jann-Berghaus-Straße, Ecke Friedhof) ebenfalls in den Inselosten, aber nur bis zum Ostbadestrand Weiße Düne.

Der **NorderneyCard-Bus (NC-Bus)** ist ein innerstädtischer Ringbusverkehr. Dieser fährt im Stundentakt je eine Schleife im Westen der Stadt um den Fußgängerbereich herum sowie im Osten um das Stadtwäldchen (Ruppertsburger Wäldchen). NorderneyCard-Inhaber (also alle Feriengäste) erhalten auf dieser Linie eine Ermäßigung.

Tarife & Takt **Linien 1–3**: einfache Fahrt (mit einem Gepäckstück, Hund, Kinderwagen) Erw. 1,70 € (hin und zurück 3,10 €), Kinder (4–12 J.) 1,10 € (hin und zurück 2 €); zusätzliches Gepäckstück 0,50 €. Tägl. zwischen ca. 6 und 19 Uhr im Stundentakt.

Linien 4 und 5: Es gibt drei Preisstufen, die sich je nach Anzahl der gefahrenen Stationen staffeln. Höchste Stufe (zum FKK-Strand/Oase) Erw. 2,40 € (hin u. zurück 4 €), Kinder (4–12 J.) 1,60 € (hin u. zurück 2,80 €). Tägl. zwischen ca. 10 und 17 Uhr im Stundentakt.

NorderneyCard-Bus (Ringbusverkehr): pro Fahrt Erw. 1 €, Kinder (4–12 J.) 0,50 €; ohne NorderneyCard 0,50 € Aufschlag. Tägl. zwischen ca. 10 und 17 Uhr im Stundentakt.

Einkaufen

→ Karte hinterer Umschlag

Wenn Sie auch im Urlaub gerne auf große Shopping-Tour gehen, sind Sie auf Norderney genau richtig. Auf keiner anderen Ostfriesischen Insel gibt es ein so reichhaltiges Warensortiment und eine so große, belebte Fußgängerzone. Nach Herzenslust kann man entlang der Hauptadern der Stadt – Poststraße und Friedrichstraße, Strandstraße und auch Jann-Berghaus-Straße – sowie in einigen Seitenstraßen einkaufen. Das Angebot ist vielfältig und reicht von der noblen Boutique mit Edelmarken bis hin zum geschmackvollen Geschenkelädchen.

In der Hauptsaison herrscht in allen Geschäften auch am Wochenende reges Treiben. Die üblichen **Ladenöffnungszeiten** sind allerdings auf die Zeit von 10 bis 18 Uhr beschränkt – wer also gerne abends einen Einkaufsbummel macht, wird auf Norderney darauf verzichten müssen. Zudem gehört es zum entspannten Takt der Insel, dass viele Geschäfte zwischen 12.30 und 15 Uhr eine **Mittagspause** einlegen. In der Nebensaison wird es schlagartig ruhiger, und im Winter bleiben viele Läden sogar ganz geschlossen oder haben nur sehr eingeschränkte Öffnungszeiten.

Die Versorgung mit frischen Lebensmitteln für den täglichen Bedarf ist auf der Insel kein Problem, allerdings zu etwas höheren Preisen als auf dem Festland. Längst haben sich aber auch große Discounter auf der Insel angesiedelt. Eindeutig beherrscht aber die Edeka-Kette den Markt.

››› Mein Tipp: **Moi Reev** 14 Der Name ist Programm und heißt übersetzt soviel wie „schöne Sachen“. Unter diesem Motto finden Sie in dem alten, kleinen Logierhaus (Haus Hilde) etwas abseits der Touristenströme geschmackvolle Wohnaccessoires im Landhaus-Look. Von schönen Postkarten über Seifen, Schals, Taschen, Kissen bis zu Raumschmuck gibt es hier allerlei Schenkenswertes. Mi vormittags und So geschlossen. Benekestr. 50, ✆ 04932-2101. ‹‹‹

››› Mein Tipp: **Kunsthandwerk & Wohndekor Dagmar Berg** 16 In mehreren (wohlriechenden) kleinen Räumen finden Sie in diesem ebenfalls nicht ganz im Zentrum gelegenen Laden Wohnutensilien (z. B. Lampen oder Vasen) und geschmackvolle Kleinigkeiten (z. B. Holz- und Tonfiguren). Benekestr. 12 (Ecke Wiedaschstraße), ✆ 04932-927816. ‹‹‹

Inselraum 59 Feinste Wohn- und Gartenaccessoires, auch geschmackvolle Möbel, Antiquitäten und Blumen. Inselraum betreibt auch einen eigenen Online-Versand. Mitten im Stadtkern gelegen. Am Kurplatz 3; ✆ 04932-5219876.

„Meine Insel“-Lädchen 60 In diesem gegenüber der Spielbank gelegenen winzigen Häuschen können Sie Souvenirs mit dem offiziellen „meine Insel“-Norderney-Logo erwerben. Das Sortiment ist nicht riesig, aber ausgewählt: Es gibt beispielsweise T-Shirts, Pullover, Norderney-Schirme oder einen Fahrradsattelbezug, aber auch einen original Strandkorb. Auf Wunsch können Sie sich die T-Shirts auch individuell gestalten und zuschicken lassen. Bülowallee 7, ✆ 04932-891169.

Sehstücke 30 Bunt gemischtes Angebot an typischen Touristen-Geschenkartikeln bis hin zu einem Feinkostprogramm und v. a. einer breiten Auswahl an Lenk- und Einleinerdrachen. Inhaber Klaus Kohler ist ein wahrer Drachenspezialist, der auch Kameras an seine riesigen, bunten Lenkdrachen hängt und damit schöne Luftaufnahmen macht. Friedrichstr. 29, ✆ 04932-991414.

Drachenladen Windgeflüster 46 Großes Angebot an Drachen aller Art, vom Lenkdrachen bis zum Drachenzubehör, auch Windspiele und einige Geschenkartikel. Kirchstr. 15, ✆ 04932-935338.

Bücher Lübben 51 Zentral gelegene, gut sortierte und geräumige Buchhandlung mit

Einkaufsmeile Norderney

kompetenter Beratung rund um die Urlaubslektüre. Strandstr. 5, ✆ 04932-927377.

Stoffe in Maßen 66 Kleiner, offener Werkstattladen im Gewerbegebiet am Hafen (in einem ehemaligen Werftgebäude) mit einem großen Sortiment an feinen Dekorationsstoffen und Gardinen. Die fröhlich-zuvorkommende Inhaberin Gudrun Lauenstein erfüllt jede Menge Sonderwünsche in Sachen Nähen, Sonnenschutz, Raumausstattung und Polstern (zusammen mit der Firma Warnken/Bad Zwischenahn). Vor Ort können Sie aber z. B. auch schöne Kissen erstehen. Mo–Fr 15–18 Uhr. Am Hafen 8 (neben der Seenotrettungsstation), ✆ 04932-81522.

Uhrmachermeister Peter Huber 41 Antiquitätenladen, in dem Sie außer wertvollem Porzellan und Schmuck von der Standuhr bis zur Taschen- und Armbanduhr v. a. alte, schön restaurierte Uhren finden. Es gibt aber auch (fast) neuwertige Armbanduhren etablierter, hochwertiger Hersteller. Langestr. 2 (in der Nähe der Kirche), ✆ 04932-82600.

Weltladen Regenbogen 47 Typischer Laden für Fair-Trade-Produkte inmitten der Fußgängerzone. Präsentiert wird eine große Auswahl – von Kaffee über Schokoladen bis zu Taschen oder kleinen Textilien und einigen anderen Kleinigkeiten aus der früher einmal sog. Dritten Welt. Betrieben wird der Eine-Welt-Laden von der evangelischen Kirchengemeinde Norderney. Mo, Mi, Fr 16–18 Uhr, Di, Do 10–12 Uhr sowie unregelmäßig auch Sa 10–12 Uhr. Poststraße, Ecke Kirchstraße, ✆ 04932-792. ■

Tee-Kontor Norderney 56 Jede Menge Sanddorn-Produkte und natürlich eine reiche Auswahl an Tees, aber auch Honig, Konfitüre, Pralinen, alkoholische Spezialitäten oder Teezubehör. Strandstr. 20, ✆ 04932-990064.

Norderneyer Sanddorn-Stübchen 28 In angenehm hellem Ambiente gibt es hier alles rund um den Sanddorn, also beispielsweise Konfitüre oder Kosmetik. Probieren sollten Sie einmal den Sanddorn-Sirup oder auch den Sanddorn-Grappa. Natürlich ist darüber hinaus auch eine reiche Teeauswahl im Angebot. Auch Onlineshop. Friedrichstr. 28, ✆ 04932-81188.

Solaro 25 Hier finden Sie jede Menge süße Naschereien; von der Meersalzschokolade bis hin zu Sanddorn- und anderen Spezialitäten und auch eine große Auswahl an Tees. Friedrichstr. 27, ✆ 04932-2194.

Norderneyer Schinken GmbH & Co. KG 13 Im Gewerbegelände kann man vor Ort den Original Norderneyer Seeluftschinken verkosten. Bestes (westfälisches) Schweinefleisch wird hier seit 2002 unter Verwendung von Meersalz und ausgewählten Gewürzen zunächst zwei Wochen gepökelt und dann drei Wochen getrocknet. Es folgt eine 1-wöchige Reifung an der Nordseeluft und zu guter Letzt ein etwa 8-wöchiges Abhängen u. a. in einer mit Meeresluft belüfteten Endreifekammer, bevor die jährlich etwa 60.000 Schinken die Fabrik verlassen. (6 kg Oberschale werden bei diesem Prozess zu etwa 3 kg Seeluftschinken.) Anmeldung zur Verkostung Mo–Fr 10–13 Uhr unter ✆ 0800-8770770. Der Schinken ist auf der Insel in allen Edeka-Märkten und beim Netto-Markt erhältlich. Im Gewerbegelände 47. ■

Wurst & Schinken Manufaktur Deckena 21 Hier finden Sie nicht nur eine Fleischerei und Feinkostspezialitäten (mit Imbiss), sondern nebenan auch einen Laden mit fertig verpackten Fleischwaren, jede Menge verschiedene Wurstspezialitäten im Glas oder auch Präsentkörbe und darüber hinaus vom Kochlappen bis zur Schürze noch andere Mitbringsel rund ums Essen. Laden in der Friedrichstr. 16 (✆ 04932-934605), Produktion im Gewerbegelände 55 (✆ 04932-91120).

Bäckerei Jacobs 57 Traditionelle, einfache Handwerksbäckerei, in der noch selbst gebacken wird. Hier gibt es viele Sorten von frischen Brötchen und Backwaren sowie süße, nordische Spezialitäten wie Norderneyer Wattkiesel, Sanddornmarmelade oder Teesirup. So Ruhetag. Luisenstr. 34 (Ecke Strandstraße), ✆ 04932-2530.

Kur-Apotheke 42 Über 100 Jahre alte Apotheke im Gründerzeitambiente gegenüber der Kirche. Die historische, hölzerne Ladeneinrichtung ist noch im Original erhalten. Freundliche Beratung. Kirchstr. 12, ✆ 04932-927000.

Sanddorn – das Vitamin-C-Wunder der Düneninsel

Der Sanddorn ist eine der wenigen Pflanzen, die wegen eines tief- und weitreichenden Wurzelsystems auch auf sandigen Dünenböden gedeihen können – zunehmend wird er auf Norderney aber von der ebenfalls in dichten, dornigen Hecken wachsenden Kartoffelrose verdrängt. Zwischen den schmalen, graugrünen Blättern zeigen sich im Frühjahr unscheinbare gelbe Blüten. Von August bis in den Spätherbst bilden sich an den Zweigen der weiblichen Pflanzen die für den Sanddorn so charakteristischen orangeroten, 6–8 mm „großen" Früchte. Diese schmecken sehr sauer und haben eine leicht bittere Note. Wegen ihres extrem hohen Vitamin-C-Gehalts werden die Beeren auch „Zitronen des Nordens" genannt – dabei übersteigt ihr Vitamin-C-Gehalt den von Zitronen um ein Vielfaches. Aufgrund dessen und wegen seines Gehaltes an Vitamin B12, Beta-Carotin und weiterer bekömmlicher Inhaltsstoffe gilt Sanddorn als überaus gesund.

Sanddorn lässt sich auf vielerlei Arten verarbeiten und genießen. Gängig sind Tees, Fruchtsäfte, Gelees und Marmeladen; daneben gibt es Sanddornliköre und -weine, und für alle, die es hochprozentiger mögen, auch Sanddornkorn oder -geist. Längst wird Sanddorn in Plantagen angebaut, sodass die wenigsten auf der Insel angebotenen Produkte aus Norderneyer Sanddorn hergestellt sind. Nicht zuletzt hat sich die Naturkosmetik den Sanddorn zunutze gemacht und bietet Pflegeöle für die Haut an sowie Cremes, Duschgels, Shampoos, ja sogar Sanddorn-Lippenpflegestifte oder Insektenroller und Sanddornkapseln als Nahrungsergänzungsmittel. In vielen Geschäften auf Norderney sind Sanddornprodukte erhältlich, es gibt sogar spezielle Sanddorn-Shops.

Feste und Veranstaltungen

Auf Norderney bemüht man sich um Ganzjahrestourismus. Dementsprechend wird auch das ganze Jahr über ein umfangreiches Veranstaltungs- und Unterhaltungsprogramm angeboten. Insgesamt kann Norderney mit etwa 1000 Veranstaltungen aufwarten. Die Bandbreite ist riesig und reicht von Festen über hochkarätige Sportveranstaltungen bis zu Konzerten, Comedy, Vorträgen, Kinovorführungen und den Theateraufführungen der Landesbühne Niedersachsen. Viele Veranstaltungen finden traditionell in einem der schönen Säle des Conversationshauses oder im beeindruckenden Kurtheater statt; allein schon des Ambientes wegen sollte man eine der Darbietungen dort besuchen. Das in den 1970er-Jahren erbaute Haus der Insel (gegenüber dem Kurtheater) mit dem größten Veranstaltungssaal Norderneys ist dagegen etwas in die Jahre gekommen und steht derzeit zur Disposition.

Tradition: Tägliches Kurkonzert

Für Ihre Urlaubsplanung finden Sie eine Übersicht über alle Veranstaltungen auf Norderney im **Internet.** Unter www.norderney.de/veranstaltungen hat die Staatsbad Norderney GmbH sämtliche Termine eingestellt. Bei der Tourist-Information, aber auch in den meisten Unterkünften, Restaurants und vielen Geschäften liegen zudem der zweiwöchentlich aktualisierte Veranstaltungskalender des Staatsbades und noch einige andere kostenlose **Printprodukte** aus, in denen zahlreiche Veranstaltungstermine aufgeführt sind. Veranstaltungstipps hören Sie auch auf **Radio SWS,** dem inseleigenen Radiosender (→ S. 158).

Auf Norderney ist darüber hinaus die alte Tradition des Ausrufers wiederbelebt worden: Während der Hauptsaison trifft man **Norderneys Ausrufer** Bernd Krüger mit Fischerhemd, rotem Halstuch, roter Mütze und natürlich der lauten Handglocke (für gewöhnlich Mo–Sa 10.30–13 Uhr) in der Innenstadt an, wo er mit viel Humor aktuelle Veranstaltungen verkündet und natürlich auch gerne Fragen beantwortet.

Kurkonzerte

Das Kurkonzert auf Norderney hat eine lange Tradition und ist ein anmutiges Überbleibsel aus den Kindertagen des Staatbads; vor allem im 19. Jahrhundert war diese Art der musikalischen Unterhaltung fester Bestandteil des Kuraufenthalts. Und auch heute noch schätzen viele Gäste die täglich in der Konzertmuschel vor dem Conversationshaus veranstaltete Kurmusik als eine besonders entspannende. Stühle und Bänke stehen bereit, man braucht sich nur zu setzen und kann das Dargebotene umsonst genießen (finanziert werden die Konzerte aus der stattlichen Kurtaxe). Seit mittlerweile einigen Jahrzehnten spielen im Juli und August vor allem Mitglieder des Warschauer Symphonie-Orchesters mehrmals täglich auf, wenn auch in den letzten Jahren mit zusehends spärlicherer Besetzung.

In der Hauptsaison tägl. (außer Mo) um 10.30 Uhr (So 11.15 Uhr) und um 20 Uhr in der Konzertmuschel vor dem Conversationshaus. Bei schlechtem Wetter finden die Konzerte im Großen Saal des Conversationshauses statt.

Highlights der Saison

Januar

Anbaden (1. Januar): Unter dem großen Beifall zahlreicher warm vermummter Schaulustiger stürzen sich traditionell am Neujahrstag um 12 Uhr mittags am Westbadestrand etwa 100 Wagemutige in die ca. 2 °C kalten Fluten und läuten so die neue Badesaison ein. Verfrüht oder nicht, jedenfalls herrscht hier volksfestartige Stimmung.

Mai/Juni

White Sands Festival (Pfingsten): ein Mix aus (Spitzen)sportveranstaltungen und Vergnügen, Open-Air-Party inklusive. Im Rahmen dieses seit über 10 Jahren veranstalteten Festivals wird der deutsche Windsurfcup vor Norderney ausgetragen (Rollei Windsurf Cup Norderney), bei dem auch Weltcup-Profis in verschiedenen Disziplinen (Racing, Slalom, Wave-Freestyle) ihr Können zeigen. Gleichzeitig sind Deutschlands Top-Beachvolleyballer anlässlich der nationalen Beachvolleyball-Serie (German Beach Cup) zu Gast auf Norderney. Mit etwa 50.000 Trendsport- und Partybegeisterten ist das White Sands Festival das größte Event des Jahres. Infos auf www.whitesandsfestival.de.

Internationales Filmfest Emden-Norderney (Anfang Juni): Seit fast 25 Jahren gibt es im Sommer sozusagen großes Kino auf der Insel mit etwa 3000 Festival-Kinogängern. Der Schwerpunkt liegt auf aktuellen Filmen aus dem nordwesteuropäischen Raum, die dann im Kurtheater Norderney (oder eben in Emden) gezeigt werden. Infos auf www.filmfest-emden.de.

Juli/August

OLB-Cityabendlauf (dritter Samstag im Juli): Volkslauf mit fast 25-jähriger Tradition (seit 1989), der die etwa 1250 Läufer mitten durch die Stadt führt. Die Strecke umfasst entweder 10 km (Start: 20 Uhr) oder 5 km (Jedermannslauf, Start: 19.45 Uhr). Infos und Anmeldung unter www.citylauf-norderney.de.

Insel Springen (August): Schon seit 1994 zeigen Top-Stabhochspringer jedes Jahr auf dem Kurplatz im Rahmen eines Wettkampfs ihr Können. Die spektakuläre Leicht-

Sommerliches Veranstaltungshighlight: Summertime@Norderney

athletikdisziplin hat in Spitzenjahren schon mal bis zu 8000 Besucher auf den großen Platz gelockt. Für gewöhnlich sind es etwa 2000 Zuschauer. Der Inselrekord liegt übrigens bei 5,9 m. Infos zum Termin im Veranstaltungskalender unter www.norderney.de.

Summertime@Norderney (Mitte August): Bei diesem mehrtägigen Event treten hochkarätige Sänger bzw. Bands in der extra zu diesem Zweck errichteten kesselartigen Open-Air-Arena am Nordbadestrand auf. Immerhin 1800 Besucher können vor der großen Konzertbühne Platz finden. Außerdem gibt es eine Beach-Party, eine spektakuläre Drachenshow und einen Kindertag (z. B. mit Kindermodenschau und Kinderdisco) sowie eine Windsurfregatta um die Insel. Infos und Kartenvorverkauf unter www.summertime-norderney.de.

Classic Night (Mitte August): Im Rahmen des Summertime@Norderney-Festivals findet jedes Jahr ein Klassik-Abend mit Konzerten des Warschauer Symphonie-Orchesters und namhaften Solisten statt.

September/Oktober

ISLANDMAN Norderney (Anfang September): In Anlehnung an das große Vorbild auf Hawaii trägt die Insel seit 2010 jährlich ihren eigenen Triathlon aus, bei dem etwa 600 Teilnehmer an den Start gehen. Es handelt sich hier um einen Sprint-Triathlon mit wesentlich kürzeren Distanzen (500 m Nordseeschwimmen, 20 km Radfahren, 5 km Laufen), zudem gibt es einen Schnupper-Triathlon und eine Schülerdistanz. Geplant ist auch ein Lauf mit olympischer Distanz. Die Lauf- und Radstrecke führt u. a. durch die Stadt (Marienstraße) und am Westbadestrand vorbei. Start/Ziel und die Schwimmstrecke befinden sich am Januskopf (Nordbadestrand). Infos auf www.islandman-norderney.de.

Plattdeutsche Woche (Mitte September): Seit 2009 gibt es die Plattdütske Week, in der z. B. plattdeutsche Gesangs- oder Theateraufführungen, aber auch plattdeutsche Inselführungen und Gottesdienste geboten werden. Infos zu Termin und Angeboten im Veranstaltungskalender unter www.norderney.de.

Internationales Bluesfestival (Mitte Oktober): Im Conversationshaus treten an zwei aufeinanderfolgenden Tagen Mitte Oktober vorwiegend Bluespianisten (mit Gesang) auf, die Blues- bzw. Boogie-Woogie- und Swing-Klänge zum Besten geben. Infos im Veranstaltungskalender unter www.norderney.de.

Hunde

Die Insel gilt als außerordentlich hundefreundlich. Viele Vermieter haben sich ausdrücklich darauf eingestellt, dass Gäste gerne ihr vierbeiniges Familienmitglied mit auf die Insel nehmen (in der Regel wird ein Aufpreis fällig). In vielen gastronomischen Betrieben wird der Hund ganz selbstverständlich mit einer Schale Wasser versorgt. Eine Kurtaxe für Hunde gibt es auf Norderney (noch) nicht – allerdings benötigt der vierbeinige Begleiter ein ordentliches Fährticket (6,50 € hin und zurück). Selbstverständlich sind die „Hinterlassenschaften" zu entsorgen – entsprechende Hundekot-Beutel gibt es überall in der Stadt und entlang der Spazierwege in den grünen oder orangefarbenen **Clean-Rex-Boxen.**

Zudem sind auf der Insel (abseits von den Kernbadestränden) drei **Hundestrände** ausgewiesen (→ S. 79): auf der mit Strandkörben bestückten Rasenfläche neben dem Damenpfad am Weststrand, im östlichen Teil des Ostbadestrands Weiße Düne und im westlichen Teil des FKK-Strands.

Beachten Sie bitte, dass auf der gesamten Insel – also auf jeden Fall auch am Hundestrand – vor allem zum Schutz der Vogelwelt **Leinenpflicht** herrscht. Freilaufende Hunde sind für die Brutkolonien und für die Zugvögel, die sich Fettreserven für den Weiterflug anfressen müssen, eine große Gefahr.

Mit der Bimmelbahn auf Inselrundfahrt

Inselrundfahrten

Zum Kennenlernen der Insel werden von mehreren Anbietern etwa 1,5-stündige Rundfahrten angeboten. Zur Auswahl stehen zwei verschiedene Fahrzeugtypen: Eine Bimmelbahn (ein als Eisenbahnwaggon getarnter, ggf. beheizbarer Personenanhänger mit 80 Sitzplätzen, der von einem als Lokomotive getarnten Zugfahrzeug gezogen wird) oder ein bequemer, großer Reisebus. Beide Fahrzeuge bringen einen zu allen interessanten Punkten der Insel, natürlich begleitet von entsprechenden Erklärungen. Eine kleine Pause (am Strand) gibt es auch. Alle Inselrundfahrten beginnen an der **Haltestelle Rosengarten** (50 m östlich vom Kurhaus). Meist wird eine Mindestbeteiligung von 15 Personen vorausgesetzt.

Preise Fahrt in Bimmelbahn bzw. Inselbahn: Erw. 8,50 €, Kinder bis 12 J. 4,50 €. Fahrt im Reisebus: Erw. 9 €, Kinder 4,50 €.

Anbieter **Inselbahn** (die rote Bahn), tägl. 11 und 13 Uhr, zusätzlich im Sommer Mi–Sa um 15 Uhr. Fischer-Tjaden GbR, Jann-Berghaus-Str. 49, ✆ 04932-9345455 oder 0151-54735922.

Bömmels Bimmelbahn (die blaue Bahn), tägl. 11.30 und 14.30 Uhr. Am Golfplatz 1, ✆ 04932-991993 oder 0160-96004087.

Omnibusverkehr Fischer, im Sommerhalbjahr tägl. 11.30 Uhr, Di, Fr und So auch 14.30 Uhr. Buchungen möglich. Bus-Fischer, Jann-Berghaus-Str. 38, ✆ 04932-2119.

Peter Tjaden Nahverkehrs GmbH, im Reisebus in der Saison Mo, Mi, Do und Sa 11 Uhr, in der Nebensaison um 11.30 Uhr. Jann-Berghaus-Str. 49, ✆ 04932-433.

Internet

Sobald Sie den Kurbeitrag bezahlt haben, können Sie mit der NorderneyCard die Internet-Terminals im Conversationshaus und bade:haus täglich für 15 Minuten kostenlos nutzen. Die Nutzungsdauer wird vom Terminal gespeichert, weshalb nach abgelaufener Zeit das Surfen und E-Mails Checken erst wieder am nächsten Tag möglich ist.

Conversationshaus: Im Foyer gibt es vier Internet-Terminals (15 Min. pro Tag kostenlos).

bade:haus: Im Foyer stehen vier Internet-Terminals (15 Min. pro Tag kostenlos).

Bootshaus im Hafen: In der Eingangshalle befindet sich ein Internet-Terminal (1 € pro Std., Münzeinwurf).

Information im Internet

Der Insel Norderney sind nicht nur außerordentlich viele Internetseiten gewidmet, diese sind meist auch sehr informativ aufbereitet. Oft findet man auf solchen Websites gebündelt alles Wissenswerte – von der Vermittlung von Ferienwohnungen bis zu Ausflugs- und Sportmöglichkeiten. Direkt bzw. über Links sind bei diesen Seiten häufig auch Unterkünfte buchbar.

Und wer sich ein aktuelles Bild von der Insel machen möchte, kann Webcams ansteuern. Unter **www.norderney.de/vorfreude/bilderrausch/webcams** können gleich vier Webcams (am Kurplatz, am Wasserturm, am Westbadestrand und am Nordbadestrand) aufgerufen werden, deren übermittelte Eindrücke wahre Urlaubsgefühle aufkommen lassen.

www.nomo-online.de: Onlinezeitung des Norderneyer Morgen mit aktuellen Bildern und interessanten Beiträgen rund um die Insel. Dazu alles Wissenswerte über Lokalpolitik, regionale Wirtschaft, Sport und Kultur. Herausgeber ist die Norderneyer Fischpresse GbR.

www.norderney-tour.de: liebevoll, informativ und mit guten Fotos aufbereitete private Homepage (von Michael Herud), mit der man virtuell die Insel besuchen kann.

www.mein-norderney-urlaub.com: kein Unterkunftsportal, sondern eine private Homepage (von Thorsten Gervers), die viele gute und detaillierte Infos zur Insel und ihren Sehenswürdigkeiten bereithält.

www.norderney-zimmerservice.de/norderneyblog: nicht nur ein Zimmerservice; auf dieser Seite erfahren Sie auch Neuigkeiten und Interessantes über die Insel bzw. erhalten Infos über Anreise, Veranstaltungen und mehr.

www.ferien-ahoi-norderney.de: ansprechend gestaltetes Internetportal einer Verlagsagentur (von Ralf Taprogge) mit Berichten, Reportagen und Informationen zur Insel und mit vielen Service-Adressen.

www.norderney-chronik.de: Gewissenhaft zusammengetragen, bieten die Inhalte dieser privaten Seite (von H.-H. Barty) für geschichtlich Interessierte einen sehr genauen Überblick über die historische Entwicklung der Insel anhand der einzelnen Jahreszahlen.

www.ney-info.de: so etwas wie eine Liebeserklärung an Norderney (von Arne Goerndt), gespickt mit guten Fotos und viel Wissenswertem rund um die Insel.

www.kapitaen-jochen-pahl.de: Hier findet man eine außerordentlich interessante Sammlung von historischen Norderneyer Ansichtskarten und verschiedene Storys rund um das Leben des (seit 2008 im Ruhestand lebenden) Kapitäns.

www.wir-auf-norderney.de: privater Inselratgeber mit Infos zum Gewerbemix der Insel, zur Gastronomie, zu Hotels etc. Den Inselratgeber gibt es auch in gedruckter Form.

www.stadt-norderney.de: Informationssystem der Stadtverwaltung Norderney (alles Wissenswerte über die Stadt sowie Adressen und Ansprechpartner der Verwaltung, im Gesundheitswesen, der Kirchen und Vereine, im Naturschutz etc.). Die Stadtverwaltung befindet sich im Conversationshaus (Am Kurplatz 3), ✆ 04932-9200.

www.botschaft-ostfriesland.de: nicht ganz ernst zu nehmen, aber eine nette Idee. Auf der Homepage der ostfriesischen Botschaft erfahren Sie einiges über die ostfriesische Kultur. Sie können aber auch die Einbürgerung in den Freistaat Ostfriesland oder kostenlos einen Ostfriesenausweis beantragen, der sich am heimischen PC ausdrucken lässt. Eine Visumpflicht besteht bei der Einreise nach Ostfriesland übrigens nicht!

Klima und Reisezeit

Entgegen ihrem Ruf ist die Nordseeküste in Wirklichkeit ein Schönwettergebiet. Der warme Golfstrom und die Wärmespeicherung des Meeres sorgen für ausgeglichene Temperaturen mit milden Wintern und mäßig warmen Sommern. Aufgrund der stabilisierenden Wirkung des Meeres weisen die Küstenregionen oft eine andere Bewölkung als das Hinterland auf, weshalb sie zu den regenärmsten und sonnenreichsten Gebieten Deutschlands zählen. Auch wenn es auf dem Festland noch regnerisch ist, scheint auf Norderney bereits häufig schon wieder die Sonne – selbst wenn der Wetterbericht für Niedersachsen etwas anderes vorhergesagt hat. Heiße, schwüle Sommer erlebt man allerdings nicht; immer weht ein Lüftchen – im Juli und August werden daher im Mittel auch nur je zwei Sommertage erreicht, d. h. Tage, an denen die Temperatur die 25-Grad-Marke knackt. Eine weitere Besonderheit: Im Gegensatz zum Binnenland ist auf Norderney nicht der Juli, sondern der August der wärmste Monat! Und natürlich weht die Seeluftbrise häufig auch stärker, und dann geht es auf der Insel ganz schön stürmisch zu. Wegen der ständigen Brise ändert sich das Wetter oft schlagartig, manchmal stundenweise, was den Vorteil hat, dass lange Regenperioden eher rar sind – zwei aufeinanderfolgende Regentage sind wirklich selten. Kurze, kräftige Regengüsse kann es aber durchaus einmal geben. Der regenreichste Monat ist der November, während Februar und April auf Norderney die niederschlagsärmsten Monate sind.

Die nahezu von Abgasen und Stäuben unbelastete, vorwiegend aus dem seewärts gelegenen Nordwesten kommende und somit pollenfreie jod- und salzkristallhaltige Luft gilt als gesundheitsfördernd, vor allem für Allergiker. Diese heilende Wirkung wird auf der Insel zusammen mit Thalasso-Therapien als

Norderney

	Ø Lufttemperatur (Min./Max. in °C)		Ø Niederschlag (in mm), Ø Tage mit Niederschlag ≧ 1 mm	
Jan.	-0,2	3,2	60	13
Febr.	0,0	3,6	41	9
März	1,9	6,1	53	11
April	4,6	9,4	41	9
Mai	8,7	14,1	49	9
Juni	12,1	17,0	63	10
Juli	14,1	18,7	76	11
Aug.	14,5	19,4	73	11
Sept.	12,3	17,0	72	12
Okt.	8,7	13,0	80	12
Nov.	4,4	8,1	88	15
Dez.	1,3	4,8	74	14
Jahr	**6,9**	**11,2**	**769**	**135**

Daten: Deutscher Wetterdienst

eine stoffwechselaktivierende, natürliche Sole-Inhalation vermarktet, die Atemwegsinfekte, Herz- und Kreislauferkrankungen und Störungen des vegetativen Nervensystems kurieren kann sowie die Schilddrüsenfunktion normalisiert und Allergien und Hautkrankheiten wie Neurodermitis lindert. Unabhängig davon werden durch das milde Reizklima und das erfrischende Meerwasser auf jeden Fall die Abwehrkräfte mobilisiert.

Die Beaufort-Skala

Windgeschwindigkeiten werden häufig mithilfe der nach dem Hydrografen der britischen Admiralität Sir Francis Beaufort (1774–1857) benannten Skala klassifiziert. Beaufort hat die seit 1906 vom britischen Wetterdienst so bezeichnete Skala allerdings keineswegs erfunden. Vor ihm hatten bereits seit dem 16. Jahrhundert einige andere Gelehrte Reihenfolgen verschiedener Windstärken erstellt, auf die Beaufort vermutlich zurückgriff. Beaufort jedoch führte Zeit seines Lebens (vor allem auf See) Tagebuch, in dem er auch umfangreiche Wetteraufzeichnungen festhielt und die Windgeschwindigkeit systematisch und damit je nach Stärke immer mit den gleichen Worten beschrieb. Daraus schließlich entwickelte er seine 13-stufige Skala – von 0 (Windstille) bis 12 (Orkan) – und beschrieb darin vor allem, wie sich die Windstärken an der Stellung der Segel erkennen ließen. Als die Segelschifffahrt jedoch zunehmend von der Motorschifffahrt abgelöst wurde, formulierte im Jahr 1927 der deutsche Kapitän Peter Petersen die Beaufort-Skala um in eine Seegangsskala, welche die Wirkung des Windes auf See und Wellen beschreibt (später wurde die Tabelle um die sichtbaren Auswirkungen des Windes im Binnenland ergänzt). Petersens Seegangskala wurde im Jahr 1939 von der Weltorganisation für Meteorologie (einer Sonderorganisation der Vereinten Nationen) offiziell als Standard für die Windbeobachtung eingeführt.

Norderney ist daher nicht nur im Sommer eine Reise wert; längst wurden die Saisonzeiten ausgeweitet. Das unumstritten heilsame Reizklima und eine geschickte Vermarktung sorgen zur Freude der Hoteliers und Gastronomen, der Kurkliniken und nicht zuletzt der Staatsbad GmbH längst für eine Ganzjahressaison, wenngleich es natürlich im Winterhalbjahr hier deutlich ruhiger und entspannter zugeht. Badetemperaturen von um die 20 °C werden auf Norderney aber natürlich nur im Hochsommer erreicht.

Ebenfalls nur im Hochsommer lässt sich zuweilen noch ein anderes, erstaunliches Wetterphänomen beobachten, und zwar eines, das man eher aus Wüsten kennt. Bei Ebbe erscheint dann nämlich eine echte Fata Morgana. An heißen, windstillen Sommertagen sind diese Luftspiegelungen besonders häufig zu sehen; dann muten ferne Boote oder auch die Nachbarinseln wie übers Wasser schwebende Geisterschiffe an.

Kurbeitrag (NorderneyCard)

Damit die der Erholung dienenden öffentlichen Einrichtungen finanziert und die Rettungsschwimmer am Strand unterstützt werden können, wird auf Norderney von allen Gästen ab 14 Jahren ein Kurbeitrag fällig – und zwar einer der höchsten in Deutschland. Zu diesem Zweck erhalten alle Besucher mit dem Kauf des Fährtickets (an der Fahrkartenausgabe Norddeich) die sog. **NorderneyCard.** Sie ist eine Art Fähr- und Kurkarte, die unter anderem freien Zugang zu den Stränden und vergünstigten Eintritt bei verschiedenen Inselangeboten gewährt, beispielsweise ins Schwimmbad bade:haus, in die Strandsauna am FKK-Strand oder bei einem Kinobesuch im Kurtheater.

Tourist-Info im Conversationshaus

Erst vor bzw. bei der Abreise muss der Kurbeitrag bezahlt werden, entweder bei der Tourist-Information im Conversationshaus, bei der Strandkorbvermietung oder an einem der elf in der Stadt verteilten Norderney Card-Automaten (z. B. am Hafen oder am Rathaus). Bei der Abreise wird die Entrichtung des Kurbeitrags im Hafenterminal geprüft und die NorderneyCard wieder eingezogen. Sie können diese aber auch (für einen Betrag von 5,50 €) als Souvenir mitnehmen.

In der **Hauptsaison** (Mitte März bis Okt. und über Weihnachten) Erw. 3,40 € pro Tag (Nebensaison 1,70 €), Jugendliche (14–17 J.) 1,70 € pro Tag (Nebensaison 0,85 €). Ein **Tipp**: Zahlen Sie diesen Beitrag rechtzeitig während Ihres Aufenthalts, so vermeiden Sie bei der Abreise Wartezeiten an den am Hafen aufgestellten Automaten.

Bei **Verlust** der NorderneyCard wird ohne gültigen Beleg für Ihre Anreise (z. B. vom Vermieter) ein Jahreskurbeitrag fällig (Erw. 95,20 €, Jugendliche 47,60 €), es sei denn, Sie haben Ihre Karte vorab personalisieren lassen, d. h. mittels einer Datenkarte Adresse, Geburtsdatum sowie An- und Abreisedatum bei der Kurverwaltung gespeichert.

Tagesgäste zahlen etwas weniger: in der Hochsaison zahlen Erw. und Jugendliche gleichermaßen 2,20 € (Nebensaison 1,10 €).

Literaturtipps

Die kleine, aber facettenreiche Insel hat erstaunlich viele Autoren zu Erzählungen und Reiseberichten inspiriert; allen voran natürlich Heinrich Heine zu seinem Nordsee-Zyklus. Heute sind es vor allem Krimiautoren, die Norderney als Schauplatz für die ungewöhnlichsten Kriminalfälle wählen. Hier einige Anregungen zur Urlaubslektüre:

Heinrich-Heine-Denkmal
vor dem Kurtheater

Heine, Heinrich: O wie lieb ich das Meer. Neu erschienene Textauswahl seiner lesenswerten Reiseberichte über Norderney, Ostfriesland, Helgoland und Cuxhaven sowie Gedichte im Kapitel „Seebilder" (Hoffmann und Campe, 2013).

Heine, Heinrich: Die Nordsee. Mit Fotos von Günter Pump reich illustrierte Ausgabe des sog. Nordsee-Zyklus als Teil der zwischen 1826 und 1831 erschienenen „Reisebilder" des großen Literaten, der Prosatexte und Gedichte umfasst (Husum, 2010).

Reuter, Manfred: Norderney-Bunker. Der neueste aus einer Reihe von Kriminalromanen des Redakteurs der Tageszeitung Ostfriesischer Kurier. Ein Obdachloser gerät bei einem gewonnenen Norderney-Urlaub unter Mordverdacht. Detailgenaue Ortsbeschreibungen, Spannung und Witz sind hier vereint (KBV, 2012).

Friedrichs, Antje: Letztes Bad auf Norderney. Ein Kommissar ist zur Kur auf Norderney, wobei ausgerechnet in seiner Kurklinik eine Krankenschwester ermordet wird. Natürlich kann es der Kommissar nicht lassen, dem eigentlich zuständigen Kollegen bei der Aufklärung des Mordes zu helfen. Die in Norden geborene Autorin beschreibt ihre Figuren flüssig und humorvoll; sie hat auch zwei Krimis über die Insel Langeoog geschrieben (Prolibris, 2013).

Lüpkes, Sandra: Der Brombeerpirat. Krimi der lange auf Juist lebenden Autorin und Sängerin, die realistisch das Alltagsleben der Insulaner schildert. Eine Kommissarin wird auf der Suche nach ihrem Bruder auf der Insel Norderney mit dem Mord an einem jungen Mädchen konfrontiert, mit deren Tod ihr Bruder und seine Band „Piraten" zu tun haben sollen. Spannend geschrieben (rororo, 2006).

Krause, Joachim (Illustrator): Mein Insel-Wimmelbuch Norderney. Etwas für die ganz Kleinen (2–6 Jahre). Mit viel Liebe zum Detail illustriertes Bilderbuch über die Graugans Guntje auf Norderney-Entdeckungsreise (Willegoos, 2012).

Janke, Klaus und Kremer, Bruno P.: Düne, Strand und Wattenmeer. Interessanter und reich bebilderter Naturführer zum Lebensraum Küste und Strand. Hier finden Sie alles Wissenswerte über insgesamt 400 Küstentiere und Pflanzen (Kosmos, 2010).

Radio SWS

Norderney hat seinen eigenen Radiosender, den Sturmwellensender (SWS). Von Pfingsten bis Ende September sowie zu aktuellen Anlässen sendet Inselradio SWS ein Liveprogramm direkt aus Norderney. Aber auch in der übrigen Zeit ist das Radio (mit Aufzeichnungen) auf Sendung.

Programm gibt es rund um die Uhr, vor allem Unterhaltungsmusik. Täglich von 9 bis 19 Uhr werden zur vollen Stunde inselfrische Nachrichten verlesen; die Nachrichten aus der restlichen Welt gibt es jeweils zur halben Stunde. Immerhin 3500 Zuhörer pro Tag sind der verdiente Lohn der Bemühungen. Seit 2007 überträgt Radio SWS sogar die öffentlichen Sitzungen des Stadtrats Norderney.

Gesendet wird auf der Frequenz 104 MHz (Kabel 101,3). Die Sendungen sind problemlos auch über Internet hörbar. Studio: An der Mühle 6 (Haus der Begegnung), ✆ 04932-927283, www.radiosws.de.

Vom Piratensender zum Inselradio

Im Jahr 1986 erkannte eine Handvoll verwegener Insulaner das Potenzial für einen Lokalsender und sendete zweimal pro Woche zunächst von verschiedenen Stellen der Insel aus – immer auf der Hut vor den Peilwagen der Post. Ein knappes Jahr später wurde dennoch die mittlerweile in das Schlafzimmer eines der Gründer des Piratensenders verlegte Sendestation von der Fernmeldeabteilung der Post unter Hilfestellung der Kriminalpolizei aufgedeckt. Der Richter des Amtsgerichts Norden räumte bei der Verhandlung ein, selber die Sendung öfter gehört zu haben. Vielleicht auch aus diesem Grund wurden die Betreiber zu einer vergleichsweise milden Geldstrafe (250 DM) verurteilt – das gesamte Equipment wurde jedoch beschlagnahmt.

Doch die Insulaner (und Gäste) vermissten ihren Sturmwellensender, sammelten 5850 Unterschriften und führten eine Spendenaktion für neue Studiotechnik durch. Was folgte, war ein langer Gang durch die Bürokratie bis endlich im Jahr 1994 die erste offizielle Sendung mit Lizenz und genehmigter Sendeanlage der Post ausgestrahlt werden konnte. Doch auch in den Jahren dazwischen war man aktiv und nutzte eine Gesetzeslücke, durch die man als „Veranstaltungsradio“ immer wieder auf Sendung ging. Vor allem dem Engagement von Holger Karow ist es zu verdanken, dass der Sturmwellensender Norderney bis heute überlebt hat. Seit 2001 besitzt Radio SWS sogar eigene Sendeanlagen. Es finanziert sich vornehmlich durch lokale Werbung, durch Spendengelder oder Eintrittsgelder der vom SWS organisierten Veranstaltungen. Dennoch kann der kleine Sender seine engagierten Mitstreiter nicht ernähren; alle Verantwortlichen sind nebenberuflich und weitgehend unentgeltlich tätig.

Täglich auf Sendung: Norderneys Sturmwellensender (SWS)

Strandkorbvermietung

Angesichts der ständigen Brise, aber auch wegen seiner schattenspendenden Funktion macht ein Strandkorb den Badeaufenthalt deutlich komfortabler. Die blau-weißen Körbe sind an allen Strandabschnitten jeweils vor Ort zu mieten, also am Westbadestrand (mit Kaiserwiese), am Nordbadestrand, am Ostbadestrand Weiße Düne und am FKK-Strand. Außerhalb der dortigen Öffnungszeiten kann man einen Strandkorb auch direkt in der Tourist-Information im Conversationshaus mieten.

Der **Liegekorb** kostet pro Tag 8,50 € (ab 7 Tage 7,50 €), der **Leichtkorb** 7,50 € (ab 7 Tage 6,50 €). Für **Frühbucher** (bis zum 31.5.) gibt es 1 € pro Tag Ermäßigung. Es gibt einen Vorbestellservice, über den man mindestens 14 Tage vor Anreise einen Korb schriftlich bei der Staatsbad Norderney GmbH reservieren kann (Vorbestellformular zum Ausdrucken auf www.norderney.de oder im Gastgeberverzeichnis).

Spielbank

An historischer Stätte im Conversationshaus (Seiteneingang) befindet sich eine Spielbank des Landes Niedersachsen. Vom Glanz früherer Zeiten, als zwischen 1820 und 1849 die Hautevolee zu Gast war, ist allerdings nichts mehr zu spüren. Heute kann man nur noch an personalsparenden Spielautomaten (88 Stück) sein Glück versuchen.

April bis Okt. 11–0.30 Uhr, Nov. bis März 14–22.30 Uhr. Eintritt 1 € (Personalausweis erforderlich). ✆ 04932-91100.

Taxi

Nicht nur für die An- und Abreise kann man auf Norderney jederzeit auf ein Taxi zurückgreifen. Ein Taxistand befindet sich am Hafen, andere Sammelpunkte sind am Busbahnhof (Jann-Berghaus-Straße, Ecke Friedhof) und am Bushaltestelle Rosengarten (Bülowallee, Ecke Janusstraße), oder Sie bestellen sich ein Taxi.

Gilles & Göke, Am Busbahnhof 7, ✆ 04932-2345.

Touristeninformation

Auf Norderney gibt es einen zentralen Gästeservice der Staatsbad Norderney GmbH. Hier erhalten Sie unter anderem bereits von zu Hause aus ein Gastgeberverzeichnis (auch als Download), aber auch aktuelle Informationen über den Newsletter. Vor Ort ist die Tourist-Information erste Anlaufstelle für jegliche Informationen. Gäste ab 14 Jahre sind kurbeitragspflichtig und müssen daher eine Chipkarte erwerben, die Fährticket und Kurkarte zugleich ist (→ S. 157).

Staatsbad Norderney GmbH, Tourist-Information im Conversationshaus, Am Kurplatz 3, 26548 Norderney, ✆ 04932-8910, www.norderney.de (sehr umfangreich und informativ). Mo–Fr 9–17 Uhr (Hochsaison bis 18 Uhr), Sa/So 10–13 Uhr. **Zimmervermittlung** ✆ 04932-891300, zimmervermittlung@nordnerney.de.

Zeitungen und Zeitschriften

Natürlich können Sie auf Norderney schon morgens beim Bäcker oder am Kiosk alle überregionalen Tageszeitungen erwerben. Und auch auf die gängigen regionalen Zeitungen muss man nicht verzichten, insbesondere die Tageszeitungen aus Norddeutschland und dem Ruhrgebiet sind ebenfalls vielerorts im Angebot. Mit der Norderneyer Badezeitung besitzt die Insel sogar eine eigene Tageszeitung, hinzu kommen einige andere monatlich oder saisonweise erscheinende Druckerzeugnisse.

Norderneyer Badezeitung: Die Tageszeitung der Insel erscheint Mo–Sa mit einer Auflage von knapp 1400 Exemplaren. 1868 gegründet, gehört die (recht dünne) Norderneyer Badezeitung als „Amtliche Zeitung der Stadt und des Nordseeheilbades Norderney" heute zum Verlag Soltau Kurier Norden (SKN).

Ostfriesischer Kurier: ebenfalls eine im SKN-Verlag erscheinende Tageszeitung für Norderney, aber auch für die Nachbarinseln Juist und Baltrum sowie v. a. für die Stadt Norden und ihre Umlandgemeinden (Auflage 14.000 Exemplare).

Norderney Kurier: kostenlos immer freitags an alle Haushalte auf Norderney verteilte Wochenzeitung mit einem Mix aus Infos, Werbung und Veranstaltungstipps (Auflage 9000 Exemplare, SKN-Verlag).

Norderneyer Morgen: Eigentlich nicht viel mehr als ein DIN-A3-Blatt, informiert das tägl. (außer So) gratis ausliegende, vierseitige Papier über Inselneuigkeiten, Tagesveranstaltungen und die (Kommunal)politik (Fischpresse GbR Norderney).

Nomo-Szene: lesenswerter, kostenlos verteilter Veranstaltungskalender des Norderneyer Morgen mit zusätzlichen Infos und Berichten für Gäste und Einheimische (Auflage ca. 10.000 Exemplare, Fischpresse GbR).

ferien.ahoi Norderney: aufwendig gestaltetes und etwa 250 Seiten dickes Norderney-Magazin mit vielen Infos zu Inselevents, Restaurants, Unterkünften, Freizeitmöglichkeiten und vielem mehr (erscheint zweimal im Jahr, Verlagsagentur Ralf Taprogge, Münster).

Ostfriesland Magazin: weniger für die Insel, mehr für ganz Ostfriesland gestaltete, sehr lesenswerte Monatszeitschrift, die mit beeindruckenden Fotos und gut geschriebenen Reportagen ein umfassendes Bild von Ostfriesland, seinen Menschen und seiner Kultur zeichnet (Auflage ca. 11.000 Exemplare, SKN-Verlag).

Kleiner Sprachführer Plattdeutsch

Eines vorweg: In Ostfriesland spricht man nicht etwa Ostfriesisch, sondern Plattdeutsch. Ostfriesisch, eine regionale Spielart des Friesischen, ist heute so gut wie ausgestorben.

Weitflächig abgelöst wurde die friesische Sprache vom sog. ostfriesischen Platt, das zum Dialektverband des Niederdeutschen zählt und nur wenig mit dem Friesischen gemein hat. Niederdeutsch war vom 13. bis 16. Jahrhundert als Lingua franca die Handelssprache der mächtigen Hansestädte und somit die wichtigste Sprache im Norden Europas. Da Norderney erst im 16. Jahrhundert besiedelt wurde, hat man auf der Insel Platt gesprochen. Mit dem Niedergang des Städtebundes wurde das Plattdeutsche jedoch mehr und mehr vom Hochdeutschen verdrängt. Bald galt es als Sprache des einfachen Volkes, also auch als die Sprache der Fischer auf Norderney.

Heute leben auf der Insel viele – häufig aus Nordrhein-Westfalen stammende – Zugezogene, die im Hotel- und Gaststättengewerbe oder in einem der zahlreichen Ladengeschäfte tätig sind. Im Gegensatz zu den kleineren Nachbarinseln ist auf Norderney *(Nörderneei)* der Anteil der gebürtigen Insulaner also relativ gering, und das Plattdeutsche ist vom Aussterben bedroht. Gleichwohl „snacken" heute vor allem noch die älteren Norderneyer zumindest gelegentlich „Plattdütsk" und „prooten" dabei ihr ganz eigenes „Nörderneer Platt". So begrüßen sich die Insulaner nicht – wie sonst in Ostfriesland üblich – mit „moin", sondern schlicht mit „he".

Den ostfriesischen Standardgruß „moin" wird man Ihnen dennoch nicht verübeln; immerhin begrüßt man sich im übrigen Ostfriesland zu jeder Tages- und Nachtzeit damit. „Moin" leitet sich vom Wort „moi" ab, was „gut" bzw. „schön" heißt. Man wünscht sich also in Ostfriesland nicht den ganzen Tag einen guten Morgen, sondern schlicht einen „Guten" (und lässt im Sprachgebrauch „Morgen", „Tag" oder „Abend" einfach weg). Mitunter verwenden einige Zeitgenossen die Dopplung des Grußes, sagen also „moin, moin". Doch gilt man auf Norderney und in Teilen des ostfriesischen Festlands dann schon leicht als Schwätzer.

Für diejenigen, die noch ein wenig tiefer in die Materie einsteigen wollen: Beim Vergleich von Hoch- und Niederdeutsch fallen sofort eine ganze Reihe regelmäßig auftretender Lautunterschiede auf: So erscheint z. B. das hochdeutsche „au" im Niederdeutschen als „u" (Haus/Hus) bzw. „o" (Augen/Ogen), „ei" entspricht „i" (mein/min), „z" ist „t" (Zeit/Tied), „pf" ist „p" (Pferd/Peerd) und „ch" ist „k" (ich/ik). Auch der Wortschatz unterscheidet sich: So heißt „Deern" oder „Foon" „Mädchen", der „Leckerbeck" steht für „Feinschmecker", und „vandaag" bedeutet „heute".

Man bräuchte einen Sprachkurs, um Platt annähernd zu lernen, weshalb auch in vielen ostfriesischen Schulen Platt wieder unterrichtet wird und sich Initiativen der Pflege der plattdeutschen Sprache im Alltags- und Berufsleben verschrieben haben (z. B. www.platt-is-cool.de oder www.oostfreeske-taal.de). Längst gibt es auch im Internet schon deutsch-plattdeutsche Wörterbücher (z. B. www.deutsch-plattdeutsch.de).

Norderney tut einiges, um die plattdeutsche Tradition zu wahren. Es wurden zweisprachige Ortsschilder (deutsch/plattdeutsch) aufgestellt, und seit ein paar Jahren wird im September die „Plattdütske Week“ (Plattdeutsche Woche) veranstaltet. Dann kann man beispielsweise an verschiedenen Führungen oder Gottesdiensten auf Plattdeutsch teilnehmen, darüber hinaus gibt es auch Gesangs- und Theateraufführungen auf Plattdeutsch (z. B. des im Jahr 2000 gegründeten Norderneyer Shantychors).

Een poor Wöör op Platt

Mit dieser kurzen Liste ist man zwar keinesfalls für einen echten „Klönschnack“ gewappnet, kann aber ggf. das ein oder andere Wort verstehen:

Hochdeutsch	Plattdeutsch	Hochdeutsch	Plattdeutsch
Adresse	Anskrivt	Heuballen	Heidotte
Angsthase	Bangbüx	Himbeere	Henntjebeei
Apotheke	Aftheek	Hose	Büx
Ausgang	Utgang	innen	binnen
außen	buten	Insulaner	Eilanner
Bauer	Buur	Kartoffel	Katuffel, Tuwwel
bequem	mackelig	Kirsche	Kars
(be)zahlen	betalen, talen	klingeln	pingeln
Bier	Beer	Luft	Lücht
Brot	Stuten, Brood	Milch	Melk
Computer	Rekentau, Reckner	Mütze	Poohl
Diät	Schmaalköst	ohne	sünner
Dorf	Loog, Dörp	rauchen	roken
E-Mail	Nettpost	reden	snacken
einkaufen	böskup, inkoopen	Sandbank	Plaat, Plate
Euromünzen	Plünnertooler	schauen	kieken
Fahrradverleih	Fahrradverhüür	Teekanne	Treckpott
Fernsehen	Kiekkassen	Uhr	Klock, Ühr
Garnele	Granat	Unterhaltung	Klönschnack
Handy	Bimmelbüx, Dregel	weiß	witt
		Zeit	Tied
		zwei	twee

Register

CONDITOREI
CAFE
MARIEN
-HÖHE

ISBN 978-3-89953-755-0

 Druck: Westermann, Zwickau.